5-7, rue de l'Ecole-Polytechnique, 75005 Paris

http://www.harmattan.fr

ISBN : 978-2-343-135014
EAN : 9782343135014

Sur le chemin des saisies

Ibrahim BERTHE

Sur le chemin des saisies

L'huissier de justice d'hier à demain

L'Harmattan

DÉDICACE

À mon père
À ma mère
À mon frère aîné Seydou
Vous avez guidé mes pas vers le jardin du dur labeur !
L'homme, un éternel combattant !

REMERCIEMENTS

Aux enseignants qui, du primaire à Panthéon Assas Paris II en passant par l'ENA de Bamako, tel un virus, m'ont inoculé le désir d'apprendre

À Maître Barou Oumar SIDIBE, mon 1er maître de stage

À Maître Belco TOURE, mon formateur, 1er président de la Chambre Nationale des Huissiers de Justice

À la famille de Maître Mamadou SANGARE

Au personnel de mon cabinet

À Souleymane KONE aux Archives nationales du Mali

Aux employés de la DILA[1]*, de la Bibliothèque François Mitterrand*

À Tiémoko Berthé le concepteur de la maquette du livre

À Lassine KEITA l'arrangeur de saisie

À mes condisciples

À mes confrères

[1] **D**irection de l'**I**nformation **L**égale et **A**dministrative.

PRÉFACE

Par **Maître Jacques ISNARD**
Président honoraire de l'Union Internationale
des Huissiers de Justice et Officiers Judiciaires

C'était au printemps 1992. L'Europe judiciaire plantait ses premiers jalons et à Bruxelles une commission s'employait déjà à esquisser l'ébauche d'un espace judiciaire européen intégrant le futur statut de l'huissier de justice.

À l'initiative de la chambre nationale des huissiers de justice de France, particulièrement réceptive à cette thématique et d'une UIHJ déjà forte d'une riche expérience, s'ouvrait à Paris le premier colloque européen au titre évocateur des « professionnels du droit dans un espace européen de justice ».

Cette manifestation devait anticiper sur une série de séminaires, conférences, colloques traitant de ce sujet.

Ce premier contact fur révélateur de l'extrême diversité des statuts d'huissiers de justice et officiers judiciaires en Europe, surtout divisés entre fonctionnaires et libéraux.

Ce jour-là, parmi les auditeurs figurait Me Berthé, huissier de justice à Bamako au Mali. Sa présence revêtait une ampleur insoupçonnée du fait que, dans un temps voisin, était signé en Afrique le fameux Traité de l'OHADA et ses actes uniformes, témoignages de l'étonnant savoir-faire africain.

Pour promouvoir une telle œuvre, il appartenait aux cadres des Etats africains concernés de favoriser l'éclosion d'une dynamique conçue sur des critères scientifiques spécifiques et reposant sur de solides supports empreints d'un pragmatisme propre aux exigences de notre profession.

Dans cet esprit, l'ouvrage de Me Berthé s'ouvre sur un historique des huissiers de justice en rappelant ce que fut cette profession dans la France au Moyen Age alors que les huissiers ne savaient ni lire ni écrire mais « exploitaient » c'est-à-dire signifiaient les actes judiciaires et alors encore que l'huissier évoluait sous une constellation d'appellations (sergent, à pied, à verge, à cheval au Parlement, au Chatelet…)

À ce propos, Me Berthé nous fait parcourir toute une partie de l'histoire ancienne depuis l'empire romain où l'on trouve là encore des huissiers aux fonctions parfois folkloriques (huissier à la chambre du Roi- Huissier à la table de marbre….)

Autre épisode très frustrant, celui relatif à cette période ou l'huissier ne savait remplir sa mission, faute de savoir lire et écrire. Cette carence subsistera jusqu'au début du 19ème siècle avec la publication du code de l'huissier (1813).

Vint alors la période coloniale avec un rappel des dispositions législatives sur le statut des huissiers en Afrique et leurs conditions durant la présence française. Suivant cette même trajectoire Me Berthé nous conduit jusqu'à la veille de la 2ème guerre mondiale. C'est en effet, en 1932, que sont nommés les premiers huissiers qui se décomposent en trois catégories :

– Titulaires de charge
– Fonctionnaires

Nommés tous deux par le gouvernement auxquels se rajoutent les huissiers « ad hoc » attachés à l'autorité administrative. À cet égard, les huissiers de justice d'origine africaine et française sont soumis aux mêmes dispositions concernant la discipline et les sanctions qui s'y rattachent.

L'un des grands tournants de la profession fut, selon Me Berthé, l'ordonnance du 2 novembre 1945 qui réorganisa le régime général des huissiers renforcé encore par le décret postérieur du 20 mars 1955 qui clôt cette épopée historique et nous projette vers le « temps présent ».

Avec l'indépendance du Mali interviennent les premières réformes. Celles-ci ne manquèrent pas de toucher les huissiers puisque la corporation devait être supprimée pour être remplacée par des agents administratifs.

Sur le plan culturel le gouvernement appuie avec succès son action sur l'instruction ce qui se traduit par une arrivée massive de diplômés qui rencontrent ensuite quelques difficultés à s'insérer dans le tissu social-économique du pays.

En 1972, la profession est rétablie. Les huissiers jouissent alors d'une belle considération. C'est le moment ou le jeune Ibrahim s'interroge sur son avenir. Pourquoi ne pas devenir huissier de justice ?

Là, nous sommes au cœur de la vie active de l'auteur et les évènements s'enchainent :

ENA : concours (reçu major)

Le « petit enfant de paysan » est sur un nuage. Rapidement l'impétrant est nommé dans un office à Bamako. Puis viendra la politique et la députation. La présidence de la chambre nationale, l'accès à l'Union Internationale des huissiers de justice (siège à Paris).

Corrélativement la métamorphose de la profession s'accentue. Elle est consacrée par un statut qui lui reconnait sa qualité d'officier ministériel, puis viennent les créations des chambres nationale et régionale.

On sent l'auteur agrégé à sa profession et son désir d'être acteur de son évolution.

C'est ainsi que nous allons retrouver Me Berthé au faît des actions internationales.

Toutefois, avant d'y parvenir il rend un vibrant hommage à ceux de ses confrères déjà engagés dans l'action.

Pour Me Berthé grand évènement fut celui de l'adhésion de la CNHJ à l'UIHJ à Bruxelles en 1991.

Mais comme toute vie, celle réglant notre profession est empreinte de déboires et d'amertume dont l'auteur semble s'attrister : il s'agit de l'échec concernant la faculté de cession des charges par introduction de la vénalité.

Le plan international : on y arrive !pour sanctifier le fameux « Appel de Dakar » des 18/20 avril 1996 à la réalisation duquel il prit une part active. Cette manifestation devait donner une nouvelle dimension aux huissiers africains invités de se retrouver à Bamako, en septembre 1998 pour une 2ème session historique.

Sur la fin, Me Berthé nous convie, au travers d'un vaste panorama, à partager les actions qu'il a menées sur le plan national et international avec un but bien précis : celui de valoriser sa profession au Mali et en Afrique.

Dans l'ancrage d'une carrière exceptionnellement bien remplie –qui ne demande qu'à être encore complétée- l'auteur laisse transparaitre, au travers de son ouvrage, toute l'ambition qu'il nourrit pour l'avenir d'une profession en pleine mutation et très réceptive aux technologies modernes.

À ce titre, on doit saluer l'œuvre de ce pionnier fortement engagé depuis des décennies pour la cause de sa profession et dont la conclusion s'évince elle-même du corps de son ouvrage qui est une invite aux jeunes générations d'huissiers de justice à suivre le sillon de l'avenir.

Jacques Isnard
Président honoraire UIHJ

AVANT-PROPOS

L'idée d'écrire un ouvrage sur la profession d'huissier m'est venue depuis de nombreuses années, à trois occasions. La première fois en 1995, lors des réunions de commissions sur l'avant-projet de loi sur notre statut, il fallait apporter des arguments pour soutenir les points de vue de la chambre nationale face à des magistrats qui tentaient à nous imposer leurs avis. Les recherches et la documentation que mes camarades du bureau et moi avions faites sur la profession nous ont permis de tenir tête aux autres membres de la commission.

La deuxième fois en 1998, lorsqu'il fallait donner des cours théoriques sur la profession pour la première fois aux jeunes stagiaires, aspirants huissiers, en tant que président de la chambre, mon rôle était tout indiqué de le faire.

La dernière fois en 2010, lors de la célébration du cinquantenaire de l'accession de notre pays à l'indépendance, l'honneur m'échut de présenter ce qu'ont fait les membres de notre corporation dans l'oeuvre de construction nationale.

À cela, il faut ajouter la curiosité qui m'amine de chercher à comprendre et à connaître davantage tout ce qui m'entoure. Ces desseins seraient inassouvis si la rencontre de fortes personnalités n'avait pas eu lieu. Il s'agit d'abord de maître Barou Oumar SIDIBE, mon premier maître de stage à Koulikoro (situé à 60 km de Bamako) qui mit mes pieds à l'étrier en sillonnant presque tous les gros villages de cette contrée, quelques mois seulement après ma sortie de l'ENA. Ensuite, maître Belco TOURE, le premier clerc du premier huissier du Soudan français (période coloniale) qui m'apprit presque tout sur les arcanes de notre noble métier. Puis, maître Jacques Isnard, ancien Président de l'Union Internationale des Huissiers de Justice et Officiers Judiciaires dont le contact a rallumé en moi la flamme de la recherche du gai savoir. Enfin, maître Thierry GUINOT, ancien président de la Chambre des huissiers de justice de Paris, véritable érudit du droit qui me permit de découvrir des pans entiers de l'*hostiarii*[2] grâce à son éminent talent d'écrivain, mais aussi quand il me guida vers la lecture de l'ouvrage inédit de Mr Denis LOCHOUARN, universitaire émérite, qui a publié dans « *le statut, les fonctions et l'organisation des anciens huissiers et sergents jusqu'à la fin du 19è siècle* » les faces inconnues de notre profession.

Toutes mes tentatives, pour rencontrer Mr LOCHOUARN afin d'avoir son autorisation, sont restées vaines.

Les pages que vous êtes invités à lire s'inspirent et reprennent une grande partie de cet ouvrage bien fourni de récits et d'images sur nos illustres devanciers. Elles évoquent également l'historique de notre profession, les péripéties du temps colonial, l'exégèse des différents textes de loi adoptés jusqu'à récemment et le récit de combats que modestement j'ai été amené à livrer, avec dévouement, en compagnie d'autres collègues.

[2] Hostiarii : ancien nom de l'huissier de justice sous l'Ancien régime (avant 1789)

INTRODUCTION

Qu'est-ce qu'un Huissier de Justice ? D'où vient-il ? À quoi sert-il ? Voilà autant de questions que le commun des justiciables peut se poser sur une profession, maillon essentiel de la chaine judiciaire, mais méconnue, assez souvent, même de la part de nombre de ses collaborateurs immédiats que sont les magistrats, les avocats, les notaires, les commissaires-priseurs, les greffiers etc.et à plus forte raison du public.

Nous allons tenter, au fil des pages qui suivent, de répondre à ces interrogations, et, à travers l'histoire, de peindre les différentes facettes de ce personnage spécifique du rouage de l'appareil judiciaire dans le temps et dans l'espace, des rives de la Seine (en France) jusque aux bords du fleuve Djoliba (au Mali).

Au commencement était...l'action.

« ***Les huissiers sont aussi anciens que la loi et aussi nécessaires que les juges*** »

Sur le chemin des saisies, est un hymne à l'action, au combat, au travail bien, au sens élevé du devoir accompli par l'homme, devenu un hostiarii, depuis hier jusqu'à demain.

… Nous saurons être, pour nos clients, un conseillé éclairé qui, sans accepter d'être l'agent aveugle de leur animosité, saurons concilier le souci de leurs intérêts légitimes avec la modération dans l'exercice de leurs droits, dans la probité.
… À l'égard des justiciables que nous poursuivons, nous saurons concilier les rigueurs de l'exécution avec le souci constat de la paix sociale, gage de sécurité, de stabilité et de progrès pour tout pays !!!

« Le plus fort n'est jamais assez fort pour être le maître, s'il ne transforme sa force en droit et l'obéissance en devoir »

Jean Jacques ROUSSEAU

« Tout ce qui regroupe renforce, tout ce qui renforce résout ; c'est probablement « en ces termes que se pose l'avenir de l'huissier de justice...
« La confiance en l'huissier trouve sa source dans la sacralisation du principe « de justice, avec la force de l'irrationnel mais également la violence qu'il est « susceptible de véhiculer…
« L'emploi du titre de **Maître** illustre ce rapport du néophyte au détenteur de la « connaissance, c'est pourquoi il est réservé à certaines personnes supposées « savantes » : académiciens, professeurs, grands artistes, professions judiciaires… »

Me Thierry GUINOT

PARTIE I

Les temps premiers : aux temps anciens

CHAPITRE I

Aux origines

L'antiquité romaine nous enseigne que les magistrats étaient assistés par plusieurs officiers (*officiales*) dont l'appellation correspondait à des fonctions bien précises. Certains, *apparitores,* introduisaient les plaideurs devant le tribunal et assuraient la police des audiences.

D'autres, *executore,* étaient chargés de l'application des décisions de justice et des saisies de biens et de corps. Cicéron, avocat et homme politique (an106 à 43 av. J.C), signalait aussi l'existence des *accensi,* chargés de convoquer le peuple aux assemblées, d'introduire les plaideurs devant le prêteur et de maintenir le silence dans les audiences ; des *statores,* qui se tenaient auprès des magistrats pour recevoir leur ordre et comprenaient à la fois les portiers (*ostraii*) et les geôliers, des *viatores* qui allaient chercher ce que le Sénat avait choisi pour commander les armées.

Enfin les magistrats s'entouraient de toute une série de licteurs[3] lors de leurs déplacements. L'un d'eux *primus lictor* marchait en tête ; on l'appelait aussi *virgarius* par référence à la verge (*virga*) qu'il tenait à la main, ou *submotor* en raison de sa fonction (*submotio*) qui consistait à écarter la foule pour laisser le passage.

Les autres, en nombre variable suivant l'importance du magistrat, portaient les *fasces,* faisceaux de verge disposés autour d'une hache dont on punissait les condamnés ; le dernier, qui se trouvait le plus près du magistrat, s'appelait *proximus lictor*. Tous ces officiers faisaient partie, avec les crieurs, les coursiers et autres interprètes, des *apparitores magistratuum.*

---

[3] Dans la Rome antique, officiers qui marchaient devant les principaux magistrats portant un faisceau de verges et qui avaient pour tâche d'écarter la foule.

À la chute de l'empire romain, les appellations changèrent mais les fonctions demeurèrent. Au moyen-âge, on distinguait trois sortes de ces ministres inférieurs de la justice : les bedeaux, les sergents et les huissiers.

SECTION I. LES BEDEAUX

Ces officiers tiraient leur nom du latin médiéval *bedalus* ou *bidellus*, issu du francique *bidal* désignait un messager de justice. Leur ministère consistait à citer en jugement et à exécuter les sentences des baillis[4], des juges pédanés et des agents inférieurs de l'administration royale tels que maires et voyers.

Selon l'ancienne coutume de Normandie, « *Li bedel sont li mineur serjant qui doivent prendre les nams, et les offices faire qui ne sont pas si honnêtes et les meneures semonces* » ce qui signifie, en langage moderne, que les bedeaux étaient des sergents inférieurs chargés de prendre les biens saisis, de faire les assignations de peu d'importance et toutes les basses fonctions.

On appelait aussi bedeaux des employés au service de certaines communautés, notamment les bedeaux des paroisses chargés de maintenir le bon ordre pendant les offices et, baguette à la main, de faire la place aux quêteurs, de précéder les processions et d'accompagner le clergé dans les cérémonies. On doit encore ranger dans cette catégorie d'officiers, les sergents à masse ou massiers dont parlait, par exemple, la coutume locale d'Amiens.

Descendants des licteurs dont s'entouraient les prêtres et les vestales dans l'Antiquité, ils étaient également nommés *bidellos* par les jurisconsultes italiens du XIV è siècle. Mais leurs fonctions étaient totalement étrangères au ministère de la justice : ils étaient simplement chargés de convoquer des assemblées, de précéder le roi dans les cérémonies, de faire place aux grands dignitaires ou au corps de l'université, marchant de l'avant en portant une masse de métal plus ou moins précieux.

Ainsi, lorsque le roi venait tenir son lit de justice, le premier huissier du parlement le conduisait, encadré de deux huissiers massiers.

Finalement, seuls ces serviteurs de communautés ont survécu gardant leur nom dans les églises et prenant celui « *d'appariteur* » dans

---

[4] Officier qui rendait la justice au moyen âge au nom du Roi et qui était responsable d'un bailliage : circonscription administrative et judicaire.

les universités. Les bedeaux de justice, quant à eux, ont été peu à peu absorbés par les sergents et il n'en restait, au XVIIIe siècle, qu'un souvenir méprisant lorsque les sergents royaux qualifiaient de bedeaux les sergents des justices subalternes dans les procès qui les opposaient.

SECTION II. LES SERGENTS

Les premiers sergents étaient eux aussi les serviteurs et les domestiques des juges, comme l'atteste l'origine de leur nom, *serviens*, qui donna d'abord *sergiens*. Ils étaient même, à l'original, les serviteurs des juges inférieurs qui les commettaient pour exécuter leurs ordres au même titre que les bedeaux dont il était difficile de les distinguer.

Au XIIIe siècle, ces bas officiers furent désignés par la lexie générique de « Sergents du Roi ». Ainsi, ils étaient chargés d'exécuter non seulement les ordres des juges subalternes, mais aussi ceux du Roi et du Parlement[5].

La catégorie des sergents était très diversifiée. Il en existait plusieurs sortes, dont les compétences dépendaient de la juridiction qui les recevait. On dénombrait les sergents des Tailles exploitant en matière d'impôts jusqu'en 1598, les sergents extraordinaires des Lieutenants criminels créés en 1554 pour exploiter en matière criminelle dans le ressort des présidiaux[6], les sergents-collecteurs des amendes des eaux et forêts créés la même année dans chaque vicomté, les sergents dangereux chargés de février 1554 à 1563 d'exploiter et de faire les prises dans les forêts soumises au droit de danger, les sergents de l'Amirauté, les sergents des monnaies chargés d'exploiter les décisions de la cour des Monnaies, sergents-priseurs-vendeurs de biens institués en 1575, et les sergents de ville créés en mars 1709 pour signifier et exécuter les décisions judicaires des maires et échevins

Du reste, plusieurs catégories de sergents pouvaient coexister au sein d'une même juridiction. À cet égard, l'exemple du Chatelet de Paris est significatif, puisque cette juridiction comprenait quatre sortes. Saint Louis décida de les diviser en deux groupes. Les uns furent tenus de résider en ville et chargés d'y instrumenter tout en assurant des fonctions de police. On les appela « *sergent à pied* » eu égard à la manière dont ils se déplaçaient, à pied, en ville, puis « *sergent à verge* » relativement à la baguette dont ils étaient munis pour imposer le respect.

[5] Institution administrative, judiciaire et politique du Moyen âge.
[6] Tribunal civil et criminel qui existait de 1552 à 1791.

Les autres, obligés de résider hors la ville dans les baillages et les sénéchaussées*, étaient chargés d'instrumenter dans les campagnes. On les nomma « *sergents à cheval* » en raison de la nécessité d'avoir une monture pour parcourir de longues distances.

Il y avait en outre, au Chatelet, deux autres variétés de sergents. Les sergents fieffés qui avaient pour charge principale d'exploiter en matière féodale, principalement de procéder aux saisies des fiefs (autrement les domaines). D'autre part, les « *sergents de la douzaine* » formaient la garde personnelle du Prévôt de Paris et se rapprochait donc, à cet égard, des sergents d'arme (*servientes armurom*) établis par Philippe Auguste comme garde de corps, du Roi.

Cette fragmentation extrême des compétences matérielles ou territoriales dura jusqu'en février 1705 lorsqu'un édit royal vint réunir ces différents officiers en une seule communauté et sous le même titre d' « huissier » permettant de résider en tout lieu du royaume et d'exploiter en toute matière dans toute son étendue. La traditionnelle distinction entre huissiers et sergents était appelée à disparaître, mais se sont les lois révolutionnaires qui y mirent un terme définitif.

SECTION III. LES HUISSIERS

Ils ont enfin été appelés de la sorte en souvenir de leurs anciennes fonctions de portiers. L'*ostiarus* romain, avait pour unique fonction d'assurer un service de police qui consistait essentiellement à garder la porte (ostium, puis ustium en bas latin) du juge qui l'employait.

Même aux premiers temps du Moyen-âge, l'huissier se différenciait des bedeaux et des sergents en ce qu'il n'effectuait aucune semonce, ni aucune exécution ; sa fonction se limitait au service intérieur et à la police des audiences.

Puis, l'huissier a pu remplir les fonctions des sergents dans les juridictions les plus importantes, à commencer par le Parlement de Paris. Là, au XIIIe siècle, celui-ci employait deux portiers (hostiarii, portarii) chargés de garder la porte de la Chambre, d'appeler les plaideurs et d'exécuter les décisions de la cour ; en 1328, on en comptait onze dont le plus ancien prenait le titre de « *premier huissier* ».

Dès lors, pour justifier la distinction des deux catégories d'officiers, d'anciens auteurs ont écrit que la différence résidait dans l'importance de la juridiction qu'ils servaient respectivement à savoir, pour les huissiers, les juridictions supérieures et, pour les sergents, les justices subalternes. En réalité, la différence essentielle entre les deux tenait à la nature de leurs fonctions : les sergents ne faisaient qu'exploiter alors que les huissiers exerçaient en outre, des fonctions d'assistance des juges, de maintien de l'ordre et d'accompagnement de la cour lors des cérémonies.

Du moyen-âge au XVIIIe siècle, un grand nombre d'huissiers avaient été installés auprès des cours souveraines et des juridictions subalternes : huissiers du Parlement de Paris et ceux des autres cours de parlement au fur et à mesure de leur création ; huissiers des Requêtes de l'Hôtel ; huissier de la Chambre des comptes chargé de mettre en ordre les locaux, de garder les portes (1454) ; huissiers du Grand Conseil (1527) et de la Grande chancellerie ; huissiers des différentes Cours des Aides chargés du service de la cour et des exploits en matière fiscale ; huissiers-audienciers de la Connétablie et Maréchaussée de France ; de l'Amirauté ; de la conservation de Lyon ; huissiers de la Chambre des comptes chargés en mars 1543 d'instrumenter en tout ce qui relève de cette juridiction ; huissiers des sièges présidiaux (1551) ; des tables de Marbre (qui ont succédé en 1555 aux huissiers des Eaux et forêts) ; des élections, des juridictions consulaires (1708-1720); des sénéchaussées, etc.

Toujours est-il que le titre d'huissier désignait légalement un officier chargé à la fois d'exploiter et d'assurer le service intérieur des tribunaux.

Ce cumul de fonctions connaissait, cependant, quelques exceptions. Certains officiers qualifiés d'huissiers n'étaient en réalité que des sergents. C'était le cas notamment des « *huissiers-visiteurs* » des juridictions maritimes chargés de visiter les navires marchands et des « *huissiers-priseurs* » créés en 1691, qui n'étaient que des sergents ayant obtenu le droit exclusif de procéder aux ventes mobilières.

Au demeurant, il fallait remplir certaines conditions que nous allons détailler ainsi que les attributs de l'huissier.

CHAPITRE II

Conditions et attributs de l'huissier

SECTION I. L'APTITUDE PROFESSIONNELLE

Il est difficile de connaître les conditions d'aptitude que devraient satisfaire les candidats aux offices d'huissier ou de sergent avant le début du XVe siècle. Selon Félix Aubert, qui a étudié l'histoire du parlement de Paris de Philipe le Bel à Charles VII, il fallait, pour être reçu, être né en France, avoir subi avec succès un examen et être exempt de maladie contagieuse.

D'après les Lettres Patentes du roi Charles VI du 31 janvier 1402, les impétrants faisaient l'objet d'une « *information sur leur suffisance et loyauté* » que l'on retrouve dans l'ordonnance d'Orléans de 1560 sous le nom d' « *inquisition préalable de leur bonne vie et expérience* ».

Mais, de ces deux éléments de l'aptitude générale, l'élément moral a manifestement pris le dessus. La vérification de la bonne moralité se faisait par le témoignage de quelques voisins. L'absence d'examen des sergents était imputable, selon Loyseau, « à la vileté de leurs offices » (l'huissier ou sergent n'était encore qu'un simple exécuteur d'ordres) et à « la difficulté qu'il y avait anciennement d'en trouver ».

Plus tard, vers la fin du XVe siècle, une évolution aux conditions d'accès s'est produite ; elle concerne la capacité d'écrire et la connaissance du métier.

SECTION II. LA CAPACITÉ D'ÉCRIRE

La capacité de lire et d'écrire n'était pas nécessaire à une époque où l'activité du sergent était exclusivement verbale. Dans la tradition médiévale, le sergent convoquait oralement les justiciables devant les juges, par une « *semonce* », ou avertissement, dont il faisait ensuite le récit en justice. Telle est d'ailleurs l'origine du mot « exploit », dérivé du latin « *explicatum* », participe passé substantivé du verbe « *explicare* » qui signifie expliquer.

Le sergent accomplissait sa mission de signification ou d'exécution sans établir d'acte écrit ; il expliquait ensuite au juge ou à son greffier ce qu'il avait fait.

Boutillier énonçait à ce propos que le sergent devait « *rescrire de tous ses exploicts, ou relater de bouche, si c'est en lieu où il soit de relater par bouche* », autrement dit, la forme générale de ces rapports était l'écrit, mais qu'un récit verbal était parfois suffisant, et ce en vertu des usages.

Une importante évolution s'est produite lorsque l'huissier ou le sergent a été contraint d'ajourner par écrit. C'était vers la moitié du XVIe siècle. Et lors des Etats généraux de 1483, il fut réclamé que les sergents sussent lire, écrire et mettre « *en termes honnêtes les citations de leurs exploits* ».

La capacité d'écrire fut alors érigée en condition d'aptitude par l'édit d'octobre 1485, mais à l'égard uniquement des sergents à cheval. Plus tard, Louis XII, en 1499, décida de ne conserver que ceux des sergents « *qui seront de bonne vie, et sauront lire et escrire...sous peine de la perte de leurs offices et d'amende arbitraire* » et ce pour épargner au peuple les graves exactions et vexations faites par la multitude de sergents extraordinaires.

Une telle restriction ne pouvait s'expliquer que par l'introduction de la forme écrite. Bien que le terme *exploiter* demeurât en usage dans tous les textes, le sergent ou l'huissier instrumentait désormais, autrement dit établissait *l'instrumentum,* support formel de l'acte que la science juridique oppose toujours à l'essence de l'acte (le *negotium*) ; pour cela, il devrait nécessairement être capable d'écrire.

L'ordonnance du 1er octobre 1535 l'imposa en obligeant les sergents et huissiers à « *bailler copie de leur exploits aux parties* » et, plus expressément, en interdisant au Parlement de « *recevoir aucun pour huissier s'il ne sçait lire et escrire bonne et lisable lettre* ».

SECTION III. LA CONNAISSANCE DU MÉTIER

Plusieurs textes du XVIe siècle ont exigé de l'huissier une certaine compétence dans l'exercice de ses fonctions. Aux termes de l'ordonnance du 1er octobre 1535, il était interdit au Parlement de recevoir non seulement des illettrés, mais aussi aucune personne qui « *ne sût faire promptement les exploits de son estat* ».

Autrement dit, il était nécessaire, pour devenir sergent ou huissier, de connaître la forme des actes et d'avoir acquis l'habitude de les rédiger.

Le Règlement du Sénat de Savoie de 1560 qui s'était fortement inspiré de l'ordonnance sus citée, reprit textuellement la prohibition à son compte, en ajoutant que le candidat « *sera examiné, appelé premièrement, et oüy le Procureur général, à qui les lettres de provision seront communiquées* ».

Une autre ordonnance de 1585 d'ajouter « *défendons à nos cours de parlement et autres compagnies souveraines de ne recevoir aucun pour huissier qu'il ne soit expert et suffisant à ce qui dépens de sondit office : surquoy il sera examiné* ».

L'idée de compétence apparaît clairement dans les règles ci-citées. L'huissier devrait être « suffisant », c'est-à-dire posséder les connaissances nécessaires à l'exercice du métier. Il devrait se montrer « expert », autrement dit aguerri aux actes de son ministère. Ainsi, on retrouve les deux volets complémentaires de toute aptitude professionnelle : le savoir et l'expérience. Mais aucun texte n'indiquait comment cette compétence devrait être acquise. À l'évidence, le savoir faire du candidat résultait d'une pratique professionnelle aux côtés d'un titulaire, pendant une durée à fixer par les usages.

La formation professionnelle de l'huissier n'a été règlementée qu'au XIXe siècle, lorsque le décret impérial du 14 juin 1813 portant sur l'Organisation et le Service des Huissiers est venu préciser que les aspirants aux fonctions d'huissier ordinaire devraient avoir travaillé, au moins pendant deux ans, soit dans l'étude d'un notaire ou d'un avoué, soit chez un huissier ou pendant trois ans au greffe d'une Cour impériale ou d'un tribunal de 1ere instance.

L'exigence d'une pratique professionnelle était ainsi clairement définie et demeurait l'unique condition d'aptitude. On ne parlait dans ce décret ni d'examen, ni de diplôme.

Ce n'est qu'en 1846, que la Commission des hautes études du droit, appelée à se prononcer sur l'exigence de la licence en droit, donna un avis défavorable. Car, selon elle, il aurait été très difficile de trouver, en ces temps là, dans les campagnes, des candidats en grand nombre pour faire office d'huissier. La formation théorique a été laissée à la discrétion des communautés locales d'huissiers, qui prirent l'habitude d'organiser des conférences au profit des candidats.

SECTION IV. LE TEXTE FONDATEUR : LE DÉCRET IMPÉRIAL DE 1813

Ce DECRET IMPERIAL N°9346, portant Règlement sur l'Organisation et le Service des Huissiers, pris au quartier impérial de Dresde, le 14 juin 1813 par Napoléon BONAPARTE, est le texte fondateur de la profession en ce qu'il contient les éléments de bases permettant l'exercice correct du métier pour de longues années, malgré les adaptations ultérieures nécessaires.

Il contient 114 articles repartis entre trois titres.

I°/ Le Titre I qui traite de la nomination, du nombre et de la résidence, stipule en son article 1er « *les huissiers institués pour le service de nos cours impériales et prévôtales, et pour tous nos tribunaux, seront nommés par nous* » sous entendu l'empereur lui-même. La cour prévôtale étant une juridiction destinée à l'administration domaniale. Déjà, deux distinctions étaient à faire : d'un côté il y avait les *huissiers audienciers* choisis par les cours et tribunaux parmi ceux *jugés les plus dignes de confiance* pour le service intérieur des audiences, et de l'autre côté les *huissiers ordinaires,* chargés de toutes les citations, notifications et significations requises pour l'instruction des procès, ainsi que de tous actes et exploits nécessaires à l'exécution des ordonnances de justice, jugements et arrêts.

En tout état de cause, pour ceux qui aspiraient aux places d'huissier les conditions requises étaient :

1°/ D'être âgé de 25 ans accomplis ;

2°/ D'avoir satisfait aux lois de la conscription militaire ;

3°/ D'avoir travaillé, au moins pendant deux ans, soit dans l'étude d'un notaire ou d'un avoué, soit chez un huissier, ou pendant trois ans au greffe d'une cour impériale ou d'un tribunal de 1ère instance ;

4°/ D'avoir obtenu de la chambre de discipline (des huissiers), un certificat de moralité, de bonne conduite et de capacité.

Si la chambre accorde trop légèrement ou refuse sans motif valable ce certificat, il y aura recours au tribunal de 1ère instance dans le premier cas, par le procureur impérial, et dans le deuxième cas par la partie intéressée.

Après avoir obtenu la commission confirmative, l'huissier devait prêter dans les deux mois à l'audience de la cour ou du tribunal de sa résidence : « ***le serment de fidélité à l'Empereur et d'obéissance aux constitutions de l'Empire, ainsi que celui de se conformer aux lois et***

règlements concernant son ministère, et de remplir ses fonctions avec exactitude et probité ».

II°/ Le Titre 2, traite des Attributions des huissiers et de leurs Devoirs.

– *Les attributions*

La distinction entre huissiers audienciers et ordinaires est nette. Les 1ers, sont maintenus dans le droit de faire exclusivement près les cours et tribunaux de leurs résidences, *le service personnel* aux audiences, aux assemblées générales ou particulières, aux enquêtes, interrogatoires et autres commissions, ainsi qu'au parquet. Voilà comment est demeuré dans tous les textes futurs jusqu'à nos jours le terme *service personnel*.

En cas d'insuffisance d'huissiers audienciers, les huissiers ordinaires étaient commis par les mêmes cours et tribunaux. Mais concurremment, le droit d'exploiter, c'est-à-dire faire les citations, significations et exécutions etc, appartenait à ces deux catégories.

Autre attribution spécifique, dans l'article 37, il est stipulé que dans les lieux où il n'est point établi de commissaires-priseurs, exclusivement, chargé de faire les prisées et ventes publiques de meubles et effets mobiliers, les huissiers tant audienciers qu'ordinaires continueront de procéder concurremment avec les notaires et les greffiers, auxdites prisées et ventes publiques, en se conformant aux lois et règlements qui y sont relatifs.

– *Les devoirs*

L'article 39 se décline ainsi : les huissiers sont tenus de se renfermer dans les *bornes* de leurs ministères, sous peine de sanctions. Quelles étaient ces bornes ?

– l'incompatibilité de l'exercice du ministère avec toute fonction publique salariée. En outre, il est défendu aux huissiers, sous peine d'être remplacés, de tenir auberge, cabaret, café, tabagie ou billard, même sous le nom de leurs femmes, à moins d'autorisation spéciale.

– les huissiers sont tenus d'exercer leur ministère toutes les fois qu'ils en seront requis et *sans acception de personnes,* sauf les prohibitions pour cause de parenté ou d'alliance. Les copies à signifier seront correctes et lisibles, à peine de rejet de la taxe, ou de restitution des sommes reçues.

– tout huissier qui ne remettra à personne ou à domicile l'exploit et les copies de pièces qu'il aura été chargé de signifier, sera condamné par voie de police correctionnelle, à une suspension de trois mois, à une amende qui ne pourra être moindre de deux cents francs, ni excédé deux mille francs, et aux dommages et intérêts des parties.

Les clercs n'étant pas encore nés, l'huissier faisait un travail extrêmement exténuant, déjà, à cette époque là ! Etre au four et au moulin à la fois.

III°/ Le titre 3 évoquait de la réunion des huissiers en communauté, c'est-à-dire, l'ancêtre de la chambre nationale, l'organisme de représentation, son fonctionnement, de la chambre de discipline, de la formation des huissiers, ainsi que de l'institution de la bourse commune dont on parlera plus tard.

PARTIE II

Les seconds temps : aux temps coloniaux

L'occupation militaire par la France, en ce début du XIXe siècle, de vastes territoires en dehors de ses frontières a eu pour conséquence la mise sous administration française des terres et des hommes en Asie, en Amérique et surtout en Afrique.

Dans le continent africain, il existait deux grandes structures territoriales : l'Afrique Equatoriale Française dite A.E.F regroupant des pays situés au centre et l'Afrique Occidentale Française appelée A.O.F regroupant d'autres pays se trouvant à l'ouest. Chacune avait à sa tête un Gouverneur général. Dépendant du Ministère des Colonies, ce dernier avait la haute main sur la gestion de toute activité de production, de transformation et de distribution des biens et services.

Pour la marche de l'administration en général, il disposait de leviers que sont les textes législatifs et règlementaires. Ainsi, pour l'application des lois, décrets, arrêtés adoptés en métropole dans tous secteurs de de l'activité humaine, il avait un pouvoir étendu pour leur mise en œuvre, de façon spécifique, dans les colonies.

CHAPITRE I

La fondation.
Le décret du 30 novembre 1931
portant réorganisation du service des huissiers en AOF

Ce décret qui comprend un titre unique et 10 articles stipulait en son article 1er : « Il appartient au gouverneur général de l'AOF de réglementer, par des arrêtés pris en conseil de gouvernement ou en commission permanente, sur la proposition du chef de service judiciaire, tout ce qui concerne l'organisation et le fonctionnement du service des huissiers, notamment leur nomination, le nombre des charges à créer et les localités où il convient de les instituer, la désignation des lieux de résidence et les zones d'exercice..., les conditions d'aptitude à exiger, les modes de remplacement ainsi que la discipline, la comptabilité, le cautionnement et le tarif... »

Ledit décret a été publié aux *journaux officiels* de la République française, de l'AOF et du Sénégal le 3 décembre 1931. Et c'est ainsi que vit le jour le premier arrêté sur les huissiers en AOF, et plus tard l'Ordonnance du 2 novembre 1945.

SECTION I. L'ARRÊTÉ DU 30 JANVIER 1932 RÉGLEMENTANT L'ORGANISATION ET LE FONCTIONNEMENT DU SERVICE DES HUISSIERS EN AFRIQUE OCCIDENTALE FRANÇAISE

Comprenant 49 articles repartis entre sept sections, il traite entre autre des nominations, cautionnement, résidence et congé, attributions et devoirs des huissiers. Pour la première fois le triptyque d'huissier titulaire de charge, de fonctionnaire huissier et d'huissier *ad hoc* apparaissait.

Les titulaires sont nommés par le Gouverneur général (le 1er et grand chef de l'administration dans les colonies) sur la proposition du chef de Service judiciaire (équivalent au garde des sceaux local).

Les fonctionnaires huissiers sont nommés par les Lieutenants-Gouverneurs, sur proposition du Procureur de la République ou du juge de paix à compétence étendue du chef-lieu.

Les huissiers *ad hoc* sont désignés parmi les agents civils et militaires de l'administration, par l'autorité administrative du lieu (commandant de cercle ou chef de subdivision, administrateur-maire). Ils sont désignés par l'autorité judiciaire en cas d'absence ou d'empêchement, momentané de l'huissier établi au siège de la juridiction. Nous pouvons constater à niveau une certaine prééminence donnée à l'administration locale sur l'autorité judiciaire dans la gestion de la chose judiciaire.

Il est à noter jusqu'ici, qu'aucune définition de l'huissier n'est donnée. Les attributions, devoirs et conditions de nomination suffiront-ils de lui en trouver ? Nous allons le savoir dans les lignes qui suivent.

Paragraphe 1. Conditions de nomination

Pour être nommés titulaire d'une charge d'huissier il fallait :

1°/ Etre français, âgé de 25 accomplis, ou avoir obtenu du Gouverneur général une dispense qui ne pourra être accordée qu'aux candidats d'au moins 21 ans ;

2°/ Justifier de sa moralité (qui devra être bonne sans aucun doute) ;

3°/ Avoir satisfait à un examen professionnel sur les actes du ministère d'huissier.

Sont dispensés de concours les postulants anciens officiers ministériels, ceux qui ont accompli pendant deux ans au moins les fonctions de greffier ou de commis-greffier ; les clercs de notaire, d'avoué ou d'huissier comptant deux années de cléricature.

Tout candidat adresse sa requête, avec les pièces ci-dessus à l'appui, au chef du Service judiciaire qui, après enquête, transmets le dossier avec ses propositions au Gouverneur général. Celui-ci délivre, s'il y a lieu, une commission d'huissier, c'est-à-dire un complément d'enquête.

Le titulaire d'une charge doit, avant d'entrer en fonction et pour être admis au serment professionnel justifier du versement de la somme de 2 000 frs à la Caisse de dépôts et consignations.

Avant d'entrer en fonction, les huissiers titulaires et les fonctionnaires-huissiers prêtent devant le tribunal où ils exercent le serment dont la teneur suit : « **Je jure de me conformer aux lois, décrets, arrêtés et règlements concernant mon ministère, avec exactitude et probité ».**

À ce niveau là, l'on peut noter une différence d'avec le serment prêté sous l'empire du Décret impérial de 1813 dans lequel le membre de phrase, « *remplir ses fonctions* », ennoblissait à notre sens la portée du serment. En revanche, les mots *décret*s et *arrêtés,* étaient absents du serment impérial. Les raisons en sont peut- être que sous les colonies on voudrait être le plus étendu possible sur le respect de toute norme édictée par l'administration coloniale.

Le serment ne nécessitait d'ailleurs pas la présence physique de l'huissier au tribunal, où un écrit suffisait lorsque celui-ci résident hors le ressort.

Il est à noter également que l'huissier *ad hoc* ne prête pas serment avant son entrée en fonction. Or, les actes qu'il est appelé à délivrer sont d'une si grande délicatesse qu'il eût mieux valu qu'il prêtât le serment qui confère à sa fonction la probité et l'exactitude tant recherchées.

Paragraphe 2. Attributions et devoirs

C'est l'article 11 qui annonce que sauf exception résultant de la législation en AOF, les huissiers sont chargés de toutes les citations, assignations, procès- verbaux de constat, notifications, significations judiciaires et extra-judiciaires, ainsi que tous les actes ou exploits nécessaires à l'exécution forcée des actes publics et les ordonnances de justice, jugements et arrêts.

Ils ont en outre le monopole des ventes mobilières après saisies. Quid des commissaires-priseurs ?

À ces attributions clairement définies étaient liés des devoirs ou obligations dont les principales sont :

– Le respect strict du tarif en vigueur en AOF ;

– L'interdiction formelle de réclamer une somme supérieur audit tarif pour quelque cause et sous quelque prétexte que ce soit, sous peine de restitution des droits indûment perçus et de dommages-intérêts ;

– Le service des audiences de la Cour d'appel et des tribunaux ;

– L'exercice du ministère, toutes les fois qu'ils seront requis par le Ministère public ou par les officiers de police judiciaires, sauf exceptions prévues par la loi et les prohibitions pour cause de parenté. Tous refus d'instrumenter ou tout retard injustifié dans l'exécution, portant préjudice à un justiciable seront sanctionnés et ce non compris les dommages-intérêts dus à la partie lésée.

– L'interdiction à l'huissier, pour assurer son indépendance et sa neutralité, d'instrumenter pour lui-même, ni pour ses parents et alliés ou ceux de sa femme en ligne directe, ni pour les parents et alliés collatéraux jusqu'au degré de cousin germain inclusivement à peine de dommages-intérêts ;

– L'obligation pour l'huissier de, en toute matière, remettre lui-même ou par clerc assermenté, dans les cas permis, à personne, à domicile, l'exploit et les copies qu'il est chargé de signifier sous peine de suspension.

Un autre devoir principal de l'huissier, qui doit toujours allier clarté à probité, est de mentionner au bas de l'original et la copie, le coût réel de l'acte et indiquer, en marge de l'original, le nombre de rôles[7], de copies, de pièces, ainsi que le détail de tous les articles formant le coût de l'acte.

Par ailleurs, jouant au greffier, l'huissier, en cas d'opposition ou d'appel contre toute décision rendue en matière civile ou commerciale susceptible de recours, fera mention sommaire sur le registre tenue au greffe à cet effet, en indiquant le nom des parties, la date du jugement et celle de l'opposition ou de l'appel.

D'autre part, pour proscrire les conflits d'intérêts, l'huissier ne peut se rendre, soit directement, soit indirectement, adjudicataire des objets mobiliers qu'il est chargé de vendre. Il ne peut, en outre, se rendre concessionnaires d'actions et de droits litigieux de la compétence du tribunal auprès duquel il exerce. Il lui est interdit d'accepter aucune gérance d'affaires industrielles ou commerciales et de faire du commerce, même par personne interposée.

Pour toute exécution, la remise des actes ou jugements vaut pouvoir tacite, sauf preuve contraire ; l'huissier est ainsi protégé contre des clients inconstants !

SECTION II. LE CAS DU CLERC ASSERMENTÉ

Etant donné l'immense tâche accomplie quotidiennement par l'huissier, il est apparu vital de le seconder dans l'exercice. Ainsi, un personnage spécifique dénommé « clerc » travaillant avec lui, sans

[7] Document sur lequel on retranscrit les actes juridiques, correspond aujourd'hui à la photocopie.

relâche, a été introduit pour éventuellement le seconder ; depuis quand ?

Paragraphe 1. Origine

Par lettres patentes du 18 juin 1769, Louis XV, règlementant l'administration de la justice en Normandie (Parlement de Rouen) et confirmant les « sergents nobles » dans leurs droits et privilèges, autorisa les sergenteries nobles à « *les faire exercer par des commis assermentés devant les juges compétents* ».

Pour que cette mesure soit généralisée, il y eut un combat de dizaines d'années. Et le décret impérial de 1813 n'arrangeait pas les choses, car en son article 45, il stipulait péremptoirement que *les huissiers étaient tenus de remettre par eux-mêmes à personne ou à domicile l'exploit et les copies de pièces. Celui qui enfreignait la loi, tombait sous le coup d'une suspension de 3 mois, ainsi que d'une amende de 200 frs à 2000 frs*[8]. *En outre, s'il résultait de l'instruction qu'il eût agi frauduleusement, l'huissier était susceptible d'être poursuivi criminellement et puni, selon l'article 46 du code pénal de la peine des travaux forcés à perpétuité.*

Oh ! Que c'était dur !

Un véritable sacerdoce qui coupait toute envie. L'huissier devrait rédiger ses actes, recevoir les clients et conférer avec eux, puis aller voir les débiteurs ; et ensuite courir porter ces actes lui-même, en ville et en campagne, qu'il pleuve, qu'il vente ou qu'il neige, et enfin faire le service des audiences. Au bout du compte fortement éreinté, il devenait grabataire, sans vie en société ni en famille.

Mais c'est en 1872 qu'un huissier de Rochefort du nom de Me RODANET alerta l'opinion de l'époque par un billet publié au « Journal des huissiers », où il brossait un tableau apocalyptique de la fonction de l'huissier. Peignant celui-ci dans ses tâches quotidiennes en homme de peine il en concluait que son labeur était proche de l'esclavage.

Autre motif d'anxiété : celui du service militaire qui oblige à d'incessantes périodes de mobilisation pour les jeunes, parfois jusqu'à l'âge de 40 ans. La France était en état de perpétuelle psychose de guerre (Empire et Colonies), et chaque citoyen (dont les huissiers)

---

[8] Ce qui correspondrait à peu près à 1000frs de 1901 soit 3.868,70 euros aujourd'hui soit 2.537.408 cfa.

vivait avec la hantise d'être appelé sous les drapeaux pour défendre la Nation.

Ainsi, la création des commis assermentés permettait de remédier à l'absence de ceux partis à la guerre et, si, d'aventure ils revenaient blessés et souvent impotents l'office eut continué à fonctionner normalement.

Le 7 décembre 1898, le Sénat adopta une loi où il est indiqué que chaque clerc assermenté serait attaché à une étude bien déterminée. Il ne s'agissait pas de créer une nouvelle compagnie d'officiers ministériels ayant leur autonomie, ce qui faisait peur à certains. Et la question de la responsabilité des nullités encourues pour les exploits signifiées par les clercs soulevait des difficultés. Les divergences persistaient entre les partisans et les opposants de l'acceptation de de la création des clercs.

C'est en juillet 1912 qu'un projet de loi relatif aux clercs assermentés et à la signification des protêts a été présenté à la Chambre des députés. Mais l'éclatement de la Grande guerre en 1914 accéléra les choses. Les offices désertés de leurs titulaires devraient continuer à fonctionner. À la fin de la guerre beaucoup étaient revenus dans un état physique quasi incompatible avec l'exercice du métier. Ainsi, en juin 1921 une proposition de loi fut adoptée ayant pour objet de reconnaître aux huissiers malades ou blessés de guerre la faculté de se faire suppléer dans leurs fonctions par des clercs assermentés.

Après mandements, la loi a été définitivement adoptée le 17 décembre 1923 par la Chambre des députés et promulguée quelques jours plus tard, le 27 décembre.

Paragraphe 2. Fonction du clerc

Chevilles ouvrières de nos études, les clercs ont vocation d'aider l'huissier dans son travail au quotidien.

Ils sont bien entendu assermentés pour accorder du crédit à ce qu'ils font ; et les exploits par eux faits seront préalablement signés par l'huissier qui demeure civilement responsable de nullité, amendes, restitutions, dépens et dommages-intérêts encourus du fait du clerc.

Il en existe quatre sortes aujourd'hui :

– Le clerc significateur

Il est chargé de remettre les actes et décisions de justice aux personnes concernées. Lorsque ces dernières sont introuvables, il doit enquêter auprès du voisinage et de la mairie pour les retrouver. Il est constamment en déplacement.

Pour devenir clerc significateur aucun diplôme n'est requis ; cependant le minium tel BECP[9] ou DEF[10] est requis ; l'huissier le plus souvent le forme expressément.

Etant en contact direct avec les débiteurs et les créanciers, il doit se montrer assez diplomate avec ses interlocuteurs.

– Le clerc aux procédures :

Il suit les dossiers au quotidien. C'est lui qui reçoit les clients, créanciers comme débiteurs, auprès desquels il joue le rôle de conseil. Il suit avec soin les dossiers et doit veiller au respect rigoureux des procédures et délais. L'huissier valide les actes par lui fait, en veillant aux mentions obligatoires et en y apposant sa signature donnant ainsi à l'acte sa valeur authentique.

Le niveau Bac est exigé. Quelques connaissances juridiques sont nécessaires pour comprendre les mécanismes de procédures en droit civile et en droit pénal.

– Le clerc expert

Il a un niveau Bac + 4 (Master en Droit) ou maîtrise, il encadre les clercs aux procédures et les clercs significateurs. Il est responsable du choix des procédures, de la production des actes et du suivi des dossiers compliqués comme les baux, les hypothèques, les saisies immobilières. Il est habilité aux constats et remplace l'huissier à cet effet.

– Le clerc principal

C'est un juriste qualifié. Collaborateur direct de l'huissier, maîtrisant parfaitement la procédure et la gestion des dossiers, il gère le personnel de l'étude. Il a vocation à devenir huissier titulaire, sous certaines conditions.

À cet effet, il doit aussi assimiler les connaissances pratiques du métier, tel la tenue des livres de l'huissier.

---

[9] BECP : Brevet Elémentaire du Cours Primaire.

[10] DEF : Diplôme d'Etudes Fondamentales.

Section III. Des livres de l'huissier

Pour suivre l'huissier dans ses tâches quotidiennes, tout au long de l'année, une série de documents soigneusement élaborés sont institués. Ils l'enlacent, lui collent un code de conduite rigoureux, lui rappelant à chaque instant le sens de son serment pour le bonheur et de la clientèle et de la tutelle (juge et administration).

Au nombre de quatre, ils sont côtés et paraphés par le président de la juridiction auprès de qui il exerce, ce sont :

1°/ Le répertoire général

Il doit mentionner, jour par jour, sans blanc ni interligne et par ordre de numéro, tous les actes et exploits. Le coût des actes, les frais de voyages, les déboursés et les salaires perçus y sont énoncés dans des colonnes séparées.

Tous les trois mois, ce répertoire est soumis au visa de l'enregistrement qui constate les omissions ou retards et les sanctionne éventuellement d'une amende.

2°/ Le livre-journal

Il mentionne jour par jour, en toutes lettres, par ordre de dates, sans blanc ni interligne ou renvois à la marge, les recettes et les dépenses, tant en matière civile que criminelle et notamment toutes les sommes que l'huissier perçoit à raison de sa fonction ainsi que les sommes qu'il remet à ses clients.

Trimestriellement, il est soumis à la vérification et au visa du Procureur de la république ou du juge de paix à compétence étendue qui transmet au Procureur général le résultat de cette vérification.

3°/ Le grand livre

Il contient l'ouverture d'un compte spécial au nom des parties avec indication de la somme consignée pour couvrir les frais de procédure. Sur ce registre l'huissier porte toutes les sommes reçues et payées.

À la fin de chaque année, l'huissier adresse au Procureur de la République ou au juge de paix à compétence étendue un compte sommaire, tant des sommes consignées entre ses mains que celles qu'il aura employées ou qui auront été restituées aux parties. Ce compte est ensuite transmis au Chef du Service judiciaire avec les observations des personnes ci-dessus citées.

4°/ Le registre à souches

Il mentionne les noms et adresses de la partie versante, la date et la cause du versement.

En cas de manquement à l'observation de la tenue de ces registres, l'huissier est puni d'amende prononcée par le Procureur général et recouvrée par le service de l'Enregistrement.

Ainsi, comme on peut aisément le constater, l'huissier apparaissant en ces temps- là comme une vraie force de travail, ordonnée et disciplinée à qui le moindre manquement était interdit. Autonome à peu près, mais jamais indépendant, encore moins libéral, il vivait dans la hantise de sanctions disciplinaires.

SECTION IV. LES MESURES DISCIPLINAIRES

Il est indiqué que le Chef du Service judiciaire exerce la surveillance et la discipline générale à l'égard des huissiers, et gare à ceux qui commettaient des fautes professionnelles ou s'écartaient du respect dû aux autorités.

La gamme des sanctions était :

1/° Le rappel à l'ordre
2°/ La censure simple
3°/ La censure avec réprimande
4°/ La suspension
5°/ La destitution

– Le rappel à l'ordre

C'est un simple avertissement adressé à l'huissier quand celui-ci a fait quelque chose de répréhensible. C'est le cas de l'huissier qui arbore un costume non décent (surtout à une époque où le port de tenue était exigé). Ou l'huissier qui injurie ses confrères ou celui qui critique avec raillerie les décisions de la chambre. Cet avertissement est verbal mais peut être couché sur le registre de délibérations de la Chambre.

– La censure simple

L'attitude fautive que sanctionne la censure simple implique que l'huissier ait commis une faute plus grave que le rappel à l'ordre. C'est le cas de l'huissier qui se montre irrévérencieux à l'égard des magistrats ; ou celui qui profite de son statut et de ses prérogatives pour abuser de ses pouvoirs à l'encontre du débiteur.

– La censure avec réprimande

Elle sanctionne l'huissier qui commet des fautes plus graves et qui risquent de déconsidérer la profession. Tel est le cas de l'huissier qui exerce l'usure et trompe la bonne foi des gens avec qui il est en affaire. Celui-ci reçoit une réprimande telle que l'interdiction de l'entrée de la Chambre pour une durée déterminée, trois, six mois.

– La suspension

Elle sanctionne une faute très grave telle le faux dans les actes délivrés, l'extorsion ou la dissipation de fonds de la clientèle. Elle dure une année le plus souvent.

– La destitution

L'accumulation de fautes lourdes commises qui entament la crédibilité l'huissier conduit à la destitution. Le faux en écriture, écrire par exemple sur un exploit « *parlant à sa personne* » alors que l'huissier n'a jamais vu la personne citée qui, par malheur, écope d'une décision judiciaire de condamnation est un acte criminel si grave qu'il est l'illustration parfaite de la violation du serment professionnel.

Les quatre premières sanctions sont prononcées par la Chambre, tandis la destitution est prononcée par l'autorité de nomination. Dans tous les cas l'huissier est préalablement entendu.

SECTION V. L'HONORARIAT

L'article 48 stipule, « le Gouverneur général pourra, sur la proposition du Chef du Service judiciaire, conférer l'honorariat aux huissiers comptant au moins dix années d'exercice ».

C'est une reconnaissance des valeurs professionnelles de celui qui, dans le strict respect du serment prêté, a donné le meilleur de lui-même dans sa tâche au quotidien.

CHAPITRE II

L'ordonnance n° 45-2592 du 2 novembre 1945 relative au statut des huissiers

Cette ordonnance qui contient 15 articles seulement a été adoptée par le Gouvernement provisoire de la république française aux lendemains de la 2ème guerre mondiale pour tenter de réorganiser une profession et même la société fortement éprouvées par cinq ans de conflit armé dans toute l'Europe.

L'article 1er dispose de façon sibylline que les huissiers sont des officiers ministériels qui signifient les actes et les exploits et qui exécutent les décisions de justice ; les huissiers-audienciers sont, en outre, chargés du service personnel près les cours et tribunaux.

En son article 12, elle indique qu'un règlement d'administration publique déterminera les modalités d'application et les mesures transitoires relatives à la présente ordonnance.

Mais, avant que ne soit adopté ledit règlement, c'est le **Décret numéro 55-604 du 20 mai 1955**, relatif aux officiers publics ou ministériels et à certains auxiliaires de justice, qui va *révolutionner* notre profession en y ajoutant le substantif *de justice.* Ce décret va donner en même temps une définition au terme huissier de justice, c'est une première.

Ainsi, en son article 32 il stipule : « *les huissiers de justice sont des officiers ministériels qui ont seuls qualité pour signifier les actes et les exploits, faire les notifications prescrites par les lois et règlements lorsque le mode de notification n'a pas été précisé et ramener à exécution les décisions de justice, ainsi que les actes ou titres en forme exécutoire.*

Les huissiers de justice peuvent en outre procéder au recouvrement amiable ou judiciaire de toutes créances et, dans les lieux où il n'est pas établi de commissaires-priseurs, aux prisées et ventes publiques de meubles et effets mobiliers corporels.

Ils peuvent être commis par justice pour effectuer des constations purement matérielles, exclusives de tout avis sur les conséquences de fait ou de droit qui peuvent en résulter ; ils peuvent également procéder à des constations de même nature à la requête des particuliers ; dans l'un et l'autre cas, ces constations n'ont que la valeur de simple renseignement.

Les huissiers-audienciers assurent le service personnel des cours et tribunaux »

Il est aisé dès lors, de constater la présence dans toutes les législations des pays d'expression francophone en Afrique, après les indépendances, du libellé exact de cet article 32.

Malgré cela, sommes-nous sortis de l'auberge ? Que recouvre le terme ***officier ministériel*** qui semble définir l'huissier de justice ?

Paragraphe 1. L'huissier de justice : officier ministériel, officier public

L'expression *officiers ministériels ou publics* n'a été définie ni par un texte législatif ou règlementaire, ni par la jurisprudence. D'une manière générale, on qualifie d'officiers ministériels les personnes qui, nanties d'un office, doivent pour exécuter certains actes, prêter leur ministère aux particuliers qui, sans eux ne pourraient les accomplir, ou en encore aux magistrats pour préparer ou exécuter leur décision ; ils ne peuvent refuser leur ministère dans le cadre des lois.

Qu'est-ce qu'un *office* alors ? On désigne sous le nom d'offices, les charges d'officiers publics ou ministériels dont les titulaires exercent leurs fonctions en vertu de *l'investiture qui leur est conférée à vie* par le gouvernement.

Qui sont donc officiers ministériels ? Ce sont :

– les avocats au conseil d'Etat et à la Cour de cassation ;
– les avoués près la cour d'appel, qui sont maintenant supprimés ;
– les huissiers de justice ;
– les notaires ;
– les commissaires-priseurs ;
– les greffiers des tribunaux de commerce ;
– les agents de change ;
– les courtiers-interprètes et conducteurs de navire ;

Quant aux *officiers publics*, ce sont les personnes qui, nanties d'un office, mais déléguées de l'autorité publique et agissant en son nom, confèrent aux actes de leur compétence, l'authenticité et revêtent même ceux-ci de la formule exécutoire.

Ont la qualité d'officiers publics, en plus de celle d'officiers ministériels :

– les notaires ;

– les huissiers de justice ;

– les greffiers des tribunaux de commerce.

Toutes les précisions ainsi données suffisent-elles à cerner la réalité sur le rôle et l'action des huissiers de justice au quotidien, au fil des ans ? C'est un décret pris ultérieurement et d'autres textes subséquents qui vont nous aider en cela.

Paragraphe 2. Le Décret N° 56-222 du 29 février 1956 portant règlement d'administration publique pour l'application de l'ordonnance du 2 novembre 1945 relative au statut des huissiers de justice

Même si ce Décret, pris à l'époque coloniale, n'est pas applicable en AOF ou en AEF il contient des indications précieuses qui rendent compte de la réalité à la fois sociale et économique de la France d'après-guerre.

En 94 articles, il dresse un portrait de ce que sont les huissiers de justice aujourd'hui ; le caractère libéral, autonome, voire indépendant y apparait ; le fonctionnement de l'organisme de représentation qu'est la Chambre nationale est y détaillé.

Dans les attributions de l'huissier de justice des activités nouvelles exercées, sans monopole, sont permises, après autorisation préalable du Garde des sceaux, et après avis du tribunal de grande instance du lieu. Il s'agit entre autres de :

– Administrateur d'immeubles ;

– Agent d'assurance ;

– Correspondant de la caisse d'épargne ;

– Correspondant ou secrétaire de caisse de crédit agricole ou de mutuelle agricole ;

– Correspondant de société d'auteurs ;

– Secrétaire de coopérative agricole.

Dans l'exercice de ces activités accessoires, l'huissier de justice ne peut pas faire état de sa qualité professionnelle.

L'autorisation peut être révoquée par le Garde des sceaux lorsque l'activité nuit à l'accomplissement par l'huissier de justice de ses obligations professionnelles ou donne lieu à des réclamations justifiées.

On peut noter la quasi ressemblance de termes entre ce texte et la plupart des législations adoptées plus tard par les pays d'expression française en Afrique, au lendemain de leur indépendance, les temps présents.

Maître Amadou THIAM 1er Huissier du Soudan français (1949) actuel Mali

Maître Mamadou SANGARE
2ème huissier du Soudan français (1956)

PARTIE III

Les temps présents

C'est l'arrêté 277 A.P du 30 janvier 1932 pris en application du décret du 30 novembre 1931 qui permit de créer les premières charges d'huissier en AOF. Au Soudan français, actuel Mali, le premier huissier originaire du pays fut Me Amadou THIAM qui en 1949 ouvrira son cabinet à Bamako.

La deuxième charge créée à Kayes en 1956 fut confiée à Me Mamadou SANGARE. Celui-ci, véritable quêteur de savoir, a par des cours par correspondance réussit à étudier le droit et obtint ainsi en 1956 son diplôme de capacité. Il alla parfaire ses connaissances à Paris à l'Ecole Nationale de Procédure avant de devenir le second huissier du Soudan.

À partir de 1958, s'ouvrira une nouvelle ère pour la profession d'huissier jusqu'à nos jours avec des péripéties variées et denses.

CHAPITRE I

Au lendemain de l'Indépendance

À l'accession de notre pays à la souveraineté internationale, le 22 septembre 1960, les pouvoirs publics, en raison de l'option politique socialiste, ont jugé nécessaire de supprimer les fonctions d'huissier, lesquelles ont été remplacées par des agents administratifs, dont la nomination, qui n'était fondée sur aucun critère objectif, se faisait à la discrétion de l'autorité judiciaire ou administrative compétente.

L'agent administratif ainsi désigné, selon les circonstances, était considéré comme un simple exécutant ayant peu de pouvoirs pour mener à bien sa délicate mission.

Cependant, jusqu'en 1961 les huissiers officiaient, cas de Me Sangaré remplacé le 24 février 1961 par son clerc assermenté Moussa Ousmane Traoré, lorsqu'il a été nommé aux fonctions de diplomate à l'étranger.

CHAPITRE II

Le retour.
L'ordonnance n° 42 CMLN du 26 septembre 1972

Une des grandes conséquences du coup d'état militaire du 19 novembre 1968 qui reversa le régime socialiste fut la réforme du secteur de la justice.

En effet, en 1972 à la faveur d'un grand séminaire sur la justice une des résolutions prises étaient de rétablir les fonctions d'huissier, la libéralisation tout azimut prôné par le régime commandait cela. C'est ainsi que l'Ordonnance N°42 du 26 septembre 1972 portant institution de charges d'huissiers et statut des huissiers a été adoptée.

Ce nouveau texte est le reflet exact de l'ancien Décret de 1931 adapté à la nouvelle situation de la République du Mali.

Il contient 67 articles, et dégage les particularités à bien des égards.

En son article 1er, on note : il est institué sur le territoire de la Rep du Mali un service des huissiers. Ce service est assuré par des huissiers titulaires de charge, par des fonctionnaires-huissiers ou par des huissiers ad hoc. Il comporte au moins une charge au siège de chaque tribunal de 1ère instance. En dehors de ceux-ci, le Ministre de la justice peut désigner par arrêté des fonctionnaires-huissiers dont il fixe la résidence.

On retient là le souci des pouvoirs publics de couvrir l'ensemble du territoire national par le service des huissiers dont la présence était redevenue nécessaire.

Les huissiers sont reconnus comme des officiers ministériels protégés par les lois et règlements dans l'exercice ou à l'occasion de l'exercice de leurs fonctions. Cette protection s'étend à tous les agents qui, à quelque titre que ce soit remplissent lesdites fonctions. Cela devenait rassurant.

Pour donner du crédit à ces nouveaux huissiers, les actes des titulaires et ceux des clercs assermentés font foi jusqu'à inscription de faux. Cependant, les nullités des exploits d'huissier sont facultatives pour le juge, sauf dérogation expresse.

Ainsi, en cette période la notion de nullités relatives ou absolues des actes avait tout son sens.

Le juge avait la latitude de déclarer nul, relativement, tel exploit et de l'accepter car ne portant pas grief à la partie adverse ; ou alors d'apprécier que certaines mentions essentielles manquaient à l'exploit auquel cas il le qualifiait de nul de façon absolue. Exemple : 1er cas : l'omission de l'adresse précise de la personne citée, mais qui a signé l'exploit attestant ainsi l'avoir reçu (nullité relative).

2ème cas l'exploit ne comportant pas le cachet de l'huissier ou comportant une rature, une surcharge sur la date de remise ou de comparution à l'audience devant le tribunal.

Puisque la fonction venait d'être rétablie, le législateur a prévu que les huissiers n'avaient pas le droit de présenter de successeurs à l'agrément du Président du Gouvernement. Ainsi, la charge appartenant à l'Etat, sa vénalité ne pouvait être acceptée.

Paragraphe 1. Conditions de nomination, résidence

C'est par décret (du Président de la République) que les huissiers titulaires sont nommés sur proposition du Ministre de la Justice. Une marque de grande portée qui témoignait ainsi la reconnaissance de la place qu'occupaient les huissiers dans l'architecture judiciaire. En 1931, le même pouvoir revenait au Gouverneur général de l'A.O.F.

Pour les fonctionnaires-huissiers, c'est un arrêté du ministre de la justice sur proposition de Procureur de la république ou du Juge de Paix à Compétence Etendue, après avis du Procureur Général de la Cour d'appel.

Quant aux huissiers *ad hoc,* leur désignation était l'œuvre soit du commandant de cercle, soit du chef d'arrondissement territorialement compétent. Pourquoi une telle interférence de l'administratif dans le domaine du judiciaire. Cela n'incomberait –il pas mieux au juge du siège de la juridiction ?

Pourtant dans le dernier alinéa de l'article 8 consacré à cette question, il est clairement énoncé que le président du Tribunal, en cas d'absence ou d'empêchement de l'huissier titulaire établi au siège du tribunal, pouvait désigner l'*ad hoc* si les circonstances l'exigent !

À notre humble avis, ce n'est qu'une survivance de l'ancien texte de 1931 de l'époque coloniale où prédominait le pouvoir de l'Administration sur tous les secteurs d'activité de la colonie. Avec le nouveau législateur, la reproduction a été presque servile, car l'autorité judiciaire restait encore soumise à l'autorité politique et administrative.

Pour être nommé huissier, il fallait remplir les conditions au nombre de quatre :

1° être de nationalité malienne ou ressortissant d'un Etat qui accorde la réciprocité aux maliens ;

2° avoir 25 ans révolus ou avoir obtenu une dispense du ministre de la justice, dispense qui ne peut être accordé qu'aux candidats ayant au moins 21 ans ;

3° justifier d'une *bonne* moralité ;

4° avoir satisfait à un examen professionnel

Trois remarques s'imposent. La 1ère, la réciprocité accordée à un autre Etat. Cela visait sans doute à respecter la politique traditionnellement panafricaniste des pouvoirs publics maliens qui ont toujours favorisé l'intégration africaine. La 2ème, le qualificatif *bonne* ajouté à la moralité dont devrait justifier le postulant. Il y avait-il une enquête de moralité à mener, par qui et comment ? La 3ème, l'examen professionnel dont le programme est fixé par arrêté ministériel.

Anciennement, en 1931, c'étaient sur les actes d'huissiers.

Pour faciliter l'exercice, des dispenses seront accordées aux anciens magistrats, aux anciens officiers ministériels, aux personnes qui ont rempli pendant cinq ans au moins les fonctions de greffier ou d'agent d'exécution, les clercs de notaires ou d'huissier, comptant cinq ans de cléricature.

Paragraphe 2. Cautionnement, serment et congé

La caution exigée est de 100.000 francs à verser à la Caisse de Dépôt et Consignation. Avant d'entrer en fonction, les huissiers titulaires et les fonctionnaires-huissiers prêtent devant le tribunal le serment, mieux élaboré, suivant : « **Je jure de me conformer aux lois, décrets, arrêtés, règlements concernant mon ministère et de remplir mes fonctions avec exactitude et probité** ».

Ce serment est l'essence même de la profession, car il renvoie l'impétrant au plein exercice de ses fonctions dans l'honnêteté et la droiture. Celui-ci devra, à la fois dans l'élaboration des exploits, leur service et dans son comportement au quotidien, être d'une rectitude morale sans reproche.

Ainsi, même pour s'absenter du territoire national, l'huissier devra se faire accorder un congé par le ministre de la justice qui en fixe la durée, le PG préalablement entendu.

Aucun congé ne peut dépasser un an. À défaut, l'on est considéré comme démissionnaire. En l'absence de l'huissier, c'est un clerc assermenté qui justifie de deux ans de cléricature qui le remplace. À défaut de clerc, c'est le greffier ou le secrétaire de greffe ou de parquet qui le remplacera ; cela pour assurer la continuité du service incontournable de l'huissier.

Il est à signaler que la fonction de l'huissier nouvelle rétablie devrait être suivie par les pouvoirs publics. Ainsi, les huissiers titulaires n'avaient pas le droit de présenter des successeurs à l'agrément du Président du Gouvernement, autrement le P de la Rep. Dès lors, en cas de décès ou de démission d'un huissier titulaire ou de la vacance de l'étude d'un huissier, il est procédé à l'inventaire aussitôt des dossiers et pièces existants à la requête du ministère public. Les dossiers avec l'inventaire sont déposés au greffe du tribunal du lieu d'exercice, en attendant décision à prendre.

Pour renforcer cette sorte de mainmise sur les huissiers, les pouvoirs publics se sont donné plusieurs moyens. Ainsi, les articles 50 et 51 évoquant certains registres obligatoirement tenus par l'huissier sont éloquents.

Le livre-journal qui mentionne, jour par jour, en toutes lettres, par ordre de dates, sans blanc ni interligne ou envoi en marge, les recettes et les dépenses, tant en matière civile que criminelles, notamment toutes les sommes que les huissiers reçoivent à raison de leurs fonctions, ainsi que les sommes qu'ils remettent à leurs clients ou qu'ils consignent.

Plus encore, tous les trimestres, le PR ou le JPCE vérifie le livre-journal et transmet au PG le résultat de sa vérification.

Plus qu'un contrôle, c'est une mise sous tutelle de l'office de l'huissier qui est réduit à un rôle de grand commis de l'état, obligé de respecter au doigt et à l'œil, sans hésitation, ni murmure le diktat des pouvoirs publics.

Sur le plan disciplinaire, la gamme de sanctions va du rappel à l'ordre à la destitution, en passant par la censure simple, la censure avec réprimande et la suspension. C'est le ministre de la justice qui est seul habilité à prendre ces sanctions par arrêté sur rapport motivé du procureur général, l'huissier mis en cause préalablement entendu.

Pour la suspension et la destitution, c'est le Président du gouvernement qui prononce ces sanctions par décret. Cela démontre à quel degré le pouvoir politique entendait gérer de près la fonction nouvellement mise en selle.

Dans le libellé de l'article 66, l'avant dernier de l'ordonnance, il est mentionné que le ministre de la justice pourra conférer l'honorariat aux huissiers comptant au moins dix années d'exercice. Une telle disposition, appréciable dans son esprit et dans sa lettre, même étant la relique des textes de la coloniale, offrait aux huissiers la reconnaissance de service bien rendu à la nation. Cette « médaille » due à ceux-ci exhortait au respect strict des valeurs attachées à la profession consacrées par le serment prêté.

Tous les textes de loi adoptés plus tard ont presque gardé cette disposition, en commençant par celui de 1988 qui consacrera le renforcement de la profession.

Afin de mieux participer à cet élan de renforcement, un nouveau texte sur la profession a été mis en chantier. Ainsi, vit le jour la loi N°88-03/AN-RM du 7 mars 1988 qui apporta bien de nouveautés.

Maître Belco TOURE 1er clerc de Me THIAM,
1er huissier du Mali, 1er Président de la Chambre Nationale

Me Hamidou DIAKITE, 2ème huissier du Mali (1972)

CHAPITRE III

Le renforcement : la loi n° 88-03 AN-RM du 7 mars 1988

De trois huissiers titulaires en exercice à Bamako à partir de 1973, le nombre croissait d'année en année et les principales capitales régionales Kayes, Sikasso, Ségou, Mopti et Gao furent pourvues en charges d'huissiers. La plupart sont d'anciens greffiers, secrétaires de greffes et parquets. À Bamako, trois nouvelles charges sont créées en moins de six ans pour faire face au volume important d'affaires. Au même moment, tels des êtres vivants d'un autre âge sortis de buissons, une armada de jeunes fraichement diplômés supérieurs en droit venaient se bousculer au portillon des professions juridiques et judiciaires.

Ce fut le début d'une autre révolution. L'Etat, ayant consenti à grands frais des sacrifices dans l'instruction de ses enfants, ne parvenait plus à appeler tous au banquet du travail dans la fonction, publique ou non. Prince FMI (Fonds Monétaire Internationale) et Princesse Banque Mondiale étaient aux aguets. Pas un sous dans l'escarcelle de l'Etat si celui-ci se hasardait à recruter dans la grande marmaille ! Débrouillez-vous *« z'enfants de la patri...ye »*, allez chercher vos pitances plus loin...chez les maîtres... !

C'est ainsi qu'une vague successive de jeunes maîtrisards en droit, en 1985 et en 1986, prirent d'assaut les cabinets d'huissiers, d'avocats, de notaires afin de permettre à ces « bleus » de mettre un bout de pain à la bouche. Un nombre conséquents d'entre eux obtinrent gain de cause. Le cercle de la famille s'agrandissait, tant mieux pour la profession d'huissier qui prit ainsi un bon coup de jouvence synonyme d'énergie nouvelle, et de niveau élevé en connaissance juridique.

Les villes, grandes et petites, dans les endroits les plus reculés du pays reçurent de nouveaux huissiers. Dès lors la nécessité se fit sentir de revoir le texte de l'Ordonnance de 1972 qui avait vécu. Ce fut le renforcement apportant des nouveautés attendues dans la corporation.

SECTION I. L'ARRIVÉE MASSIVE DE JEUNES DIPLÔMÉS SORTIS DE L'ENA

Paragraphe 1. La vague de 1985

L'année 1984 s'est caractérisée à l'ENA par la sortie pour la deuxième fois d'un nombre très important de jeunes diplômés, en droit, en administration publique et en économie. Le concours généralisé depuis l'année 1983 comme seul mode d'accès à la fonction publique de tous les diplômés de tous les cycles de formation et ce dans tous les domaines a laissé sur la route de l'emploi facile d'innombrables jeunes sans boulot.

Que faire ? Il restait le sentier sinueux et escarpé des professions juridiques et judiciaires à emprunter par les non désirés de la fonction publique. Ainsi, en application des dispositions de l'ordonnance N°42 de 1972 portant statut des huissiers le premier examen professionnel à l'intention d'un nombre assez élevé de maîtrisards a été organisé. Seuls six candidats ont pu être admis. Ils avaient l'avantage sur les autres d'avoir exercé le métier d'huissier pendant quelque temps dans certains cabinets d'huissier.

Les villes de Gao, San, Kita, Yanfolila, Niono et Tenenkou ont été pourvues en huissiers titulaires. Par décret N° 118/PRM du 14 mai 1985 ceux-ci ont été nommés en même temps que quatre anciens greffiers, secrétaires de greffes et parquets, clerc d'huissier et clerc d'avocat à Mopti, Nioro du Sahel et Dioïla. Ce qui parait bizarre dans ce décret, c'est le cas du clerc d'avocat nommé que l'Ordonnance N°42 ne prévoit nulle part.

Autre bizarrerie, le décret ci-dessus cité mentionne « nomination d'huissiers de justice » alors que l'intitulé de l'ordonnance N° 42, texte de base, est : « institution de charges d'huissiers et statut des huissiers ». Le vocable « de justice » n'existe pas et ce conformément au décret de 1931 et même de l'Ordonnance du 2 novembre 1945 qui, tous les deux textes fondamentaux, en la matière ignorent ce vocable « de justice »

Paragraphe 2. La vague de 1986, le boum !

Une année plus tard, en juin 1986, un autre concours a été organisé par les pouvoirs publics pour faire face à la sortie massive d'autres maîtrisards venus grossir le rang de potentiels chômeurs. Cette fois, il n'était plus question d'examen professionnel tel que prévu par le texte de l'Ordonnance N°42 encore en vigueur, mais d'un véritable concours où les épreuves étaient basées sur le programme de l'ENA[11].

Je faisais partie du lot des examinateurs. Lorsque l'annonce du concours a été faite à la radio, je constituai mon dossier rapidement et me suis mis à la préparation. Il me fallait à tout prix réussir cette compétition, car le concours de la magistrature avait été un échec en 1984, celui des aspirants huissiers en 1985, un fiasco. La rage de me sortir de la précarité, de gagner une place au soleil et surtout de soutenir mon vieux père dont les revenus de jardinier devenus faibles ne parvenaient plus à nourrir notre famille nombreuse de plus de quinze bouches, dont j'étais la deuxième bouche.

Il y avait une épreuve de culture générale coefficient un, une épreuve en droit civil, et une autre en droit pénal coefficient deux. Pour corser la chose, on a instauré la note éliminatoire à moins de sept sur vingt. Il y avait une quarantaine de postes à pourvoir et nous étions plus de cent cinquante à concourir.

L'enjeu c'était de se hisser aux premiers rangs et espérer ainsi officier à Bamako, la capitale, objet de toutes les convoitises eu égard au volume d'affaires qui s'y menait. Etais-je assez bien préparé pour gagner ce pari ? Je l'ignorais. Malgré les quelques mois passés à Koulikoro chez maître Barou, un camarade de mon père, ancien greffier devenu huissier dans cette moyenne ville de l'intérieur dès ma sortie de l'ENA. Ensuite, le plus anciens dans la profession Me Belco avait eu la gentillesse de m'accueillir dans son cabinet, sans salaire en février 1985 par entremise d'un condisciple Harouna Djibrilla travaillant déjà chez lui.

Une forte pluie s'abattit tôt le matin sur la ville en ce premier jour de concours, début de juin 1986. Etais-ce un bon présage pour moi, enfant de paysan dont la vie a été menée au rythme des saisons de pluie ? Je partis tôt en « dourouni », transport en commun, pour arriver à temps dans la cour de l'ENA, notre ancien temple du savoir au flanc de la colline de Koulouba. Il y avait là presque tous les camarades de notre promotion 1984 ainsi que les sortants de l'année 1985.

Les épreuves ne me parurent pas très compliquées. Moins d'une semaine après, les résultats apparurent, affichés à la DNAJ[12]. Informé par je ne sais qui, je me précipitai à pied de mon lieu de stage situé à moins d'un kilomètre de la Direction. Je n'eus pas de la peine à repérer

[11] ENA : Ecole Nationale d'Administration.

[12] DNAJ : Direction Nationale de l'Administration de la Justice.

le tableau d'affichage placé sous la véranda à cause de la présence de certains examinateurs déjà. Curieusement, je commençai la lecture par le bas, et en remontant j'aperçus mon nom en tête de peloton. Mon cœur fit un grand bon dans ma poitrine, et j'eus des larmes aux yeux. Sans mot dire, je sortis, direction le cabinet Me Belco où la nouvelle était déjà parvenue.

Le premier au concours venait du cabinet du premier huissier et plus ancien en exercice depuis le temps colonial, tout un symbole ! J'eus droit à un accueil triomphant, mon patron, Me Belco, très ému déclara :

– Félicitations, c'est le prix du travail bien fait et de la baraka !

Je remerciai sincèrement mon patron et tous les camarades du cabinet qui pour moi étaient eux aussi les artisans et bénéficiaires de cette réussite.

Le soir venu, j'informai mon père et le reste de la famille de la bonne nouvelle. Les mots soutien et bénédiction sortaient de toutes les bouches. Mon frère aîné, travaillant à plus de six cents kilomètres à Kayes, était le plus joyeux.

Il venait d'avoir de nouveaux bras solides pour l'aider à entretenir la famille et notre vieux père fatigué à la fois par le poids de l'âge et de la maladie, car la charge du ménage qui pesaient lourdement sur leurs deux seules têtes.

Quelques jours après, la Directrice de l'administration de la justice Mme Bilo fit appel à tous les candidats admis. D'entrée de jeu elle dit :

– Mes félicitations à tous ! Les résultats ici affichés sont les vrais. Toutes les feuilles sont là, regardez ! En cas de contestation, vous pouvez les consulter. Mr BERTHE est bien le 1er de ce concours qui s'est déroulé dans la plus grande transparence.

La salle est demeurée calme. Puis elle continua :

– Vous n'êtes pas encore des huissiers. Un arrêté du ministre sera pris sur la base des conclusions du jury. Puis un décret présidentiel pris sur proposition du Garde des Sceaux viendra vous consacrer huissier et la répartition des charges des uns et des autres par circonscription judiciaire.

– Mais, poursuivit-elle, en attendant il nous a été donnée de constater qu'un certain Mr Kantara, voulant danser plus vite que la musique, a confectionné un cachet et s'est mis à faire des saisies en ville. Cela est une violation de la loi. Aussi, pour sanctionner ce comportement irrévérencieux, le jury a décidé de déclasser ce malencontreux de la deuxième place à la troisième place. Nous avons été magnanimes, sinon c'était l'exclusion totale !

Il y eut un murmure dans la salle. Il n'était bon d'être à la place de ce pauvre camarade, épinglé ainsi.

– Maintenant, nous allons procéder à la répartition des charges par ordre de mérite. À Bamako, il y a quatre places à pourvoir, deux pour les admis au concours et deux pour les admis sur titres, les autres localités suivront.

C'est ainsi que j'eus l'insigne honneur de faire mon choix en premier lieu ; et naturellement je choisis Bamako.

À la sortie, malgré le succès qui m'enivrait un peu, je voulus avoir le cœur net sur les notes que j'ai obtenues par matière, ma moyenne m'ayant donné la mention bien. Le surlendemain la Directrice accéda à ma demande. J'eus des frissons ! En culture générale j'ai eu la note sept ! À la limite de l'élimination alors ! Je parcourus la feuille, pour tenter d'y trouver ce qui justifiait cette mauvaise performance. Ne comprenant rien, je tentai d'entrer en contact avec le correcteur, un professeur de français dans un célèbre lycée de la ville.

Je retrouvai vite Mr Coulibaly. On a échangé sur le sujet. Ne se souvenant pas de ma feuille, il se dit surpris par la note qu'il m'aurait donnée, car ce que je venais de dire correspondait à une bonne compréhension du sujet.

– Vous avez failli m'éliminer Monsieur ! Merci pour la discussion quand même.

Puis je m'éloignai avec un gros soupir. *La catastrophe nous guette à tous les instants de la vie, c'est le miracle qui, quelque fois, nous en sauve* !

Les résultats de notre concours a eu un échos si retentissant que quelques mois plus tard, le Président de la République, lors du traditionnel vœux à la nation le 22 septembre, s'en est réjoui au point d'annoncer officiellement qu'une trentaine de jeunes huissiers venaient d'être nommés par lui et marquer ainsi un franc succès du gouvernement dans la lutte contre le chômage endémique dans le pays.

Dans le décret présidentiel N° 393 du 22 décembre 1986 nous nommant, la présence du deuxième huissier du Soudan français en la personne de Me Sangaré ne passa pas inaperçue. Parmi ceux admis sur titre il était le seul à avoir fait des études en France sur la profession dans les années 1950, et d'avoir exercé à Kayes puis à Bamako.

L'arrivée massive de jeunes diplômés a eu pour effet d'apporter à la profession, en plus du nombre, de la qualité dans l'exercice et de rehausser le niveau. Désormais, les juges auront en face d'eux non pas des agents d'exécution simples, mais des condisciples à eux entrainant du coup un nouveau regard sur les gens du métier. Pourtant, certains parmi nous furent versés dans l'activité sans avoir quelque fois le temps de stage nécessaire dans les cabinets d'huissiers tenus il est vrai par d'anciens greffiers et secrétaires de greffe mais qui, par la pratique, avaient la maîtrise absolue de la profession.

Eparpillés désormais dans tous les coins et recoins du pays, nous avions pour mission de participer à l'œuvre contraignante d'administration de la justice dans un pays en pleine mutation.

Et le président de la République, lors de ses traditionnels vœux à la nation lors de la fête commémorative du 22 septembre, marquant l'indépendance du pays, n'a pas manqué de tirer une certaine satisfaction de la nomination d'un coup de vingt-six nouveaux jeunes diplômés à la fonction d'huissier de justice. Un bon point pour son gouvernement dans la lutte contre le chômage, en somme.

Afin de mieux participer à cet élan de renforcement, un nouveau texte sur la profession a été mis en chantier. Ainsi, vit le jour la loi N°88-03/AN-RM du 7 mars 1988 qui apporta bien de nouveautés.

SECTION II. LES ASPECTS NOUVEAUX DE CE RENFORCEMENT

Avec 89 articles, la loi de 1988 a apporté assez d'innovations dans la profession, dont la première est l'intitulé même : on parlera désormais de *loi portant statut des huissiers de justice*. Ce vocable « de justice » était absent du texte de 1972. Nous verrons dans les chapitres qui suivent les autres cas de nouveauté.

Paragraphe 1. Attributions et devoirs

En son article 2 la loi définit pour la première fois : « les huissiers de justice sont officiers ministériels qui ont seuls qualité pour signifier les actes et exploits, faire les notifications prescrites par les lois et règlements lorsque le mode de notification n'a pas été précisé et ramené à exécution les décisions de justice, ainsi que les actes ou titres en formes exécutoire »

L'alinéa 2 ajoute une attribution nouvelle qui n'existait pas auparavant, le recouvrement amiable ou judiciaire. Ce faisant l'huissier de justice voit le domaine des activités s'accroitre et mieux il pourrait même jouer le rôle représentation de son client devant les tribunaux si une action judiciaire est intentée contre un débiteur récalcitrant.

Il pourra, en outre, par continuation de poursuites comme le stipule l'ord de 1972, procéder aux prisées et ventes publiques de meubles et effets mobiliers corporels.

Les constats seront par eux faits lorsqu'ils sont commis par justice ou sur la demande de particuliers, mais ces constatations sont exclusives de tout avis sur les conséquences de fait ou de droit qui peuvent en résulter.

Plus loin, il est dit : les huissiers-audienciers assurent le service personnel près les cours et tribunaux. Ce qui est une reprise du Décret impérial de 1813, mais à la différence que tous les huissiers de justice sont aussi des huissiers-audienciers dans la mesure où les deux missions sont fondues. Dans la pratique, c'est lors des cours d'assises seulement que la présence de l'huissier assurant le service des audiences est obligatoire.

Il est, en outre, précisé que les huissiers de justice tiennent de par leur fonction le droit de requérir l'assistance de la force publique. En son temps une telle demande était satisfaite dès que l'huissier de justice se présentait dans les commissariats de police ou les postes de gendarmerie. Mais, de nos jours la demande de mise à disposition d'agents de la force publique pour l'exécution peut prendre plusieurs semaines mettant ainsi à mal la célérité que requiert souvent l'action de l'huissier de justice. La volonté du Parquet d'exiger son visa (contraire à la loi) et l'exigence excessive des autorités de police ou de gendarmerie de passer par la hiérarchie demeure encore de nos jours un frein à cette disposition de la loi.

Paragraphe 2. Création de la Chambre Nationale et des Chambres régionales

L'article 23 de la loi stipule qu'il est créé auprès du Ministre chargé de la justice une Chambre nationale dont le siège est à Bamako et une chambre régionale dans chaque ressort de la Cour d'appel. Pour mieux marquer l'importance qu'ils donnent aux huissiers de j, les pouvoirs publics ont reconnus « d'utilité publique » la chambre nationale et la chambre régionale.

Une grande autonomie de gestion est accordée à la Chambre. Ses pouvoirs sont étendus, une petite révolution en la matière.

En plus de représenter l'ensemble de la profession auprès des autorités, lesdites chambres préviennent et concilient les différends d'ordre professionnel, tranchent les litiges par des décisions susceptibles de recours devant la juridiction administrative. La Chambre donne son avis sur toutes les affaires intéressant la profession. Elle est tenue d'examiner les réclamations venant des tiers contre les huissiers de justice à l'occasion de l'exercice de leurs fonctions et de vérifier la tenue de la comptabilité dans les études. Ce dernier aspect, offre ainsi l'occasion donnée aux huissiers de justice de se sortir de la contrainte de contrôle, rigoureux, d'antan infligée par les parquets d'instance et général.

Le bureau, élu pour trois ans, avait toute la latitude de mener à bien la tache exaltante de guider les premiers pas de la jeune chambre sur le terrain du *libéralisme.* La balle était maintenant dans le camp des *maîtres videurs,* il leur revenait de se montrer à hauteur de mission.

Paragraphe 3. De l'Assurance

Une innovation de taille est, en outre, ce que dit l'article 36 de la loi de 1988 : l'h titulaire est tenu de justifier d'une police d'assurance individuelle et d'une police d'assurance professionnelle. *Il ne prête serment que sur présentation des attestations d'assurance sus-indiquées.*

Ainsi, au lieu de payer à la Caisse des dépôts et consignations le montant du cautionnement fixé à 100.000 frs maliens, soit 50.000 frs CFA, l'huissier de justice souscrit à une double police d'assurance : une attachée à sa personne et l'autre à l'office entier. La protection de la personne de l'huissier de justice, de son personnel et du cabinet est dès lors parfaitement faite.

Une telle mesure paraissait salutaire d'autant que les risques liés au métier d'huissier de justice sont énormes. Il peut arriver que lors des opérations d'expulsion ou de saisie, des dégâts pouvaient être causés aux biens d'autrui ; ou l'accident de trajet de diverses natures survenant au cours d'une mission quelconque de l'huissier de justice ou même l'étude faisant l'objet d'incendie ou d'inondation avec son cortège détériorations de biens. La meilleure façon de réparer ces préjudices c'est l'assurance tout simplement.

Paragraphe 4. Des groupements et associations

Pour la première fois il est permis aux huissiers de justice la possibilité d'évoluer, non plus en solo, mais en groupe.

Entre ces sociétés civiles professionnelles, il existe une différence de nature et de degré. Par sa nature le groupement est une association de moyens. Il consiste dans la centralisation dans un même local de deux ou plusieurs huissiers de justice qui conservent chacun leurs activités propres. Il a pour but de faciliter l'exécution du travail et de réduire les frais d'exploitation.

Alors que l'association est la réunion de deux ou plusieurs huissiers de justice qui mettent en commun toutes leurs activités. Elle est à un degré supérieur au groupement. La qualité d'associés doit figurer dans les actes, dans les correspondances, sur toute plaque, affiche ou marque extérieure.

Tout groupement ou association doit être autorisé par le Ministre de la justice sur la proposition de la convention intervenue entre les parties après avis de la chambre nationale. Le contrat d'association détermine la part de chacun dans le produit de l'office et fixe les indemnités de chacun.

Une telle nouveauté est une avancée notable dans la profession. Mais dans la pratique la possibilité ainsi offerte n'a été que timidement mise en œuvre. Le seul cas expérimenté n'a duré que quelques années seulement.

Toutes ces avancées dans les textes et la pratique étaient un prélude à une autre période plus faste qui consacra la renaissance pour les huissiers de justice.

CHAPITRE IV

La renaissance

Avant l'adoption de la loi de 1988, les huissiers de justice avaient mis en place entre eux un regroupement que l'on appelait Collectif des huissiers de justice, chargé d'être une interface avec les pouvoirs publics et de défendre les intérêts moraux et matériels de la profession.

Les ouvrages sur notre métier se résumaient au Raviart, véritable bible des formulaires d'exploits et d'écrits sur les voies d'exécution. La pratique nous aidait, mais était-ce suffisant ! Je voulais en savoir davantage sur le métier. Ce qui m'a conduit à faire quelques pérégrinations.

SECTION I. PREMIÈRE RENCONTRE DES HUISSIERS DE JUSTICE AFRICAINS, DAKAR AVRIL 1990

Quelques mois après mon entrée en fonction, en tant que huissier titulaire de charge, l'idée m'est venue d'aller voir ailleurs comment se pratique la profession. Dakar était tout proche, et dans le subconscient de beaucoup d'entre nous, en tant que ancienne capitale de l'ex AOF[13], elle devrait regorger de grands connaisseurs de la chose du droit. En octobre 1987, je m'y rendis par train, sans doute aussi par curiosité de découvrir des pans entier d'un pays, le Sénégal, traversé en longueur par le chemin de fer Dakar-Niger.

Mon logeur, Me Sogodogo, avocat depuis de longues années au Sénégal, était bien introduit dans le milieu judiciaire pour me faciliter les contacts avec mes homologues. C'est ainsi que Me Alioune Badara Diallo, exerçant dans la ville de Thiès non loin de Dakar, a eu la

[13] AOF : Afrique Occidentale Française.

gentillesse de venir me rencontrer jusqu'au cabinet de Me Sogodogo. Nous avons eu un échange fructueux, et dès lors on a gardé le contact. Il m'a parlé de certains Huissiers de Justice de France dont un certain Me Soulard, président de la Chambre française, avec lequel il avait évoqué coopération avec l'Afrique francophone.

Deux ans et demi plus tard, en avril 1990, Me Diallo me contacta pour me dire qu'il préparait une grande rencontre des huissiers de justices africains avec des partenaires français et qu'il tient à tout prix sur la présence des maliens. Quelques mois auparavant, lors de mon premier séjour dans l'hexagone, j'avais moi aussi eu de fructueux contacts avec des collègues français. Je compris alors que nos idées convergeaient et qu'il fallait aller à Dakar pour la rencontre historique.

Lorsque j'informai le doyen des huissiers de justice, Me Belco et président du Collectif, car la Chambre Nationale bien que consacrée par la loi de 1988 n'était pas encore mis en place, l'honneur échut à Filip ainsi appelait-on Me Filifing DEMBELE, un condisciple depuis le lycée et à moi, en tant que les plus jeunes en activité à Bamako de représenter l'ensemble de la corporation au pays de la *teranga.*

Les documents du séminaire nous ont été vite envoyés avec le programme. La caisse du Collectif étant presque vide, il revenait à mon ami Filip et à moi de prendre en charge le transport et les frais de séjour d'une semaine au Sénégal.

Air Afrique, la bonne vielle dame dont les ailes se déploient pour tous les africains, avait une ligne que l'on appelait la « transcôtière » qui quittait Brazzaville vers les 8 heures le matin au centre du continent jusqu'à Dakar à l'ouest vers 2 heures. Elle desservait une demi-douzaine de villes.

En embarquant vers minuit à Bamako, en ce mois de mai, j'ignorais qu'il y avait à bord de l'avion la plupart des participants aux congrès de Dakar. À l'aéroport, une bise très fraîche soufflait provoquant des frissons, Me Diallo en personne et son équipe nous attendaient ; et c'est là que nous fîmes déjà connaissance entre nous délégués venus de plusieurs pays.

Filip et moi, ainsi que certains collègues ont été mis au Lagon Bleu, un coquet hôtel qui baignait dans l'océan, comme pour inviter ses hôtes à la nage. La nuit fut courte, car le réveil sonna à 7 heures. Nos toilettes vite faites, mon ami Filip et moi sautions dans un taxi, direction le Novotel, pourtant pas loin de notre gîte. Sur la banderole placée a fronton du Novotel, on pouvait lire : « CONGRES FRANCOPHONE

INTERNATIONAL DU SYNDICAT NATIONAL DES HUISSIERS DE JUSTICE FRANÇAIS : 26, 27 et 28 mai 1990 – Dakar ».

Il faut signaler qu'à côté de ce Syndicat existait parallèlement la Chambre

Nationale Française des huissiers de justice, vielle institution, qui voyait d'un mauvais œil de celui-là. Nous ne le saurons que des années bien plus tard.

Thème central : la force exécutoire de la loi dans les pays francophones ; et d'autres tels que : l'huissier et les lenteurs de la justice ; rapports entre huissiers de justice et magistrats ; création d'un code de déontologie ; l'huissier de justice face à la concurrence de professions non règlementées ; force probante des procès-verbaux de constats et actes authentiques, etc.

C'était la 1ère fois qu'un nombre si important d'huissiers de justice venant d'horizons divers, mais ayant en partage la mission de « redresseur de torts » se réunissait en un lieu. Les débats étaient vifs, denses, profonds et chacun y trouvait son compte.

Pays présents : Bénin, Burkina Faso, Côte d'Ivoire, Mali, Niger, Sénégal et Togo…. Nombre de participants une quarantaine d'huissiers.

À la pause, un jeune huissier français vint à mes côtés, me serra la main et me dit :

– Moi aussi, je suis malien.

– Ah bon comment ça ? Demandai-je.

– Je suis né à Markala[14],

– Dans ce cas, vous êtes un compatriote.

– Tout à fait. Mon père travaillait comme administrateur de la coloniale quand j'y naquis. De retour en France, les responsables scolaires lorsqu'ils ont vu ce nom étranger pour eux, m'appelaient simplement Mr Markala !

– C'est marrant ça ! Frère et confrère dis-je.

Dès lors nous avons gardé de bons rapports pendant et après le colloque.

Autres faits marquants, c'était la 1ère fois des huissiers de justice d'Afrique venus d'une dizaine pays du Centre et l'Ouest se rencontraient. Quelque chose devrait se produire ! À l'instar de nos aînés en politique, au vieux temps de l'AEF et de l'AOF, chacun de

---

[14] Localité située au centre du Mali, célèbre pour son barrage construit en 1932 durant la colonisation.

vous voyait là l'occasion de jeter les bases d'une future organisation interafricaine des professionnels de l'exécution.

Ainsi, lorsque les confères français sont partis en villégiature à Saly, la célèbre station balnéaire, nous africains, sous la houlette du doyen d'âge parmi nous, Me Samba Diama SECK du Sénégal, nous réunirent dans une salle spacieuse du Novotel.

Après un long et fructueux échange, notre communauté de destin par la langue, héritage de notre histoire commune nous commandait de nous unir pour faire face au défi de l'avenir. Tous, nous nous sentions en un. Du Congo au Sénégal, de la savane à la forêt, une famille était fondée où, chacun des membres, au gré d'un séjour dans l'un ou l'autre des pays trouverait ici un frère, là une sœur professionnellement et humainement.

Ainsi, naquit en cette soirée du 28 mai 1990, le Comité Provisoire pour la création de l'Inter-Africaine des Huissiers de Justice. Le Sénégal tint la présidence en la personne de Me Alioune Badara DIALLO, initiateur de la rencontre, le Mali par Me Ibrahim BERTHE devient le vice-président, le secrétariat général revient à la Côte d'Ivoire par Me Honoré AGGREY ; tous les pays présents ont eu droità un poste au bureau.

Ce bureau provisoire avait pour mission d'une part de rassembler tous les huissiers de justice du continent pour la défense des intérêts moraux et matériels et d'autre part d'assurer notre adhésion collective à l'Union Internationale des Huissiers de Justice et Officiers Judiciaires afin de porter plus haut la voix de l'Afrique dans cette instance mondiale.

Chacun des participants était chargé de répandre la bonne nouvelle partout où besoin serait. Une date devrait être fixée à l'issue des contacts pris par les uns et les autres. Déjà, il se posait le problème de fonds pour assurer le bon fonctionnement de l'organisation. Néanmoins, Filip et moi, au vu des efforts que nous avions faits lors du colloque de Dakar, demandions que Bamako soit retenu comme lieu de la future rencontre.

Malheureusement, le projet ne sera pas concrétisé.

De retour à Bamako, Filip et moi fîmes le compte rendu à nos confrères. Tous nous félicitèrent pour la mission accomplie. Mais, il fallait nous organiser mieux et le texte qui nous régissait allait dans ce sens !

Section II. Création de la Chambre Nationale des Huissiers de Justice : 29,30 et 31 octobre 1990

Le Collectif dont j'étais le secrétaire s'est battu tant bien que mal pour défendre la profession. Sans budget, sans représentants à l'intérieur nous ne pouvions mener à bien nos missions. Or les H étaient au centre de beaucoup de conflits

tant à Bamako qu'à l'intérieur du pays : rivalité avec certains juges de provinces qui outrepassaient leur pouvoir, plaintes de particuliers contre des confrères qui ne reversaient pas à temps les sommes par eux encaissées au profit des clients, l'Etat qui menaçait de destituer tel autre pour d'obscures raisons.

Réunis au cabinet de Me Belco, siège du Collectif, la date des 29, 30 et 31 octobre pour le congrès constitutif a été arrêtée en tenant compte de la fin de la saison des pluies, généralement propice à ce genre de rencontre.

Un petit comité d'organisation a été mis en place. Filip et moi étant les deux seuls jeunes officiant dans la capitale allaient supporter le gros du travail de la préparation du congrès, aidés en cela par les agents de nos cabinets. Quelques camarades de l'intérieur venus un jour plutôt nous aidèrent par la suite.

Nous n'avions pas beaucoup d'expérience dans l'organisation de ce genre d'activité. Après avoir vécu le colloque de Dakar quelques mois auparavant, Filip et moi étaient un peu plus outillés que les autres pour faire face à la situation.

Les lettres d'invitation à l'intention de collègues de l'intérieur, du Barreau, des magistrats, des notaires, des commissaires-priseurs, de la police, de la gendarmerie, des banques, la location de la salle, la sonorisation, la presse, l'Ortm[15] en pointe, la restauration ont été des rubriques assez bien menées par notre petit comité.

Ce jeudi 29 octobre, la grande salle du Centre culturel libyen reçut du beau monde. Les boubous rivalisaient avec les costumes et les uniformes d'apparat. La soixantaine d'huissiers pour la première fois se réunissaient en même temps en un seul lieu pour débattre de leur avenir commun. Le programme prévoyait de donner la parole à chacun pour relater son vécu dans son terroir.

Au présidium, les plus anciens en âge et en exercice prirent place : Me Belco, Me Sangaré, Me Séméga, Me Zan, Me Namakoro. Il n'y

---

[15] Office de radiotélévision du Mali.

avait l'ombre d'aucune femme ! Quel milieu machiste, misogyne ! Cela a été un des combats que je menai plus tard sans grand succès !

Je faisais déjà office de maître de cérémonie. Les choses se déroulèrent assez convenablement. Nous avons eu une belle moisson de témoignages les uns plus poignants que les autres. Le métier était difficile, voire périlleux dans certaines localités. À l'inculture dans la connaissance de la chose du droit du milieu rural, s'ajoutait la concurrence que gendarmes ou policiers et même juges nous faisaient dans le recouvrement des créances.

Un jeune confrère, officiant en province, parti pour saisir des boeufs sur un berger peulh condamné à payer une forte somme d'argent à son créancier, a eu une vive altercation avec les proches de ce dernier. Sans autre forme de procès, des coups de bâtons pleuvaient sur le corps de notre pauvre saisisseur. Mais, heureusement notre collègue était passé maître dans un domaine que l'on ne lui connaissait pas. Il n'eut la vie sauve que grâce aux techniques des arts martiaux qu'il maîtrisait et qui lui permirent de mettre en déroute la horde de récalcitrants venus l'écrabouiller. Depuis ce jour je l'appelais « huissier karatéka » !

Sans difficulté, nous réussîmes à mettre en place un bureau consensuel. Naturellement, Me Belco, le plus ancien dans l'exercice de la profession devint le premier président. À l'unanimité aussi, j'ai été désigné secrétaire général. Toutes les régions furent représentées dans le bureau.

Il a été enjoint aux délégués de l'intérieur de mettre en place, sans tarder, les chambres régionales afin que dans une symbiose nous conjuguions nos efforts pour rehausser l'image des huissiers de justice.

Dakar avril 1990, 1ère rencontre des huissiers de justice africains et du syndicat des huissiers français. En boubou vert Me Alioune B. DIALLO, Me Ibrahim BERTHE à sa gauche tenant une feuille blanche, puis Me Samba Diama SECK semi accroupi et la seule dame, visage caché Me Yacine N'Diaye SENE. Debout au milieu Me J.P SUIRE-DURON (Président syndicat des huissiers français)

Bamako 29 octobre 1990, congrès constitutif de la Chambre nationale des huissiers de justice du Mali : de G à D Me Mamadou SANGARE, Me Belco TOURE, Me Namakoro DIALLO, Me Djibril SEMEGA

UIHJ
BRUXELLES BRUSSELS 15-16/5 1991

Organisateur: Chambre Nationale des Huissiers de Justice de Belgique.
Organisator: Nationale Kamer van Gerechtsdeurwaarders van België
Organizer: National Chamber of Sheriff Officers of Belgium

Verviers, le 20 juillet 1990

Maître Alioune Badara DIALLO
Président du Comité Provisoire
pour la création de l'Union
Interafricaine des Huissiers de
Justice
Avenue du Président LAMINE GUEYE
B.P. A/322
THIES - SENEGAL

Monsieur le Président,

CONCERNE : adhésion de l'Union Interafricaine à l'Union Internationale des Huissiers de Justice et Officiers Judiciaires

Votre lettre du 8 juin dernier est bien parvenue au Président Soulard.
Ce dernier m'a chargé de vous répondre.

En notre dernière réunion du Comité Exécutif qui a eu lieu à Anvers (Belgique), ce dernier s'est penché sur votre demande d'adhésion à l'Union Internationale.

A l'unanimité des membres du Comité Exécutif, il a été décidé de proposer l'adhésion de votre Union Interafricaine à l'Union Internationale à la prochaine réunion du Conseil Permanent qui se tiendra au mois de novembre et notamment le 16 novembre '90 en les locaux de la Chambre Nationale Française.

Une fois l'approbation du Conseil Permanent, ce projet sera mis au vote à l'assemblée générale qui aura lieu lors du Congrès International à Bruxelles les 15-16-17 mai 1991. Nous pensons qu'il ne doit pas y avoir de difficultés.

Votre délégation comprendra donc les cinq pays suivants :

- le SENEGAL
- le MALI
- la COTE D'IVOIRE
- le NIGER
- la GUINEE

Responsable: B. GIELEN
93 Henri Jasparlaan B-1060 BRUSSEL Tel. (02) 538 00 92 Fax (02) 539 41 11
93 Avenue Henri Jaspar B-1060 BRUXELLES Tél. (02) 538 00 92 Fax (02) 539 41 11

UIHJ
BRUXELLES BRUSSELS 15-16/5 1991

Organisateur : Chambre Nationale des Huissiers de Justice de Belgique
Organisator : Nationale Kamer van Gerechtsdeurwaarders van België
Organizer : National Chamber of Sheriff Officers of Belgium

Pourront être présents aux Conseils Permanents, un membre de chaque pays et à première vue, vous disposerez d'une voix de vote aux délibérations.

En ce qui concerne la cotisation, celle-ci est fixée par le Conseil Permanent et je crois que nous devrons avoir une discussion auparavant ce concernant.

Le Président Soulard me charge de vous faire parvenir ses salutations confraternelles.

A vous lire, je vous prie de croire, Mon Cher Confrère et Président, à mes sentiments dévoués.

Baudouin GIELEN
1er Vice-Président de l'UIHJ

Responsable : B. GIELEN
93 Henri Jasparlaan B-1060 BRUSSEL Tel. (02) 538 00 92 Fax (02) 539 41 11
93 Avenue Henri Jaspar B-1060 BRUXELLES Tél. (02) 538 00 92 Fax (02) 539 41 11

COMITE PROVISOIRE POUR LA CREATION DE L'UNION INTER-AFRICAINE DES HUISSIERS DE JUSTICE

Siège social provisoire : Avenue du Président Lamine Guèye - BP. A/322 - Thiès (Sénégal) - Tél. 51.18.04 - 21.50.94
24.04.60 Dakar

LE PRESIDENT
Maître Alioune Badara DIALLO
Huissier de Justice
à THIES (SENEGAL)

THIES, le 27 Juillet 1990

N° 24 / C.P.

A MAITRE IBRAHIMA BERTHE
HUISSIER DE JUSTICE
AVENUE MAMADOU KONATE X 137 BP-2413
A BAMAKO
MALI

Mon Cher Confrére ,

J'ai l'honneur de vous transmettre sous le présent pli , la lettre en date du 20 Juillet 1990 , de Monsieur le Président de l'Union Internationale des Huissiers de Justice ,que vous voudrez bien lire avec l'attention qui lui est dévolue et me faire parvenir vos suggestions .

Le Conseil Permanent devra se réunir le 16 NOVEMBRE 1990 à PARIS ; vous voudrez bien vous réunir et me communiquer dés à - présent le nom de votre Délégué .

Recevez mes salutations Confraternelles .

Votre bien dévoué ;

Diallo

SECTION III. LE CONGRÈS DE BRUXELLES MAI 1991 : L'ADHÉSION DU MALI À L'UIHJ[16]

Après une année 1990 riche en évènements bienheureux, l'année 1991 allait permettre à notre jeune chambre de connaître un rayonnement certain à l'échelle internationale. Et le Congrès historique de Bruxelles de l'UIHJ a été l'occasion de le prouver.

Il est à rappeler que depuis notre grande rencontre de Dakar en mai 1990, des actions ont été engagées en direction de l'UIHJ devrait permettre une adhésion collective des Chambres africaines à cet organisme. Me Alioune B DIALLO m'a envoyé copie de la lettre du vice-président, Me Baudouin GIELEN qui invitait cinq pays, Sénégal, Mali, Côte d'Ivoire, Niger et Guinée à prendre part au Congrès de l'Union à Bruxelles (voir lettre). Mais des difficultés internes entre huissiers du Sénégal n'ont pas permis de mener à bien cette tâche.

En dépit de cette entrave, la Chambre malienne, qui avait eu les mêmes contacts, a pu obtenir une invitation à participer au Congrès de l'Union prévu du 15 au 17 mai 1991 à Bruxelles.

Me Filip et moi formions la délégation malienne. Nous avons choisi la compagnie Air Afrique qui quitta Bamako le soir pour arriver à l'aéroport de Roissy CDG au petit matin. Nous sommes restés flâner un peu dans Paris, nous occupant de petits contacts avec nos proches avant d'aller à la gare du Nord, d'où un train devrait nous transporter jusqu'à Bruxelles Midi. Nous arrivâmes aux environs de 17h30, peu avant la tombée de la nuit. Au sortir de la gare, nous ne savions où aller, personne n'est venu nous chercher. Les organisateurs ne savaient pas que nous venions en train. On était à notre première visite en terre belge, à part le lieu où devrait se tenir la rencontre, le Palais de Congrès on ne connaissait rien de la ville.

On s'est mis à rigoler !

– Tiens voilà un africain, allons le voir, dis-je.

– Bonjour mon frère, nous venons de Paris pour une conférence qui a lieu demain ici. Nous cherchons un hôtel, pas cher, pour passer la nuit.

– Ok, suivez-moi ! On va voir, mais Bruxelles est engorgé ces derniers temps.

Notre gentil guide nous a conduit vers une dizaine d'hôtels dans Bruxelles, tous affichaient complets. Fatigués par la longue marche et par le poids de nos valises, nous voilà arrivés au portail d'une auberge.

---

[16] UIHJ : Union Internationale des Huissiers de Justice.

Notre guide, d'un pas hésitant, nous mena à la réception. C'était un pensionnat !

– Oui, il y a de la place ! dit le réceptionniste en nous jetant un regard bizarre

– Tant mieux ! Maugréai-je

– Bonne soirée alors ! s'exclama l'ivoirien en djoula, langue que les maliens partagent avec beaucoup de populations de la sous-région ouest africaine.

– À plus tard, mon frère. Merci infiniment de t'être généreusement mis à notre service. Et, on a pris ses contacts.

Ledit pensionnant, situé dans une ruelle avait une allure quelconque. Plus ou moins propret, il comprenait des chambres de quatre à huit lits. Nous apprendrons plus tard que ce genre d'établissement est destiné principalement aux jeunes et aux groupes de voyageurs ne cherchant pas le confort des hôtels de haut standing et qui préfèrent être logés ensembles dans une même chambre.

Nous n'avions pas le choix, tout huissier que nous sommes. Trouver un gîte, n'importe quoi, par ce temps de grande fraîcheur pour des sahéliennes, était notre seul souci. Sans oublier que la faim nous tenaillait.

Je pris possession de notre piaule comprenant deux rangées de lits superposés. Filip étant sorti pour je ne sais quelle course, je m'installai sur le lit d'en haut situé à l'entrée gauche. Avec la chaleur de la chambre, je commençai à somnoler. Peu de temps après, un jeune homme fit son entrée et alluma la lampe.

– *Thiorny !* s'esclaffa-t-il. Cela signifie le nègre. C'était un russe. J'avais encore des notions de cette langue apprise quelques années auparavant au lycée.

Il sortit précipitamment, en éteignant l'ampoule. J'entendis d'autres voix venant de chambres se trouvant plus en bas de ma mienne. Je suis resté songeur jusqu'à la venue de Filip auquel je fis part de l'incident. Mes leçons de russe revenaient peu à peu dans ma tête. J'aurais aimé répliquer dans sa langue au jeune russe. Mais était ce suffisant pour engager une conversation avec quelqu'un ? Non ! Personne ne vint partager, le reste de la nuit, notre room de *thiorny.*

Le lendemain matin, vers 7heures 30, nous descendîmes dans une grande salle, où de nombreux adolescents de diverses nationalités s'accoudaient autour des tables de petit déjeuner. Nous étions les seuls noirs dans le lot. Je jetai un regard froid en direction de ceux qui parlaient en russe comme pour tenter de dévisager mon jeune impétueux *soviet* à qui j'allais chanter quelques airs de chanson russe que je garde toujours en mémoire, pour répliquer à son agissement irrévérencieux.

Le temps pressait et il nous fallait faire vite pour joindre le Palais des Congrès, situé nous ne savions où dans Bruxelles. Dehors, il faisait très frais. En demandant de gauche à droite on parvint à localiser le fameux Palais. Domaine très vaste, on dirait un ancien château, il y avait plusieurs passages pour y accéder. C'est en empruntant l'un de ceux-ci que Filip et moi tombions sur deux messieurs munis de sacoches.

– Bonjour !nous cherchons l'endroit où se tient le congrès des Huissiers de justice.

– Vous venez d'où ? demandèrent-ils.

– Nous sommes du Mali, et vous ?

– Je suis Me Marcel TCHUAND du Cameroun.

– Moi, c'est Me RAMBOLSON de Madagascar.

– Très ravis de faire votre connaissance.

Nous avons engagé une intéressante conversation. Puis eux sont allés vers une aile du bâtiment. Filip et moi sommes restés prendre des photos. Nous seront sortis de notre flânerie par un appel venant de loin.

– Holà Maîtres, venez vite, il est l'heure s'exclama un monsieur pourpoint et l'on saurait plus tard que c'était Me Jacques Gielen, frère cadet du candidat belge à la présidence de l'Union.

La salle abritant les travaux du congrès était vaste, bien éclairée par de multiples lustres tantôt accrochés aux murs, tantôt pendant au plafond assez haut. Il ya avait une foule bigarrée, tous en tenues d'apparat, costumes et robes, j'étais le seul qui portais une tunique traditionnelle, en bazin, couleur marron bien brodée.

Il y a eu beaucoup d'intervenants. Le Président sortant l'Union, Me Soulard, le Président de la chambre belge Me Marcel BRIES ainsi que le Ministre belge de la justice prirent tour à tour la parole pour glorifier cette « belle fête ». De délégation africaine, il n'y avait que le Cameroun, Madagascar, le Mali et la Tunisie. Le Sénégal n'a envoyé personne ; ce qui m'a intrigué, car c'est avec Me Alioune de Thiès que j'avais préparé cette grande messe pour les africains. Il avait problème entre les confrères sénégalais, ce que je sus plus tard et qui a conduit à l'écartement de mon ami Me Alioune des activités au niveau de son pays.

Lorsque vint le tour du Mali, je pris la parole pour déclarer en substance :

– « Mr le Président et chers collègues, au nom de tous les huissiers de justice du Mali, je vous remercie pour l'aimable invitation que vous avez bien voulu nous adresser afin de participer aux travaux des présentes assises. En venant ici à Bruxelles, capitale de l'Europe, devenant en ces quelques jours la capitale mondiale des professionnels du droit, *nous nous sentons en famille*. Puisse ce bel esprit de famille guider nos pas ces trois jours durant »

Il y eut un salve d'applaudissements ! J'étais ému.

À la pause, Me Jacques Gielen vint me voir !

– Dans quel hôtel êtes-vous descendus ?

– Je ne sais pas très bien le nom, mais nous sommes quatre à partager la chambre dis-je.

– Ho la la ! Mais c'est un pensionnant, un petit hôtel. On vous fait changer. Vous logerez au Chambord, pas trop loin d'ici, au compte de la chambre belge. C'est plus convenable.

– Merci Maître ! À plus tard !

L'accueil au Chambord fut cordial le soir vers 18h. On nous installa au 6ème étage dans une chambre spacieuse. Filip et moi avons eu droit à un double lit, bien douillet ; cela ressembla à un palace comparé à notre précédent gîte. Il y avait au fond un petit frigo, appelé mini-bar, qui contenait des boissons variées, alcoolisées ou non, du caviar et quantité d'autres friandises.

Avec une belle vue sur l'avenue Henri Jaspaar, notre chambre nous donnait un vrai confort digne de princes. Après chaque journée harassante de débats au Congrès, Filip et moi venions le soir nous gaver de croustillantes victuailles sorties du frais du mini bar. Il y a avait là un danger que nous ne percevions pas ; j'allais en faire, seul et personnellement, les frais quelques jours plus tard.

Le programme prévoyait des travaux en ateliers sur les thèmes, puis des synthèses en plénière. Des professeurs d'université, d'autres juristes de renom animaient les débats. C'était très dense pour nous : Filip et moi avons pleinement participé, prenant la parole, sans complexe, et défendant nos points de vue s'il le fallait. Cela nous a enrichis, le contact avec les autres est toujours rempli d'enseignements.

J'avais comme voisin un italien du nom de Mario Montagnari. Il était élégamment habillé, avec sa moustache et sa chevelure bien fournies qui lui donnaient une allure de hippie playboy. Mario aimait causer. Il s'est vite rapproché de moi après mon discours qu'il dit l'avoir beaucoup apprécié.

Je le lui rendis bien en s'intéressant à ce qu'il me disait dans son français haché.

– Ibrahim, ton discours m'a ému. Effectivement, nous sommes comme en famille.

– Alors comment se fait le travail chez toi ?

Il me parla longuement de son Torino natal, Turin en français, où il travaille comme un fonctionnaire de l'exécution au tribunal, contrairement à moi qui exerçais un métier sous la forme libérale. Nous avons eu de la sympathie, l'un pour l'autre. Hors les débats sur la profession, on parlait football ; j'étais un fan de la Juventus de Turin. Et Mario de m'inviter un jour à visiter Torino. Logeant ensemble au Chambord, je me rendis avec Mario et d'autres délégués en bus à l'invitation prévue le petit soir à la mairie de la ville.

Tous les délégués seront reçus par le Bourgmestre, autrement dit le Maire, de Bruxelles au nom du roi des Belges, le deuxième jour du congrès. Ce fut ce que l'on appelle un cocktail dinatoire, où, tous debout, en grignotant des amuse-gueules, on sirotait des boissons de tous genres tout en bavardant tantôt avec ceux-ci, tantôt avec ceux-là.

Il fit une belle adresse à l'endroit des congressistes, manifestant sa joie et celle des bruxellois d'accueillir un si beau monde. Sa maîtrise des contraintes du métier d'H de J était frappante.

Le surlendemain, ce fut un dîner de gala offert par la chambre belge à leurs confrères. Tous les délégués, surtout les nouveaux venus, furent à l'honneur, chacun appelé et à qui on a offert une belle assiette en argent avec effigie de l'Union, en guise de cadeau.

J'ai été ébloui par la dextérité des serveuses, toutes bien vêtues, qui entassaient des piles d'assiettes les unes sur les autres, atteignant parfois le niveau de leurs yeux. J'admirai comment elles se faufilaient entre les tables, mettant et enlevant les couverts, répondant avec sourire aux sollicitations des uns et des autres. J'adressai des compliments aux quelques braves demoiselles qui passaient près de moi. Et comme pour me donner raison, le surlendemain, les organisateurs, au moment de prendre congé des participants, adressèrent des félicitations, chaleureusement applaudis par l'assistance.

À ce Congrès de Bruxelles, on devrait renouveler les instances de l'Union. Le poste de président était le plus en vue. On a contraint le sortant, Me Soulard à ne pas briguer un 3è mandant. Pourtant c'est un autre français, Me Delattre qui faisait tout pour maintenir une présidence française. Les belges n'entendaient pas s'y faire. Me

Baudouin Gielen, un des vice-présidents battait encore campagne pour qu'il y ait une alternance.

Les délégués africains ont été fortement entrepris par les français. Me Charrier vent me voir en aparté.

– Bonjour cher collègue, j'ai un frère qui est évêque à Bamako ; le connaissez-vous ?

– Il y a beaucoup de missionnaires catholiques chez nous. Je ne suis pas du milieu, mais ce nom me dit quelque chose.

– Voyez-vous qu'il existe des liens multiples entre nous français et les africains.

– En effet !

– Il y a des liens tirés de la colonisation qui font que nous avons une histoire commune. À cause de cette communauté, je voudrais solliciter la voix des maliens lors du vote de cet après-midi, pour la présidence de l'Union.

D'autres arguments furent mis en avant tels le nombre et le rôle financier très important des français. Quand par exemple, il y a trois mille huissiers de justice en France la Belgique n'en compte que cinq cents.

J'eu avec Filip un échange avant le vote. Le Mali avait droit à dix voix. Notre situation était curieuse. Sans être mandaté par un quelconque officiel malien, nous allons, par le geste de ce soir, décider au nom du Mali. C'était émouvant, lourd de sens, pauvres d'huissiers que nous sommes.

Il fallait voir tous les aspects de la situation. Les belges nous ont bien accueillis et nous ont même logés à leurs frais. Les français ont été les premiers avec lesquels nous avons eu des relations suivies depuis Dakar, un an auparavant.

Mais, nous devrions faire un choix. Un jeu d'équilibrisme commença pour Filip et pour moi.

– Je te propose de diviser nos voix : cinq pour les belge et cinq pour les français.

– Ca parait juste ! rétorque Filip.

J'étais soulagé, mais un peu seulement. Car, dans un cas comme dans l'autre, je ne voudrais pas que l'on ait l'impression d'avoir vendu nos voix ou d'avoir céder à un chantage. Je voudrais que nous gardions notre libre arbitre, et décidions à notre âme et conscience entre les deux camps.

Au vote final qui eut lieu à bulletin secret, le belge est passé président avec un écart considérable. Le désir de voir une nouvelle tête venue d'un pays différent a fait son œuvre. Notre délégation a chaleureusement félicité Me Baudouin que je prénommai désormais notre ROI à l'image du roi des belges qui s'appelait également Baudouin. C'était un homme chaleureux, plein de vigueur avec son embonpoint assez relevé, qui était souvent drôle. Il fera une bonne présidence !

La veille de la fin de notre congrès, Filip et moi nous rendîmes en ville pour rencontrer notre premier ami et guide ivoirien afin qu'il nous aide à découvrir Bruxelles. Arouna avait à peu près notre âge. Il serait venu depuis deux ans en Belgique pour suivre des études supérieures. La nuit tombait, Arouna nous conduisit dans le « quartier chaud » de Matongue, où la musique zaïroise tonnait partout avec force. Nous choisîmes un resto dans ce bout de Zaïre en Belgique, où l'on sert des plats africains. Après nous être bien restaurés, il nous amena dans un autre endroit chaud, non loin de la gare du Midi. Là, le Bruxelles by night continuait avec des zones plus ludiques où des blanches, des noires et des asiatiques offraient des spectacles osés à première vue, mais banals dans ce pays où la forêt du libertinage est bien défrichée.

On échangea nos adresses avec Arouna. Nous le remerciâmes encore chaleureu sement avant de prendre congé de lui. Le froid descendait, les sahéliens que nous sommes ne pouvaient plus rester longtemps dehors. Vite, à pas pressés, nous gagnâmes notre antre à l'hôtel Chambord. Filip m'annonça qu'il lui partait pour Paris le lendemain matin, où une urgence l'attendait.

Je restai seul alors pour un jour supplémentaire. J'en profitai pour rendre visite à un grand frère de quartier Mala, étudiant en médecine. Mais avant, je fis le tour de Bruxelles à la recherche d'une bonne voiture de seconde main, marque allemande réputée plus endurante.

La nuit, je préparai ma valise. Le samedi matin comme convenu Mala vint me chercher pour passer quelques jours chez lui. À 8h le téléphone sonna. La réception m'informait de l'arrivée de Mala. À la hâte, je descendis avec mes bagages. Voulant dire au revoir à la concierge ce dernier me dit d'attendre un instant. Il me tendit la facture que je regardai longuement. C'était un montant astronomique. Visiblement, tout ce que Filip et moi avions pris dans le mini bar était inclus.

– Mais monsieur, je ne comprends pas ? Qu'est-ce que veut dire tout ça !

– Vous avez utilisé le mini bar. Ce qui est dedans n'est pas inclus dans le prix de la chambre qui est à part !

– Soit, nous avons été mis là par la Chambre belge des huissiers, donc à leur compte.

– La Chambre belge a fait la réservation, mais n'a pas confirmé la facturation. Me lança t-il.

Je suis resté interloqué. Je cherchai dans mon calepin les numéros de téléphone de quelques collègues belge dont le Président Baudouin. Ca sonnait personne ne répondait. On était samedi, donc en week-end. Les téléphones portables étaient rares à l'époque et je n'avais pas le contact du domicile de qui que ce soit.

– Bon d'accord, je vous paye en chèque BIAO, une banque internationale qui a son siège à Paris.

– Non monsieur ! Il me faut un eurochèque, sinon je garde vos affaires.

Malgré le froid, des sueurs perlaient mon visage. Les clients qui passaient de même que mon « frère » venu me chercher regardaient la scène avec compassion et sourire sans pouvoir être d'un quelconque bon secours pour moi. J'étais pris dans un piège. Comment en sortir ? Qu'est ce s'est que cette histoire de confirmer la facturation par la Chambre belge. J'ai cru voir là un manège ou une méchanceté du monsieur à l'accueil.

Perdu dans mes pensées, je vis descendre Me Mario que je croyais déjà parti.

– Bonjour Ibrahim que ce passe-t-il ?

Je lui expliquai ma mésaventure. Il me sourit et commença à mettre sa main dans la poche de sa veste. Il en sorti des liasses de billets, franc belge et lire italienne mélangés.

Tout en jetant un coup d'œil sur la facture, il déposa billet après billet sur le comptoir qui forma une liasse. Au même moment, je finissais d'établir une attestation de reconnaissance de dette à l'endroit de mon bienfaiteur. Quand je lui tendis le document avec des mots de remerciement, Mario me fixa longuement.

– C'est pas la peine Ibrahim ! clama t-il ? Il se mit à déchirer mon papier qu'il mit dans un panier.

– Mais Mario ! Sans pouvoir terminer ma phrase, il me tapa dans le dos.

– On est entre confrères et amis. Bon retour chez toi ! lança t-il.

J'étais estomaqué par qui venait de se passer. Je marmonnai des mots, sans savoir lesquels. Soulagé je l'étais, mais en même temps un vaste sentiment de gêne m'envahit. Je venais d'être sauvé comme un naufragé dans une mare trouble par quelqu'un que je connaissais à peine. Cette scène me marquera à jamais par sa spontanéité et sa signification dans toute ma carrière d'huissier.

Rien qu'en y pensant souvent, ce geste m'émeut et me donne des frissons. *A family spirit !*

Filip, à qui intérieurement je lançai des jurons, aurait été là qu'on allait se partager le fardeau qu'il m'a laissé seul prendre.

Mario tout sourire, comme à son habitude, sortit sans un mot. Je balançai :

– À nous revoir Mario. Merci beaucoup !

Mala m'aida à transporter mon lourd bagage entre les stations de métro et de tramway jusqu'à son logis où je passai le week-end en débattant de l'avenir politique de notre pays qui, quelques mois auparavant, avait connu une révolution douloureuse par le renversement de l'ancien régime.

Le lundi matin, je me rendis au cabinet de mes nouveaux confrères belges. Me Baudouin, Me Jacques, Me Deemerleer à qui je racontai ma mésaventure au Chambord s'esclaffèrent de rire. Ils dirent que j'ai eu plus de chance, car l'ancien de l'Union, le français Me Soudard, a eu les sabots mis aux roues de son véhicule dans son hôtel. Décidément ils ne pas tendre ces belges ! Sans doute l'hôtellerie a des règles bien particulières.

Tout compte fait, la campagne belge a été fructueuse pour nous. Le Mali est désormais membre du Conseil permanent de l'Union Internationale des Huissiers de Justice et Officiers Judiciaires. Nous venions d'ouvrir, pour de longues années, de nouvelles perspectives pour les huissiers de justice maliens. Notre champ de vision, nos relations, nos connaissances connurent une grande mutation.

De retour à Bamako, nous fîmes Filip et moi un compte rendu fidèle à l'ensemble de nos collègues. Ils nous adressèrent de chaleureux compliments. Pour nous, c'était une histoire de devoir accompli, ayant été les deux plus jeunes huissiers à exercer dans la capitale.

Je pensais toujours à mon ami et frère Mario, l'italien. J'eus l'idée de lui faire une surprise en guise de reconnaissance du geste noble qu'il eut pour moi. Un masque en bois d'ébène, trop lourd selon la dame de la poste, est emballé dans du carton, destination Turin en Italie. Un mois plus tard, je reçus un coup de fil.

– Ibrahim ! Comment vas-tu ? Je reconnus aussitôt la voix de Mario.

– Ma…rio ! Tu es où à Bamako ? La tonalité de la voix était si claire que je croyais que Mario était à côté de moi.

– Non, je suis à Torino. J'ai reçu ton joli cadeau et je te remercie pour ça !

– Alors tu viens quant au Mali ?

– Je vais voir un jour dit –il dans son français gratté !

L'invitation à Mario avait été lancée dès les premiers jours de notre rencontre, avant même son acte sublime à mon endroit. Je ne le reverrais plus, car d'après Me Giordaneli, un autre italien, que je voyais à chaque Conseil permanent de Paris me donnait les nouvelles de mon ami. Mario serait mort. J'encaissai coup, mais en promettant un jour de rendre visite à la famille de mon bienfaiteur, *amico Mario !*

SECTION IV. LE 1ER CONGRÈS ORDINAIRE : LES 30 ET 31 DÉCEMBRE 1992

L'arrivée massive des jeunes maîtrisards a eu pour conséquence principale de transformer la physionomie de la profession d'huissiers de justice. De simples stagiaires à titulaires de charge, les jeunes aspiraient à imprimer leur marque d'un sceau particulier et le nombre était un de leur atout en plus la qualité de service par leur niveau élevé d'études en droit qu'ils entendaient rendre.

Naturellement, le major de promotion au dernier concours d'accès à la profession avait quelques longueurs d'avance sur tout autre prétendant à la présidence du bureau de la Chambre. En tant que secrétaire général du bureau sortant, il avait fait montre d'une grande disponibilité à se mettre au service des autres et de la profession.

Mieux, il venait de réussir à se faire élire à l'Assemblée Nationale comme le plus jeune député de la capitale dans un combat épique face au parti politique majoritaire de l'époque. Ce fut un coup de tonnerre dont l'écho résonna si fort dans le pays que les huissiers dans leur ensemble en tirèrent une légitime fierté. Et la suite des évènements allait le démontrer.

Maître Ibrahim BERTHE prononçant le discours d'adhésion du Mali à l'Union Internationale des Huissiers de Justice, Bruxelles le 27 mai 1991

Bruxelles mai 1991, de G à D : le président des huissiers de Pologne.
Au milieu en lunette Me Baudouin GIELEN Pdt de l'UIHJ, en boubou Me Ibrahim BERTHE Pdt des huissiers du Mali et Me Mario MONTAGNARI d'Italie

Bruxelles mai 1991, Me BERTHE, Me Marcel BRIES Président des huissiers de Belgique et Me Filifing DEMBELE (Mali)

Me RAMBOLSON (Madagascar) Me BERTHE (Mali)
et Me Marcel TCHUAND (Cameroun)

Deux jours durant, les jeudi 30 et vendredi 31 de l'année 1992, les huissiers venus des quatre horizons du pays, affluèrent à Bamako. Le premier Congrès ordinaire des « saisisseurs » se tenait dans un contexte très particulier.

En effet, sous la poussée des organisations et associations politiques et apolitiques l'ouragan de démocratisation eu raison de la montagne de l'immobilisme du parti unique au Mali. Commencé en 1990, le combat pour le multipartisme intégrale et la démocratisation de la vie publique s'est radicalisé au cours des mois jusqu'à aboutir à la chute fracassante du régime de politico-militaire, matérialisée dans la nuit du 25 au 26 mars 1991 par un coup d'état d'essence insurrectionnelle.

Les juristes de tous les bords, les huissiers de justice y compris ont pris une part active à cette révolution. Or les périodes de grands bouleversements socio-politiques sont propices aux transformations multiples, aux revendications catégorielles de tous ordres. Et les huissiers de justice avaient de légitimes demandes formulées depuis des années restées sans suite.

Le président ayant une claire conscience de tout cela avait un programme ambitieux pour redorer l'image et l'honneur d'une profession qui paraissait comme une sorte de roturière dans cette jungle des organisations professionnelles du droit.

Il faut noter que les lendemains de l'insurrection populaire qui chassa l'ancien régime du pouvoir ont été difficiles pour les représentants et les symboles de l'Etat dans tout le pays. Les agents en uniformes : militaires, polices, gendarmeries, les gardes, douaniers, service des eaux et forêts ont été particulièrement visés par la vindicte des populations qui voyaient en eux des forces d'oppression. Les autres agents des services de contraintes tels les impôts, le trésor, les juges et les huissiers de justice ont vécu des jours sombres par ce temps de bouleversement sociopolitique.

C'est ainsi que notre collègue maître Hibou, officiant à Sikasso nous fit le récit poignant de son agression lors d'une exécution dans la localité de Kignan, située à une soixantaine de kilomètre de là. Parti saisir des bœufs pour le compte d'un créancier dans un village, il a été intercepté par le débiteur et ses parents dans la brousse qui lui intimèrent l'ordre de leur rendre les biens saisis.

Devant le refus catégorique de maître H., ils l'aspergèrent d'essence et avec une allumette tentèrent d'appliquer l'article 320 du « code d'insurrection populaire »[17], en un mot vouloir le brûler vif. Heureusement, notre collègue maître Hibou n'était pas que maître en son office, mais il était aussi maître dans les arts martiaux.

Et en pivotant sur une jambe, d'un coup de pied il atteignit le porteur de bidon d'essence à la figure qui tomba. Puis, avec un crochet direct du poing droit l'allumeur de feu eut le visage tuméfié, et le reste de la horde des agresseurs prirent leurs jambes à leur cou.

Les créanciers qui n'étaient pas loin, l'aidèrent à se sauver. Le surlendemain une plainte en bonne et due forme a été déposée au tribunal de Sikasso, mais rien ne bougea. Et les multiples interpellations du Président Député de la CNHJ tant au sein du parlement que devant le Procureur Général, l'affaire ne connut d'évolution à cause de la tension qui était vive dans le pays des années durant. Et maître H, par dépit, arrêta d'officier et se présenta au concours de la magistrature, comme pour trouver là un refuge. Et, à ce jour il ne remet presque plus les pieds dans un cabinet d'huissier de justice, les fonctions de juge devinrent une autre consolation pour lui.

Cette situation d'injustice ajoutée à tant d'autres renforça la conviction du président nouvellement élu qu'il fallait à tout prix relever les multiples défis lancés à la profession. La bataille de la respectabilité avait commencé et il n'était point question de la perdre. La présence du Président de la CNHJ à l'Assemblée Nationale a été un signal fort lancé à cet effet. Mieux, devenu deuxième vice-président du Parlement, il donna aux acteurs de la famille judiciaire l'image d'un des meilleurs défenseurs de leur cause, lors les discussions sur les textes de loi ou lorsqu'il s'est agi de missions d'enquête parlementaires mettant en cause le plus souvent les juges à l'intérieur du pays.

Mais c'est lorsque le gouvernement, sous la poussée des évènements ci-dessus évoqués, présenta au parlement le projet de texte sur la profession d'huissier de justice qu'un jour nouveau se leva sur le monde de notre famille.

[17] Article 230 : c'est-à-dire 300f de prix d'un litre d'essence et 20f prix de boite d'allumette.

SECTION V. DES ACTES ET FAITS DE LA RENAISSANCE

Paragraphe 1. La prodigieuse loi N°95-069 du 25 août 1995

Au lendemain des évènements socio politiques du 26 mars 1991 survenus dans notre pays l'ère du changement a sonné. Et dans plusieurs corps et professions de vastes réformes ont été entreprises.

Chez les huissiers de justice, des rencontres préliminaires avec le département ont été fructueuses, à tel enseigne qu'au cours de l'une d'entre elle il a été proposé la possibilité pour les huissiers de justice de procéder eux-mêmes aux nominations des futurs récipiendaires. Le président Belco que j'accompagnais à la réunion, après concertation, déclina l'offre. Nous nous sommes dit qu'il valait mieux garder l'ancienne formule, plus valorisante, de nommer les huissiers de justice par décret.

Les travaux préparatoires furent durs à mener. La volonté de certains magistrats de la direction des affaires judiciaires de maintenir vaille que vaille les huissiers de justice dans le viseur étroit des pouvoirs publics était quelque peu tenace. Et en face la détermination du corps des huissiers de justice à entamer enfin, les réformes nécessaires était vivace. Un bon compromis a été finalement trouvé et le projet fut envoyé à l'Assemblée nationale pour adoption.

Le texte de compromis attendu n'est cependant pas arrivé sur le bureau de l'Assemblée Nationale. C'est une nouvelle mouture qui, prenant le contrepied du texte d'entente, fut déposé au parlement. (voir annexe un jour singulier)

Au final, un texte équilibré sortit de la moule du parlement et donna pour une large part satisfaction aux huissiers de justice. Mais qu'elles étaient les avancées de ce texte et ses quelques points de faiblesse ?

– Les faiblesses

L'abandon de la nomination par décret présidentiel. Les huissiers de justice eurent de la peine à accepter cette situation, car craignant là, et cela a été corroboré par quelques cas, une volonté du Département de régenter à sa guise en nommant qui il veut, là où il veut. En effet, l'article 2 disait : la création, la suppression et le transfert d'huissier de justice se font par arrêté du Ministre chargé de la Justice après avis consultatif de la CNHJ. Le bémol que l'on a eu, c'était de requérir le point de vue de l'organe représentatif en toute circonstance.

Une autre disposition a fait soulever la tempête : la vénalité des charges ou cession de l'office de l'huissier de justice. Nous tenions coûte que coûte à en bénéficier. Le Ministre s'y est totalement opposé, mais il finit par l'accepter devant l'avalanche d'arguments présentés devant les élus de la nation par le Pdt de la CNHJ, un parlementaire. Malheureusement, les dieux de l'hémicycle n'étaient pas du côté des huissiers de justice, car la mouture finale ne comportait pas la fameuse cession d'office. Le secrétaire législatif de l'Assemblée nationale avait tout simplement mal compris le retrait d'une partie de l'amendement par l'abandon de l'amendement en entier. Ainsi l'article 3 réapparut avec l'interdiction formelle aux huissiers de justice de présenter des successeurs à leurs offices.

– Les forces

Il en existe deux sortes, l'une d'ordre général, l'autre d'ordre spécifique.

Les mesures d'ordre général :

Une plus grande autonomie est accordée à la Chambre nationale qui est consultée sur toutes les questions concernant la profession. Le statut est libéral. Pour le recrutement, il faut avoir la licence en droit (privé ou public), ainsi est abandonné la fameuse disposition sur le niveau qui était secondaire (DEF-Diplôme d'Etude Fondamentale-ou BEPC-Brevet Elémentaire du Premier Cycle+4 ans) c'est-à-dire Brevet de Technicien de l'ECICA[18]. Une protection plus accrue de l'huissier de justice, de ses collaborateurs et de son cabinet est observée.

Les nominations des fonctionnaires-huissiers et des huissiers ad-hoc se font par les autorités compétentes mais avec obligation d'informer la CNHJ.

La situation des clercs est mieux définie.

L'imagination fertile du président et de ses collègues a permis de faire là une petite révolution, jamais connue sous d'autres cieux. Il y avait une volonté de rendre justice à ces chevilles ouvrières des cabinets qui, grâce à une promotion interne par la voie dite de l'escalier, pouvaient accéder à la profession. Cela existerait à côté de la voie dite de l'ascenseur c'est-à-dire le recrutement par concours direct. L'aspiration de tout être humain à chercher à progresser dans sa vie professionnelle était ainsi comblée avec des conditionnalités bien précises.

Trois catégories sont prévues :

---

[18] ECICA : Ecole Centrale pour l'Industrie, le Commerce et l'Administration.

– la première catégorie qui comprend les clercs principaux justifiant de diplôme d'enseignement supérieur en droit et qui peuvent être chargés de suppléer aux huissiers titulaires de charge dans l'exercice de leur fonction ;

– la deuxième catégorie qui comprend les clercs ordinaires justifiant de diplômes d'enseignement secondaire et qui sont capables de rédiger seuls les actes usuels et de régler les dossiers courants ;

– la troisième catégorie, appelée clercs significateurs justifiant du DEF possédant des connaissances suffisantes et qui, sur les directives données, sont capables de rédiger les dossiers ne comportant aucune complication ou difficulté juridique.

Cette disposition a permis l'accès au métier par un nombre important de jeunes maîtrisards ainsi que d'anciens clercs, ayant la connaissance parfaite de l'art d'exécuter, quoique d'un âge avancé et sans diplôme supérieur en droit. Ils exercent de nos jours avec bonheur.

Pour desserrer l'étau du Parquet sur les huissiers de justice en matière d'établissement, de tenue et de contrôle des différents registres tels le répertoire général, le livre journal, le grand-livre, le carnet à souche les dispositions pertinentes de l'article 65 et suivants ont permis d'autres pratiques plus accommodantes et moins contraignantes vécues par le passé.

Mais c'est en matière disciplinaire que la Chambre nationale retrouve la plénitude de ses prérogatives.

La gamme des sanctions allant du rappel à l'ordre jusqu'à la destitution, en passant par la censure simple, la censure avec réprimande, la suspension relève de l'action de la CNHJ ; l'huissier de justice mis en cause préalablement entendu. Quant à la destitution, elle est aussi l'œuvre du bureau de la chambre, même si la décision finale appartient au Ministre qui prend l'arrêté sur rapport motivé de la CNHJ.

En matière pénale, l'huissier de justice demeure un justiciable, contre qui les poursuites peuvent être engagées soit d'office par le parquet, soit sur plainte de tiers ; mais à la condition que la CNHJ soit *au préalable* informée. Sans cela, toute action judiciaire engagée contre un huissier de justice serait vouée à l'échec. C'est une protection accrue non une mesure tendant à soustraire l'huissier de justice qui commet une faute professionnelle : délictuelle ou criminelle.

Cette protection spécifique permet d'éviter les humiliations et autres mesures vexatoires tels que l'emprisonnement que les huissiers de justice subissent en longueur de temps par certains membres du parquet.

Une autre disposition phare de la loi nouvelle loi, c'est l'honorariat qui peut être conféré à tout huissier de justice ayant quinze années d'exercice par le garde des sceaux. Cette mesure permet de vénérer les qualités d'homme de ceux ou celles qui par leur labeur dans la loyauté et la probité ont honoré la profession.

Parmi les mesures d'ordre spécifique, il y a les articles 21 et 22 qui ont prévu une disposition jamais contenue auparavant dans les différentes lois ou ordonnance sur la profession. Deux situations pourraient se présenter.

D'abord quand l'huissier de justice est chargé par l'Etat de mission temporaire dans l'administration comme Conseiller, diplomate, ministre etc, il ne peut faire aucun acte de sa profession. C'est une interdiction, personnelle, absolue.

Ensuite, lorsque l'huissier de justice est investi d'un mandat électif. Il ne peut accomplir un acte quelconque de sa profession dans les affaires intéressant l'Etat ou les collectivités territoriales et leurs démembrements dans sa circonscription électorale. C'est une interdiction relative.

Dans tous les cas, l'huissier en question doit informer la CNHJ qui désigne un suppléant ; ainsi l'office de l'huissier de justice, qui continuera à fonctionner normalement, ne pâtira pas de l'absence de celui.

Enfin, un autre mesure emblématique, c'est quand l'huissier de justice décide de prendre congé, pour son repos personnel ou pour cause de maladie. Autrefois, c'était le Ministre qui accordait ce congé en fixant la durée. Quelle contrainte ! De nos jours ce pouvoir est dévolu au bureau de la CNHJ, le parquet est ténu informé de cette absence tout simplement.

Que devient une bonne loi si, le pendant pécuniaire n'est pas associé ? Le décret juin 1995 est là pour le prouver.

Paragraphe 2. Le décret N° 225 du 30 juin 1995 portant tarifs et frais de justice en matière pénale, civile et commerciale

C'était la première bataille engagée et gagnée de haute lutte par les huissiers de justice depuis l'indépendance. Car les tarifs nouveaux étaient le souffle nouveau, le bol d'air frais indispensable à la vie de la corporation. Ce décret venait remplacer celui du 22 février 1978, le numéro 22, lui-même une relique, à quelques détails près, du décret colonial de 1948, soit de plus de cinquante ans d'immobilisme. (voir uihj magazine de 1997)

Ainsi, pour un recouvrement amiable, sans titre, l'huissier de justice avait un droit de recette calculé comme suit :

10% de	0 à	50.000
8% de	50.000 à	100.000
6% de	100.000 à	200.000
3,5% de	200.000 à	300.000
2,5% de	300.000 à	1.200.000
1,5% supérieur à		1.200.000

Si le recouvrement était fait en vertu d'un titre exécutoire, il percevait :

2%	à 100.000
1,5%	à 300.000
0,75%	à 500.000
0,50%	à 1.500.000
0,20%	supérieur à 1.500.000

À côté de ces taux dégressifs très bas et sans commune mesure avec le coût de la vie à l'époque, il y avait le coût insignifiant des actes. L'huissier de justice broyait du noir, il nous fallait de la lumière pour mieux éclairer nos nuits.

C'est ainsi que la lumière fut en ce 30 juin 1995, lorsque le décret numéro 255 a été adopté par le gouvernement en conseil des ministres et diffusé sur les antennes de la radio télévision. La présence du patron des huissiers de justice dans les instances dirigeantes du pays (en l'occurrence le parlement) a eu son effet positif, et tant mieux pour la profession !

Le nouveau décret prévoit 10% à l'huissier de justice lorsque qu'il fait un recouvrement amiable.

Et quand il s'agit de recouvrement en vertu d'un titre exécutoire un taux alléchant a été adopté dont voici le dégressif :

10% de 0	à 5.000.000
8% de 5.000.000	à 10.000.000
6% au dessus de	10.000.000.

Ce fut une véritable tempête dans le microsome judiciaire. La plupart des actes ont vu leurs coûts multiplier par quatre. Nos amis les avocats, nos frères les magistrats et autres professionnels du droit ont admiré notre prouesse. Mais il y eut des grincements dents, car, selon certains, cela allait renchérir le coût d'accès à la justice en mettant un fardeau de plus sur la tête des justiciables. Cependant peu savait que nous avons mis cinquante ans à travailler et à vivre petitement de coûts dérisoires.

En outre, pour éviter des ententes pas assez correctes entre créanciers et débiteurs où l'on se contentait assez souvent de payer l'huissier de justice le coût des seuls actes lorsqu'il y avait suspension de poursuite, le décret exigea que l'huissier de justice aura droit à la moitié des sommes à recouvrer. Une petite révolution en soit qui eut son écho dans la grande famille de l'UIHJ car peu de pays avaient atteint ce niveau de taux favorable dans le recouvrement de créance.

Mieux, dans le corps du texte, on a prévu que les émoluments de l'huissier de justice seraient de même nature si celui-ci faisait office d'administrateur séquestre de biens successoraux ou tout autre activité similaire. Une bataille venait d'être gagnée, ce qui permit à la CNHJ de poursuivre les combats sur le front international. Et c'est Dakar à nouveau, qui s'imposa par la force des choses, que cela devrait se réaliser.

SECTION VI. LE COLLOQUE DE DAKAR : L'UIHJ[19] EN TERRE AFRICAINE (18, 19 ET 20 AVRIL 1996)

Depuis la 1ère rencontre de Dakar en mai I990, les huissiers de justice africains ont établi entre eux un lien fraternel. L'adhésion du Mali à l'UIHJ en mai 1991 a, en outre permis, à notre jeune Chambre d'être présente sur l'arène internationale et à y nouer des relations amicales avec des collègues d'autres pays.

Pour rappel, une union interafricaine des huissiers de justice dont les bases avait été jetées à Dakar se devrait d'exister. Mon intime conviction était qu'il nous (africains) fallait entrer ensemble dans l'Union afin de mieux faire entendre nos voix. Je travaillais à cela en gardant le contact avec certains collègues surtout, Me Diallo Badara et Me N'DiayeYaye du Sénégal. Le bureau de notre Chambre décida que je mène ce combat pour réunir à Bamako l'ensemble des huissiers de justice africains en vue de donner corps à cette interafricaine.

---

[19] UIHJ : Union Internationale des Huissiers de Justice et Officiers Judiciaires.

Mes occupations au sein du parlement absorbaient beaucoup de mon temps. Mais de concert avec mon ami Filip, notre présence sur la scène internationale était constante : on participait aux colloques, conseils permanents etc. Je sollicitai le concours de l'ACCT[20] et de la Mission de Coopération et d'Action culturelle de l'Ambassade de France à Bamako qui ont été favorables au projet qu'ils s'apprêtaient à financer. Le budget de leur contribution avait même été arrêté. Mais, je m'aperçu que du côté du Sénégal une autre initiative était également en mouvement pour organiser une manifestation similaire.

Je pris mon téléphone pour échanger avec mes frères sénégalais. Me Diallo qui était de Thiès me fit part des difficultés qu'il a avec ses confrères. Me N'DiayeYaye que j'eus par suite me parla du projet de séminaire sénégalais ;

– Me, ma sœur, je pensais que, après Dakar, c'est Bamako qui devrait bénéficier de la prochaine rencontre africaine dans la mesure où je s'en suis ouvert à nos autres frères depuis belle lurette.

Je compris qu'un coût bien joué a été fait et qui contrariait mon plan initial. Alors, j'offris de jouer ma partition afin que la seconde retrouvaille à Dakar puisse tenir toutes ses promesses.

À Dakar, nous sommes venus nombreux : Bénin, Burkina Faso, Congo, Côte d'Ivoire, Gabon, Mali, Togo, Tunisie. Côté européen, outre la France, il y avait la Belgique, les Pays Bas, la Suisse et l'UIHJ.

Les thèmes traités étaient entre autres :

– L'huissier de justice : son avenir dans un espace juridique et judiciaire ;

– « rôle dans le conseil et le rôle social ;

– « sa rémunération et sa responsabilité

– « la déontologie, ses activités et son étude ;

– les organismes de représentation : la chambre nationale ;

– les organismes sociaux : sa retraite et le système de prévoyance ;

– l'huissier de justice dans le nouveau droit judiciaire privé africain.

Les débats ont permis des échanges fructueux, mon aîné Me Séméga, huissier de justice honoraire, et moi avons joué notre partition.

Au 2ème jour de la rencontre le nouveau Président de l'UIHJ décida de rencontrer chaque délégation africaine afin d'en savoir plus sur l'état de la profession dans les différents pays. Je n'y voyais pas d'inconvénients sauf que mon approche était de préserver l'idée d'une

---

[20] ACCT : Action de Coopération Culturelle et Technique.

panafricaine des professionnels de l'exécution qui devra exister à côté de notre présence au sein de l'Union.

Cela n'a malheureusement été partagé par les autres délégations. Me Diallo le co instigateur avec moi de cette idée était absent, en brouille avec ses collègues me dira t-il plus tard. Je tentai de raviver les ardeurs de quelques confrères présents à l'époque en 1990 à Dakar. Le tour des délégations fait, personne ne répondit à mon appel. J'eus un échange aigre doux avec Me N'DiayeYaye qui me dit de laisser tomber cette belle idée, car selon elle la structure ne survivra pas au manque de moyens des africains.

– Tu sais Ibrahima, comme moi tu dois être en bute aux paiements des cotisations pour renflouer les caisses de nos chambres nationales. Nous n'aurons pas assez de ressources pour faire fonctionner la structure. Je pense qu'il vaut mieux qu'on aille tous ensemble au sein de l'UIHJ renforcer le partenariat bénéfique pour nous.

– Maître, je comprends ce que tu dis. Mais, en Afrique nous avons des spécificités, des réalités que nous devrons mutualiser. Dans tous les secteurs d'activités, il y a des regroupements interafricains. Cela est visible partout. L'UIHJ est notre maison commune, mais je souhaite que nous y existions en tant qu'entité pour peser de notre poids. Notre identité africaine ne fera que renforcer l'UIHJ.

Malheureusement mon plaidoyer n'eut pas l'écho escompté. De guerre lasse, j'abandonnai, sur le moment, mon combat pour l'interafricaine des huissiers de justice en ayant l'intime conviction qu'un jour ou l'autre la flamme de ce regroupement illuminera nos chemins. Et l'OHADA était déjà à nos portes pour le rappeler.

Pour mieux marquer son entrée en Afrique l'UIHJ a désigné son représentant en la personne de Me N'Diaye Yaye. Des projets de formation par séminaires et colloques furent élaborés et du nord au sud les capitales africaines accueillir tour à tour des dizaines d'huissiers de justice.

En 1998, l'OHADA adopta son 4ème Acte Uniforme portant sur la Procédure Simplifiée de Recouvrement de Créances et Voies d'Exécution. C'était un plat chaud, dont les ingrédients avaient été achetés et préparés sans que les premiers convives, les huissiers de justice, aient été associés. On les invitait maintenant au banquet. Les mets, bien que laborieusement présentés, ont quelque peu eu du mal à passer à travers la gorge des maîtres « saisisseurs ».

Cependant, il fallait à tout prix nous approprier ce nouvel outil venu révolutionner nos pratiques anciennes dont certains aspects paraissaient archaïques au vu de l'évolution des choses du droit et de l'économie.

Et enfin, c'est à Bamako, quelques mois après l'entrée en vigueur de cet Acte Uniforme, que les huissiers de justice africains avec l'appui de l'UIHJ se retrouvèrent dans un colloque mémorable pour débattre du sujet.

SECTION VII. L'HISTORIQUE COLLOQUE DE BAMAKO : LES 24 ET 25 SEPTEMBRE 1998

Notre participation remarquée à toutes rencontres de la profession en Europe comme en Afrique sera récompensée par l'honneur fait à notre Chambre d'accueillir le premier colloque des huissiers de justice après l'entrée en vigueur l'Acte Uniforme de l'OHADA portant sur la Procédure Simplifiée de Recouvrement de Créances et Voies d'Exécution.

C'est au cours d'une conférence organisée par l'UIHJ à Cotonou en avril 1998, que la décision a été prise d'organiser à Bamako ce colloque d'un genre particulier.

Aussitôt rentré au pays, je convoquai une réunion extraordinaire du bureau de la chambre pour donner l'information. Une commission d'organisation a été mise en place immédiatement, placée sous la présidence de me Filip et supervisée par moi-même.

– Chers camarades, c'est un honneur en même temps qu'un défi. Soyons à la hauteur de la mission et l'Afrique et le monde nous confie, lançai-je. Allons à la recherche de fonds pour faire face à l'évènement. Evitons de tendre la main à l'UIHJ ! Suggérai-je.

– Il était temps pour le Mali d'abriter un tel évènement, balança Me Haroun, mis moqueur.

– Maintenant que c'est fait, attelons-nous chacun à la tâche pour sa réussite, martelai-je.

Paragraphe 1. Les préparatifs

Je proposai à la commission la date des 24 et 25 septembre ; car à mon entendement, cela coïncidait avec la semaine de la fête d'indépendance du 22 Septembre et la température en cette période de l'année est plus clémente avec la fin de la saison des pluies, l'atmosphère étant chargée de plus de fraîcheur.

Dans ma tête, les idées venaient par vagues successives se cogner aux parois de ma pauvre cervelle, les unes chassant les autres, toutes, bonnes et moins bonnes. En réalité, j'étais anxieux en voyant l'immensité de la tâche. Le manque de ressources financières, la situation peu reluisante du parc hôtelier où à part un seul le reste n'était pas de bon standing, tout cela faisait chauffer mon esprit.

Certes les autres étaient là, à la tâche. Mais avions-nous le même degré de responsabilité face à l'évènement ? Certainement pas ! Je me suis tellement battu sur tous fronts, à l'intérieur comme à l'extérieur, que je me voyais livrer une bataille ultime, tel un champion de boxe tentant de défendre son titre, à domicile. Il me fallait à tout prix gagner la partie…

Tandis que les autres s'affairaient à élaborer les thèmes et à dénicher les éventuels bailleurs de fonds, moi, je m'attelais à tisser la toile des invités, pays par pays. À trois mois déjà de la date du colloque la plupart des premiers cartons d'invitation avaient été envoyés à l'étranger. Une vingtaine de délégations d'Afrique, d'Europe et d'Amérique avaient été informées. Avec le secrétariat de l'Union Internationale le contact était permanent.

Le jour J s'approchait à grands pas, je n'étais pas tout à fait satisfait des préparatifs, sans savoir pourquoi ? Le budget était loin d'être bouclé. Les partenaires ne répondaient pas favorablement encore. L'Etat ou plutôt le Département de la Justice ne donnait pas de signe encourageant, quand bien même le Garde des Sceau soit un ami politique ; je saurais plus tard qu'il avait de sérieux ennuis de santé. J'étais inquiet, car l'argent, le nerf vital de toute action de ce genre, ne nous souriait pas encore.

Pourtant le Prodej[21], financé à coup de dizaine voire centaine de millions par le Canada, était un partenaire sûr. Mais son premier responsable ne percevait l'importance ni l'impact de l'activité envisagé. Je ne manquai pas le lui faire savoir de façon drue, car il jouait à l'avaricieux avec la Chambre des Huissiers.

Finalement les choses rentraient petit à petit dans l'ordre. Mais, étant au four et au moulin, je n'eus pas le temps d'élaborer mon propre discours. Je confiai cette tâche à un collègue et ancien camarade d'école depuis les classes primaires. En vue de bien faire mon texte, je sollicitai en outre le concours d'un jeune journaliste à la plume alerte. Au final,

---

[21] Prodej : Programme Décennal de Développement de la Justice (financé par le Canada).

je compris que dans certaines circonstances l'on n'est mieux servi que par soi-même. J'ai du puiser de mes méninges fatigués la force nécessaire pour écrire mon propre discours.

À deux jours de l'évènement le couac vint là où je ne m'attendais pas ! La délégation de l'Union Internationale s'était présentée au consulat du mali à Paris le 22 septembre pour l'obtention du visa. La porte était fermée. Or, ce jour est férié au Mali car marquant la date d'anniversaire de l'indépendance de notre pays.

Déconcerté, le secrétaire général Mr Raymond Dupuis me téléphona.

– Président BERTHE ! s'exclama t-il, nous on ne pourra pas venir. Le consulat est fermé, on n'aura de visa pour le Mali.

– Comment ça dis-je.

Puis me ravisant, je compris pourquoi. Je tentai aussitôt je joindre le consul que je connaissais sur son numéro personnel.

– Comment va maître BERTHE ? Me lança t-il.

– Pas mal.

– Que puis faire pour vous ?

– J'ai un souci, Excellence, dis-je. Mes collègues huissiers de justice de France doivent venir au Mali pour un colloque international que notre chambre organise à partir du 24 septembre. Ils ont trouvé la porte du consulat close. Il faut nous aider afin qu'ils puissent joindre Bamako au plus tard demain.

– Compris Maître. Mais, cela les apprendra à connaître un peu leur propre histoire à travers la notre. Le 22 septembre doit être connu de tous, me lança t-il.

– Ah ha ! Dis-je en riant. Ne leur en tiens pas rigueur, Excellence. Donnez-moi un coup de main afin que mes invités puissent arriver à temps à Bamako.

– Dites leur de passer demain à la première heure. Sinon, le temps d'attente est de trois à huit jours.

Je téléphonai aussitôt à Me Raymond D pour lui annoncer la bonne nouvelle.

Le lendemain matin la délégation a pu avoir son visa à temps pour prendre l'avion à Roissy CDG et joindre ainsi Bamako l'après midi même après 300 minutes de vol.

À L'aéroport de Bamako, il est presque 17 heures lorsque le vol d'Air France apparut dans le ciel de la ville des 3 caïmans enveloppée par la fraicheur d'une forte pluie tombée la veille. Le temps était agréable et doux, et je m'en réjouis pour mes hôtes, craignant pour eux l'atmosphère souvent étouffante sous nos tropiques à cause de la chaleur.

À l'accueil, je réussis à aller sur le tarmac pour les rencontrer avec mon ami me Filp. Chaleureuses poignées de mains, et des tapes sur les épaules.

– Nous voilà enfin à Bamako, comme promis ! s'exclama le président Isnard.

– Merci d'être venu Président ! Vous êtes chez vous, dis-je.

– Mais Maître, il y a des lynx au Mali, j'en ai aperçu à notre atterrissage.

– Peut-être un chien errant, rectifiai-je. En ville, il est impossible de trouver des espèces de ce genre.

Exceptionnellement, j'ai été autorisé par le service protocole de l'aéroport à amener mes invités dans le petit salon d'honneur. Lorsque les hôtesses réussirent à récupérer les valises de vos invités, nous nous engouffrâmes dans quatre véhicules et nous prîmes la direction de Bamako centre. C'est au Grand hôtel que la délégation de l'UIHJ prit ses quartiers. L'établissement avait une fière allure et malgré son ancienneté il était à cette époque le plus luxueux de la capitale. L'endroit convenait à nos hôtes, car étant situé au centre ville, d'accès facile.

Lorsqu'ils furent installés, je pris congé d'eux. Je me rendis aussitôt dans les autres centres d'hébergement afin de me rendre compte par moi-même l'accueil des autres délégations africaines. C'était à l'hôtel de l'Amitié où était logée la majorité des délégués que mes inquiétudes se sont révélées justes. Cet établissement était incommode par manque d'entretien de qui le géraient. Je suis monté exprès dans certaines chambres pour voir de près l'installation de mes invités. J'ai eu la désagréable surprise en voyant un cafard se faufilant entre les fauteuils et l'armoire. Puis lorsque je voulu m'asseoir sur le lit de mon collègue, il y eut un grand bruit comme si le sommier voulait me parler.

J'étais quelque peu gêné par tout ce que je voyais. Je décidai de faire le tour de tous les hôtels. On est esclaves de son hôte dit-on. Heureusement, il y avait moins de souci.

Je demandai à la commission de nous réunir pour faire le point. Deux huissiers au moins étaient chargés par pays de recevoir, de suivre, de connaître et de traiter le moindre désidérata des délégués. En plus, les services d'une agence de tourisme avaient été mis à contribution pour épauler notre commission interne. Deux pays, le Burkina Faso et la Côte d'Ivoire, par le nombre élevé de participants et par souci de commodité ont décidé de venir la route. Quel exotisme ! Les ivoiriens, les plus nombreux, sont venus à dix neuf et les burkinabè à six délégués.

Quand on fit le décompte des invités, il y avait : le Bénin, le Burkina, le Congo Brazza, la Côte d'Ivoire, la Guinée, le Sénégal, le Tchad, le Togo et la France soit neufs pays ont fait l'honneur à notre invitation. Se sont excusé l'Algérie, la Tunisie, le Maroc, le Niger et le président de la chambre française, Me Bertraud qui m'a personnellement téléphoné, de même que le président algérien pour se désoler de leur absence.

La moisson était bonne pour moi...

Il fallait en outre me rassurer de l'état de santé du Garde des Sceaux, car sa venue à l'ouverture de la cérémonie était un point d'honneur pour moi. Je connaissais son engagement militant pour la cause des ordres professionnels et tout ce qui touche à leur rayonnement. Arrivé à la Cité ministérielle, on ne voulu pas que je le rencontre. Lorsqu'il apprit que c'était moi qui désire le voir il ordonna de me laisser rentre jusque dans son salon ; Il n'était pas bien du tout.

– Mon cher Maître, je voudrais vraiment être à vos côtés à ce colloque ; Mais le médecin m'interdit tout mouvement ; repos absolu m'a-t-il commandé. Mon homologue du Travail me remplacera ; vous direz bien de choses à tous hôtes de ma part !

Restait mon discours ! Non encore au point, et il était presque minuit. Je n'étais pas satisfait du texte produit par mon collègue du bureau. L'autre écrivain journaliste appelé au secours avait fait un peu mieux. Donc, je devrais, malgré ma fatigue, creuser mes méninges pour sortir un papier digne de ce nom. Souvent l'on est mieux servi que par soi-même ! J'en fis un qui malheureusement n'a pu être envoyé, avant, au ministre de la Justice, comme le veulent les habitudes protocolaires.

Paragraphe 2. Le déroulé

Le lendemain matin du 24 septembre, s'ouvrait les travaux du colloque au Palais de Congrès de Bamako, lieu choisi généralement pour abriter la plupart des grandes cérémonies organisées dans notre pays.

À huit heures déjà le hall bruissait, des allées et venues, des éclats de rire de retrouvailles de personnes joyeuses qui s'étaient perdues de vue.

Le Comité d'accueil, les hôtesses étaient sagement à leur place. À neuf heures quarante cinq le Ministre de la Fonction publique, Mr Omar, remplaçant son homologue de la Justice, fit son entrée en ma compagnie dans une salle bondée de monde. L'excitation céda la place à l'exaltation, puis à une forme d'apaisement intérieur lorsque, entouré au présidium par tant de personnalités, je faisais face à ce beau monde venu d'horizons variés.

Le Maître de cérémonie, un célèbre journaliste de la radio télévision nationale, donnant le ton :

– Mesdemoiselles, mesdames et messieurs, distingués invités, merci d'avoir répondu si nombreux à l'appel du devoir….

Il rappela le programme du jour : discours de bienvenu du président de la CNHJM, puis le discours du président de l'UIHJ et enfin le discours du Ministre, Garde des Sceaux

Pause café, puis reprise des travaux thématiques, etc.

Les thèmes proposés étaient d'à propos.

En effet, l'Organisation pour l'Harmonisation en Afrique du Droit des Affaires dite OHADA est une structure interétatique, regroupant une quinzaine de pays de l'espace francophone de l'Afrique de l'Ouest et du Centre destinée à élaborer et à mettre en application des règles juridiques communes à ces pays en vue de faciliter et sécuriser les échanges entre eux.

Ainsi, par une volonté commune, des Etats souverains accomplissaient un pas de géant dans l'intégration de leurs droits. Le quatrième acte élaboré par les experts concerne la matière des huissiers de justice, et porte sur la Procédure Simplifiée et Recouvrement et Voies d'Exécution. Il venait d'être entré en vigueur le 10 avril 1998 et venait, par ses dispositions nouvelles, bouleverser la pratique en cours dans la plupart des pays. À l'épreuve de la praxis il fallait faire le bilan. Tel était l'enjeu du colloque de Bamako.

Les travaux en commissions sur deux jours étaient les suivants :

– analyse de l'acte uniforme portant organisation des procédures Simplifiées de Recouvrement et Voies d'exécution dont la commission devrait être présidée par l'un des concepteurs de cette loi le Pr Issa-SAYEGH, agrégé des facultés de droit de Nice et d'Abidjan. Il sera finalement remplacé par une autre Pr Mme Anne ESSI ESSOH elle aussi membre de l'équipe de rédaction de la loi intégrationniste.

– modalités pratiques de cette même loi : avantages et inconvénients ;

– réforme des voies d'exécution et les mesures conservatoires en France ;

– Les actes de procédure : saisie attribution, saisie vente ;

– statut et déontologie.

L'entrée en vigueur de cette nouvelle législation a été difficile. Car nos habitudes ont été presque bouleversées. Donc les débats, ont été heurtés, très polémiques même. Les confrères présents au colloque, surtout ceux de mon pays ont émis un avis très défavorable sur l'acte uniforme qu'ils trouvaient attentatoire à leurs privilèges d'exécutants, sans parade, des décisions de justice.

Les réformes adoptées par l'OHADA portaient et sur le forme et sur le fond.

Sur la forme d'abord, les appellations des actes de procédures changeaient :

– la saisie conservatoire tout court de l'ancien texte se divisait en trois branches : saisie conservatoire de biens meubles corporels, saisie conservatoire des créances, saisie conservatoire de droits d'associés et de valeurs mobilières.

– la saisie exécution prenait le nom de saisie vente. C'est là qu'il y eut le plus grand bouleversement qui dérangeait les huissiers de justice. Auparavant, l'huissier, en faisant la saisie suite à un commandement resté infructueux, pouvait déposséder le saisi et désigner telle personne de son choix gardien des biens saisis. La force légale de l'huissier était immense.

Mais le législateur OHADA, s'inspirant du cas français, a voulu selon ses dires *humaniser* la matière de l'exécution dont la rigueur effrayait tout débiteur récalcitrant. Ainsi, le saisi devient obligatoirement gardien des biens saisis. Mieux, il est associé à la recherche d'éventuel acquéreur et ce durant un mois, au lieu de huit jours précédemment. Cette nouvelle situation était vécue par les huissiers comme un anéantissement de leur force légale. Quant aux créanciers, il trouvait la mesure plus protectrice des intérêts des débiteurs contre lesquels ils ont ferraillé des mois durant devant les tribunaux pour la reconnaissance de leurs droits.

– La saisie-arrêt prit le nom de saisie-attribution avec la particularité et ou l'avantage de bloquer les fonds saisis qui sont ainsi attribués au saisissant ipso facto. Or, avec l'ancienne saisie-arrêt, il fallait aller à une audience de fond pour sa validation. La saisie-attribution, plus souple, nous évitait une longue procédure.

Sur le fond, les délais proposés dans le code OHADA, tous francs, étaient allongés, rendant la procédure d'exécution ennuyeuse, coûteuse et décourageante pour les justiciables, créanciers comme débiteurs. Ainsi par exemple, pour les citations, les assignations et les saisies de biens l'heure légale est de 06 heures à 18 heures. Cela est irréaliste, surtout en milieu rural, où pour les saisies d'animaux aucune saisie n'est possible, car les bêtes rentrent du pâturage la nuit tombante, donc après 18 heures. L'ancienne heure limite fixée à 21 heures donne des chances de succès à l'huissier à accomplir sa tâche.

Par ailleurs si, en trois mois auparavant on pouvait obtenir une décision de justice à partir d'une reconnaissance de dette, il fallait maintenant plus du double avec la chance et l'occasion données au débiteur de faire disparaître son patrimoine, gage commun des créanciers. Ceux-ci avaient le sentiment que l'OHADA protégeait davantage les débiteurs et s'en trouvaient frustrés.

Les huissiers-participants au colloque de Bamako s'érigeaient ainsi en porte-voix de ces innombrables justiciables qui voyaient en l'acte uniforme de l'OHADA non comme un outil d'harmonisation et d'intégration, mais comme un système nouveau qui faisait peu cas dans la défense des droits acquis des créanciers.

Les débats ont été si vifs que l'on avait le sentiment que le peuple des huissiers rejetait systématiquement l'OHADA. Toute réforme accouche dans la douleur, et les gens pour s'adapter au changement prenaient un temps plus ou moins long. Nos collègues les européens ne comprenaient pas très bien le sens de cette levée de bouclier de leurs confrères africains. Eux aussi sont passés par là ! Mais, ils voyant dans l'OHADA un système harmonisé très enviable que l'Europe, bien que berceau du droit, cherche encore à expérimenter à travers le TEE (Titre Européen Exécutoire).

Le thème se rapportant à la réforme des voies d'exécution et des mesures conservatoires en France a été brillamment exposé par Me Do. Ce qui nous permis de comprendre la transformation en cours chez avec l'OHADA. La discussion sur les nouveaux actes tels la saisie-attribution et la saisie vente introduite par Me Alain B. et Me Jean Pierre S.

Comment allait-on apaiser cette tension qui est montée d'un cran si vite dans la salle feutrée du CCIB (Centre de Conférence Internationale de Bamako) ? Heureusement le chronogramme de l'organisation du colloque avait prévu trois temps de détente. Un cocktail était prévu le jeudi 24 au soir à l'espace Dunia du Grand Hôtel vers 19 heures. Au son de la musique douce du répertoire manding, les uns et les autres tout en dégustant des friandises pouvant échanger gaiement. Ce qui eut pour effet de décompresser un peu nos invités.

Le divertissement était toujours un pendant de ce genre de rencontre. Notre commission d'organisation après moult discussions proposa pour le dîner de gala prévu le lendemain soir une belle brochette d'artistes.

Le dernier jour du colloque a été consacré à la discussion sur le statut type que devront désormais adopté les membres de notre corporation ainsi que sur la déontologie. Un confrère belge, Me Louis, a brillamment introduit le débat.

Le statut type, d'essence libérale, en vigueur en France depuis des siècles n'avait pas su s'imposer partout. Même en Europe, à cette époque là, à part la Belgique, la Suisse, la Hollande, l'Ecosse les autres pays n'avaient pas encore adopté un statut libéral. En Allemagne et en Italie par exemple, les huissiers sont des fonctionnaires.

En Afrique francophone, la situation n'était pas reluisante, quand bien même la plupart de nos pays soient d'anciennes colonies françaises. Le Mali était l'un des rares pays à avoir adopté depuis 1995 avec la loi N°95-069 du 25 août que j'ai eu que l'insigne honneur d'initier avec mes camarades et de faire voter à l'Assemblée Nationale, en tant que parlementaire (voir les habits neufs paru dans le magazine de l'UIHJ).

Le texte malien a servi de référence à nombre de collègues de la région.

L'après déjeuner du dernier jour a été un peu libre pour tout le monde. Les uns et les autres, surtout mes consœurs du Congo, ont pensé faire leurs emplettes. Pour ce faire les hôtesses, certains collègues, même le personnel de mon cabinet ont servi de guide d'achat.

Pendant ce temps, mes préoccupations étaient ailleurs : préparer mon discours, m'assurer des travaux au secrétariat pour les textes finaux et le dîner de gala du soir.

La clôture du colloque était prévue à 17 heures. Le Garde des sceaux, toujours malade n'a pu effectuer le déplacement. Le secrétaire général, un condisciple, viendra à sa place. Comme à l'accoutumé, l'échange de discours entre le Ministre et moi n'a pu se faire. Submergé que j'étais, un discours écrit n'a pu être fait. On envoya au Département les résolutions du colloque.

Après la lecture, très applaudie, des résolutions par Me Kantier le secrétaire général de la chambre nationale, ce fut à mon tour d'intervenir. Avec simplement un quart de feuille en main, noirci par quelques gribouillis, je m'adressai à l'assistance :

– « Mr le Président, Mr Secrétaire général, distingués invités, chers camarades venus de si loin !

« Je voudrais dire deux choses : merci et pardon !

– « Merci d'être venus si nombreux jusqu'aux bords du Djoliba

– « Pardonnez nous les éventuels désagréments, les quelques imperfections « constatés et endurés çà et là, durant de votre séjour.

« L'Entrée en vigueur de l'acte uniforme de l'OHADA a soulevé beaucoup de « tempêtes, j'ai espoir que cela va s'apaiser par la pratique ; car la nouvelle « législation apporte des avancées significatives. Il nous appartient de se « l'approprier en décelant les insuffisances, en les corrigeant au fur à mesures…

Je parlai avec une telle emphase que je ne me rendis pas compte de l'effet sur la salle qui écoutait si religieusement. L'habitude sans doute du politique que j'étais de parler à la foule avait fait son œuvre. Quand je m'arrêtai, un tonnerre d'applaudissement salua mes propos.

Ce fut au tour du Président Isnard de prendre la parole. Lui aussi, comme emporté par une ferveur, sans papier, se mit à clamer ses vérités :

– Que c'est beau tout ça !

Puis, vint le tour du Secrétaire général, représentant le Garde des sceaux de lire son adresse.

Quand ce dernier déclara clos les travaux du colloque, Me Do et Jean de la délégation de l'UIHJ, se précipitèrent sur l'estrade où se trouvait la table d'honneur en scandant :

– C'est fantastique, nos deux Présidents ont fait des discours mémorables !

Paragraphe 3. Le dîner de gala

Le clou de l'évènement aura sans doute été cette soirée de divertissement que la salle Jamaa (qui veut dire public en langue bamanan) de l'hôtel de l'Amitié a abrité.

Il y avait là deux groupes musicaux, l'un traditionnel et l'autre moderne. L'Ensemble Instrumental National, créé au lendemain de notre indépendant en 1960, a fait la fierté du Mali à l'intérieur comme à l'extérieur. Composé d'une vingtaine d'artistes (le plus souvent les meilleurs) venant de toutes les régions du pays, il est donc pluriethnique et dispose d'une riche variété de chansons. Avec ses instrumentistes, des virtuoses du ngoni (guitare traditionnelle), sô koun (violon traditionnel), de la cora, de la flûte, du balafon il a eu à enflammer des années durant les salles et les scènes à travers le monde.

Premier à monter sur la scène, il entonna la célèbre chanson « Aw bisimila » c'est-à-dire soyez les bienvenus. Habillées de beaux boubous bazin, couleur violet clair, avec des mouvements de bras et de corps bien ordonnés nos artistes d'une voix envoûtante égayèrent l'assistance. Applaudissements nourris !

Puis, pays par pays ils entonnèrent des chansons au rythme et dans la langue de Burkina Faso, du Bénin, de la Guinée, de la Côte d'Ivoire, du Congo, du Sénégal, du Tchad, du Togo. Et tour à tour les ressortissants de ces pays montaient sur scène et dansaient frénétiquement et certains mettaient des billets de banque sur le front des artistes comme pour les récompenser de ce remarquable geste de considération.

C'est la France en dernier lieu qui a été honorée par une belle chanson ancienne au rythme militaire. Et le président Isnard de bondir de la table d'honneur et de se diriger vers l'estrade, suivi en cela par les autres membres de sa délégation. Je me joignis à eux, et presque toute la salle se mis à danser pour célébrer davantage nos français. Le président Isnard dansa si bien que tous nous l'applaudîmes fortement. Il donna une belle accolade à la cantatrice en chef du groupe, et moi, je glissai entre ses mains un bon billet de banque en guise de remerciement.

Il y eu un intermède de quelques minutes. À table, on venait de finir avec l'entrée et le plat de résistance. C'est le moment choisit pour les échanges de cadeaux. Le Président Isnard, dans une envolée lyrique dont il a secret, loua l'action grandiose menée par ma modeste personne des années durant au service du rayonnement de notre corporation.

Il décerna un satisfecit à l'ensemble de notre Chambre nationale pour la réussite presque parfaite de l'organisation du colloque historique de Bamako. Pour la récompense, l'UIHJ me décernait une médaille d'argent, et deux autres en bronze à Me Filip et Me Kantier.

Et la soirée continua. Cette fois, c'est au tour de Habib Koité avec son groupe Bamada d'enflammer la salle avec ses titres envoûtants. Virtuose des instruments tant à corde qu'à vent Habib réussit à entrainer la quasi-totalité des hôtes sur l'estrade qui se transforma, en un laps de temps, en une piste de danse où costumes, boubous et robes s'entremêlaient joyeusement. On chantait, on dansait, on sautait, on se trémoussait fiévreusement ! Que c'était beau, on dirait la fête au village.

J'étais aux anges ! « Mon colloque » a réussi.

Le lendemain, c'était un samedi, et la bande à Isnard se mit au vert, en pleine brousse, dans le pays profond du Manding, précisément à Siby situé une cinquantaine de kilomètre de Bamako. La société chargée de l'organisation avec ses hôtesses devrait s'occuper de mes hôtes en les guidant bien. La nuit c'était quartier libre. Mais je proposai à ceux qui le voulaient une virée nocturne, un Bamako by night. Ce fut là aussi une sortie mémorable pour nos invités.

Les premières délégations nous ont quittés le samedi, celle de l'UIHJ le dimanche. Pour mettre la cerise sur le gâteau, un de nos doyens, Me Simbaga, offrit vers 16 heures un méchoui dans le cadre verdoyant du jardin botanique, situé au flanc de la colline de Koulouba. Me Isnard et ses compagnons s'en sont régalés. Là on conta quelques pans de l'histoire millénaire de notre pays, où les mythes le dispute aux légendes. Le conte du Ouagadou Bida les émerveilla.[22]

Le soleil déclinait à l'horizon, l'heure de la convocation à l'aéroport de Sénou s'approchait. Après avoir chaleureusement remercié le doyen de son geste surprise, notre convoi de quatre véhicules prit la route du pont Fahd qui surplombe majestueusement le fleuve Niger. Les bagages ayant été amenés avant nous, l'enregistrement se fit plus vite. L'attente n'a pas été longue dans le salon d'honneur. Là, le service me permit d'accompagner nos invités jusqu'à l'approche de l'avion. Je fis de chaudes accolades à mes amis. Revenus sur mes pas vers le salon d'honneur, je trouvai mon ami Me Filip tout aussi ému. Je le tapai dans le dos !

– Mission accomplie ! Clamai-je. Maintenant, je tire ma révérence en tant que Président. La suite, vous la continuerez !

Au prochain conseil permanent de l'UIHJ à Paris en novembre 1998, la délégation malienne a été accueillie avec plus d'enthousiasme par les autres confrères. C'était là le témoignage de la ténue mémorable du colloque de Bamako quelques semaines auparavant. J'en étais très ému.

Le Mali et les maliens, malgré la modestie de leur moyen, offre bizarrement un reflet prodigieux et élogieux aux visiteurs étrangers. En d'autres lieux et circonstances de tels bons témoignages m'ont été faits sur le pays et ses hommes que l'on trouve charmants et accueillants.

---

[22] Ouagadou Bida : serpent à 7 têtes qui existait au temps de l'empire de Ouagadou au IXè siècle (couvrant actuel Mali, Mauritanie, Sénégal).

Bamako septembre 1998, d G à D : Me Namakoro DIALLO, Mr SIDIBE intérim du ministre de la justice, Me BERTHE, Me ISNARD, Pdt UIHJ, Me Yacine SENE (Sénégal) à l'ouverture du colloque international de Bamako

Bamako septembre 1998, Me BERTHE recevant des mains du Président Me ISNARD, la médaille en argent de l'UIHJ

Bamako octobre 1998, sortie de la 1ère promotion des huissiers stagiaires formés à l'Institut national de formation judiciaire : Le ministre de la justice Amidou DIABATE au milieu, à gauche Me BERTHE

CHAPITRE V

La consolidation : cas atypique.
Loi N° 048 du 26 décembre 2008

Le besoin de reformer la loi de 1995 a été dicté par la volonté des nouveaux patrons de la corporation d'imprimer plutôt leur marque personnelle que par une nécessité de faire évoluer les choses, sauf sur certains aspects déjà acquis en son temps

La nouvelle loi a le mérite d'exister ; découvrons-là en certains de ses points réellement positifs et en d'autres moins réussis.

SECTION I. LES POINTS D'INSATISFACTION

Il y a d'abord le changement d'appellation de l'organisme de représentation *ordre des huissiers de justice* au lieu de *chambre nationale*. Les initiateurs n'ont eu d'autre raison que de vouloir éviter, selon eux, la confusion que font de tierces personnes entre notre corporation et les artisans ou commerçants dont le regroupement s'appelle aussi chambre. Or, ils n'ont pas réussi à éviter l'autre confusion que constitue l'appellation des structures de bases de l'organisme par le vocable chambre régionale des huissiers de justice. À mon avis, il valait mieux garder la dénomination initiale qui est historiquement consacrée.

En outre, s'agissant de congé l'article 6 est en net recul par rapport à la loi de 1995. L'huissier de justice devra, par écrit, demander au Président de l'ordre et au Procureur Général ou au Procureur de la République l'autorisation d'absence. Or, anciennement seule l'information du Président de la Chambre suffisait ; l'autonomie de gestion de celle-ci était ainsi respectée.

Autre confusion à noter, c'est l'exigence faite au clerc d'huissier de justice d'avoir la *maîtrise* en *droit privé* ; or, à l'huissier de justice titulaire on réclame la *maîtrise en droit* tout court. On exclue ainsi un pan entier de jeunes titulaires de la maîtrise en droit privé ou public et même de ceux ayant le brevet en droit c'est-à-dire DEF plus quatre ans d'études.

Un autre acte de recul par rapport à la loi de 1995 est à signaler à l'article 58, lorsque c'est le PG, déjà absorbé par les affaires au quotidien, qui doit exercer un contrôle permanent sur les offices. Pour mémoire c'est encore la ch. qui se chargeait de cette surveillance.

L'honorariat, cette mesure magnifique de reconnaissance à l'endroit des huissiers de justice méritants ayant 10 ou 15 ans d'exercice, a été omis. Or, il faut l'établir, car rien n'est plus réconfortant que l'onction des pairs, après des années de bons et loyaux services rendus à la Justice d'une nation.

Enfin, on note dans cette loi une structuration malencontreuse qui en donne une lecture souvent insipide. Les membres du bureau en place au moment du débat au Parlement ont brillé par leur absence. Et, en pareilles situations certaines inerties se payent cher.

En dépit de ces lacunes, la loin nouvelle enregistre des avancées notoires qu'il nous faut analyser de près.

SECTION II. LES INNOVATIONS

– La compétence semi élargie au ressort de la Cour d'appel apparaît comme un moindre mal par rapport à la compétence nationale recherchée. À part la région de Kayes où le ressort de la Cour d'appel épouse les contours administratifs de cette aire géographique, ce qui amoindri la compétence territoriale de nos confrères, les deux autres cours d'appel regroupent trois à quatre régions. Cela permet d'élargir le rayon d'action des huissiers de justice et d'accroître ainsi leurs activités, synonyme pour eux d'augmentation de revenus.

– Le niveau est revu à la hausse, de licence on passe à la maîtrise en droit (public ou privé) ce qui est exaltant et reflète la réalité du terrain et l'engagement international des huissiers de justice maliens.

– L'âge pour être candidat est maintenu à 21 ans. Cela paraît curieux dans la mesure où à cet âge il n'existe pratiquement pas d'étudiants ayant obtenu la maîtrise. Depuis l'époque napoléonienne (1813) c'est l'âge de 25 ans qui est la référence. On devra corriger cette erreur à l'avenir.

– La dispense au concours, dans la proportion de 5%, concerne les titulaires d'un doctorat en droit privé, les magistrats, les notaires ayant au moins dix ans d'expérience, les greffiers en chefs titulaires de la maîtrise en droit, et dix ans d'exercice, enfin les clercs d'h ayant 10 ans d'exercice.

– Pour l'association, il y a eu la trouvaille de deux sortes : la SCP Société Civile Professionnelle et la Société Civile de Moyens qui correspond à l'ancien groupement où c'est seulement le partage des charges fixes tels les loyers, les factures d'électricité, d'eau etc.

À ce niveau, curieusement, une omission de taille a été faite. Alors que dans l'ancienne loi de 1995, l'exigence de résider dans le même ressort judiciaire devrait être observée par les futurs associés, dans la loi nouvelle, ce garde-fou a sauté, laissant la place au possible regroupement sans distinction de lieu de résidence. On peut s'interroger sur l'application de cette mesure si, d'aventure, un huissier de Kayes, à l'ouest, veut s'associer à un autre de Sikasso, au sud.

– Quant à la caisse de garantie, elle rappelle la vieille bonne *bourse commune* du 19 siècle, sous Napoléon Bonaparte. Mais elle va plus loin ; car, pour la première fois, les huissiers de justice sont invités à *instituer entre eux* une caisse de garantie pour couvrir pleinement les risques professionnels de tous genres.

Toutefois, l'huissier de justice est tenu de justifier d'une police d'assurance professionnelle !

Ce serait le cas si un huissier de justice est condamné à payer des dommages intérêts à un client suite à une faute professionnelle, ou si, au cours d'une exécution, l'huissier de justice causait des dégâts sur les biens du saisi ou enfin lorsqu'un clerc, en moto, tombe de lui-même et se casse une jambe en se rendant chez un débiteur.

– La cession d'office apparaît comme la mesure phare ; car elle est l'aboutissement d'un combat mené (et acquis) depuis 1995 au sein du parlement, mais gagné treize ans après. L'article 39 stipule alors que « *l'office d'huissier de justice peut faire l'objet de cession par arrêté du Ministre de la justice. Le bénéficiaire qui ne peut être qu'un huissier de justice titulaire devra à son prédécesseur une indemnité dont le montant est fixé par une commission composée de :*

+ un représentant du Ministre chargé de la j

+ un représentant du Ministre chargé des finances

+ un représentant de l'ordre des h.

Il sera tenu compte de la clientèle, du droit au bail et des investissements réalisés ».

Une telle mesure, qui tire son origine dans le moyen âge, est destinée à protéger l'huissier de justice dont la vie active entière a été consacrée à une profession qu'il abandonne pour entre autres raisons la maladie, la vieillesse ou même le décès. Le droit, qu'il a d'exploiter l'office étant par ailleurs à la fois un droit réel et un droit personnel, devra lui permettre de léguer ce patrimoine pour en tirer tout le bénéfice attendu.

Cette patrimonialité de l'office est la garantie aussi pour les employés de voir leur carrière assurée. Ils ne vivront plus dans la hantise de perdre un emploi par suite de retrait subit et inattendu de l'employeur.

– Enfin, pour renforcer la protection de l'huissier de justice, l'article 58 alinéa 3 stipule : « sauf en cas de flagrant délit, il ne pourra être procédé à l'arrestation de l'huissier de justice qu'après information préalable du Ministre chargé de la justice ». Cela permet d'éviter souvent les humiliations susceptibles d'être infligées à l'huissier de justice de façon abrupte.

Malgré tous ces heureux acquis, le combat continue, car les défis sont énormes, dont entre autre une velléité exprimée par quelques-uns, par fusion et confusion de genre, à créer une profession avec une appellation nouvelle, une sorte de tout en un, comme dans une imprimante multifonction

CHAPITRE VI

La fusion forcée. Loi N° 053 DU 20 décembre 2016

Huissier de justice et commissaire-priseur seraient-ils l'envers et l'endroit d'une même médaille ? La question est d'autant plus intéressante que depuis le moyen âge, un corps appelé des « huissiers-priseurs » avait été créé en 1691 donnant à ceux-ci le droit exclusif de procéder aux ventes mobilières ; ventes sans doute volontaires.

Et déjà, le Décret impérial du 14 juin 1813 en son article 37 avait marqué une nette différence entre les deux professions en stipulant que « dans les lieux où il n'est point établi de commissaires-priseurs exclusivement chargés de faire les prisées et les ventes publiques de meubles et effets mobiliers, les huissiers tant audienciers qu'ordinaires continueront de procéder concurremment avec les notaires et greffiers, auxdites prisées et ventes publiques… ».

Sous la colonisation, les arrêtés AP 277 réglementant l'organisation et le fonctionnement du Service des huissiers en A.O.F et AP 278 celui des commissaires-priseurs ont maintenu la même différenciation en stipulant que « l'huissier a le monopole des ventes mobilières après saisies » et le commissaire-priseur « est chargé de procéder aux estimations et aux ventes volontaires et publiques des meubles et effets mobiliers… »

Nous allons analyser dans un premier temps les raisons et les motivations d'une nouvelle structuration, et, dans un deuxième temps ses faiblesses et ses forces.

SECTION I. LES RAISONS ET MOTIVATIONS

Malgré toute cette précision, certains esprits, mus par la défense d'intérêts catégoriels purement personnels et par opportunisme, ont cru bon de jeter leur dévolu sur une fusion, créant ainsi de la confusion jusque dans l'appellation afin d'obtenir un nouveau corps de professionnel : Huissier-Commissaire de justice.

C'est par le biais d'une « proposition de loi » qu'un député à l'Assemblée nationale, commissaire-priseur de son état, ci-devant président de ladite corporation, a introduit son projet. Il s'appuie sur une note d'orientation de l'UEMOA[23] « sur la liberté de prestation de service et le droit d'établissement des officiers ministériels » dans l'espace communautaire. Des réunions ministérielles tenues à Dakar en mars 2014 et à Abidjan en juillet 2015 auraient recommandé l'harmonisation au plan régional des statuts des huissiers de justice et des commissaires-priseurs. Prétextant ces débats en cours, notre député, par ailleurs président de la Commission loi à l'Assemblée nationale, dans un forcing soutenu par un président de l'ordre des huissiers de justice peu soucieux, a entamé une fusion programmée.

Se sentait-il mal dans sa peau de commissaire-priseur au point de bondir sur une opportunité d'en sortir, en profitant de sa position de membre du pouvoir législatif ?

On peut en douter si l'on voit sa précipitation à agir en lieu et place du gouvernement, et sans l'avis de la grande majorité des membres des deux professions. Parmi les personnes ressources invitées par l'assemblée nationale pour recueillir leurs avis, il y avait les notaires dont les réserves formulées contre « le projet de loi » ont eu peu d'effets, car un pan entier de leur domaine d'activité en matière de vente a été absorbé. On a soigneusement évité de rencontrer l'ancien président de la défunte chambre nationale des huissiers de justice, ancien député par ailleurs et artisan des textes majeurs sur la profession.

Seule la ministre des relations avec les institutions a eu une oreille attentive aux mises en garde de celui-ci. Celle-ci, assurant l'intérim du ministre de la Justice avait réussi dans un premier temps à retarder l'adoption en plénière lorsqu'elle sentit le piège tendu, et les nombreux inconvénients de la réforme.

Le nouveau Garde des Sceaux, avocat, sans chercher la moindre concertation autour de la question, s'est engouffré dans la brèche ouverte en soutenant la réforme contre l'avis de la DNAJS[24].

En tout état de cause, la loi nouvelle étant là, il nous faut maintenant l'analyser dans ses forces et ses faiblesses.

---

[23] UEMOA : Union Economique et Monétaire Ouest Africaine.

[24] DNAJS : Direction Nationale de l'Administration Judiciaire et des Sceaux.

SECTION II. LES FAIBLESSES DE LA LOI NOUVELLE

Elles sont nombreuses et variées, de nature et degré différents.

Originellement, la loi a été conçue sur une base mensongère. Son initiateur a invoqué l'UEMOA qui, au cours de certaines ses rencontres, aurait indiqué aux Etats membres la voie à suivre pour l'harmonisation, voire la fusion entre les deux professions. Ce qui est inexact. S'il est vrai que l'organisation sous régionale œuvre pour l'intégration économique, son rôle n'est pas de régenter en tout et sur n'importe quel sujet.

Une vraie OPA a été faite sur la profession par quelqu'un qui a profité de sa position de parlementaire, se sentant sans doute mal dans sa peau de commissaire-priseur, pour créer une structure nouvelle dans laquelle il évoluera après son retour de mission. Au lieu d'une fusion absorption, on assista à une fusion création.

À cette tare congénitale il convient de noter des faiblesses structurelles.

Le ministère d'huissier-commissaire est uniquement exercé par des titulaires de charge. Désormais, les fonctionnaires huissiers et les huissiers ad hoc sont supprimés. Or dans un pays vaste comme le nôtre, la nécessité existe toujours de garder ces derniers qui, à bien des égards sont utiles pour le rapprochement de la justice des justiciables.

À l'article 8, on enferme l'huissier dans un carcan protocolaire lorsqu'il doit quitter le territoire national pour quelque motif que ce soit. Informer au préalable à la fois le Procureur général et le président de l'ordre revient à instaurer un laisser-passer ou un permis de sortir. Cela est une méthode vétuste et abjecte, survivance des tracas d'une période révolue.

À l'article 10, le postulant à la profession doit être âgé de 21 ans révolus ! Dans la réalité, il est impossible d'avoir un postulant nanti de la maîtrise en droit à cet âge-là. Les anciens textes datant depuis les années 1800 ont toujours raisonnablement indiqué l'âge de 25 ans, qui marque une certaine maturité pour l'exercice d'une profession aussi ardue.

L'article 19 évoque la création d'une *chambre régionale* dans chaque ressort de chaque cour d'appel, or l'organisme de représentation des huissiers est appelé *ordre,* cela devient dès lors incommodant. Parler de *bureau de l'ordre* est plutôt convenable, ou alors il fallait garder l'appellation de *chambre nationale.*

L'article 34 stipule, « à titre subsidiaire, l'huissier peut dispenser des enseignements correspondant à sa spécialité dans des établissements de formation ». Une telle disposition est très restrictive des capacités intellectuelles d'un huissier qui peut être aujourd'hui un doctorant dans toutes les branches du droit. Plusieurs d'entre eux en exercice en ce moment sont détenteurs d'un diplôme de 3ème cycle en maintes filières du droit.

À l'article 35, la situation de l'huissier chargé par l'Etat de mission temporaire est évoquée en oubliant sciemment le cas où celui-ci est détenteur d'un mandat électif. Or, cette dernière situation est susceptible de se produire plus fréquemment que le cas de mission temporaire.

Enfin, autre signe de ce hold up, dans les dispositions transitoires et finales, on a prévu aucune mesure transitoire, mais au contraire, il a été décidé, derechef, que « les charges d'Huissiers de Justice et de Commissaires de justice en activité demeurent Huissiers-commissaires de justice après l'entrée en vigueur de la présente loi ». Dans la précipitation, on a remplacé le mot « priseurs » par celui « de justice » dans le groupe de mots commissaires-priseurs. Ainsi, par le *fait du prince*, quatorze personnes se réveillent un beau matin et accèdent au grade supérieur, sans préparation aucune dans l'exercice de leur futur métier.

Cette avalanche de faiblesses ne doit occulter aucunement certaines avancées qui sont la force de cette loi.

SECTION III. LES FORCES DE LA LOI DE FUSION

Malgré les critiques ci-dessus formulées, certaines dispositions contenues dans la loi nouvelle sont le fruit de combats menés depuis fort longtemps par les maîtrisards arrivés dans la profession dans les années 1985 et 1986.

À l'article 1er, les compétences traditionnelles de l'huissier s'en trouvent accrues, conséquence de la loi fusion. Ainsi, les huissiers-commissaires de justice sont chargés de procéder à l'estimation et à la vente publique aux enchères des meubles et effets mobiliers corporels.

Mieux, ils procèdent également à la vente des biens reformés de l'Etat, des collectivités territoriales, du secteur parapublic, des personnes morales de droit privé bénéficiant du concours de la puissance publique, ainsi que ceux des organisations non gouvernementales, des représentations diplomatiques et des organismes internationaux. Les biens saisis par les Impôts, la Douane et le service des Domaines leur seront confiés pour la vente. Ils connaîtront aussi en matière de succession de l'inventaire, de l'estimation et de la prisée des biens successoraux. En matière de procédure collective, ils sont requis pour l'inventaire et la vente des objets mobiliers.

Par ailleurs, ils supervisent les ouvertures de plis des marchés soumis à concurrence, les ventes sous plis fermés, les locations des immeubles de l'Etat.

Pour les ventes volontaires, la compétence est nationale.

L'article 5 opère une avancée de géant en stipulant que la charge d'huissier est *cessible* et *transmissible*. Traditionnellement, la charge est la chose de l'Etat qui l'octroi à l'impétrant tout en gardant la pleine propriété, ce dernier n'ayant que la nue-propriété. Rendre la charge cessible c'est donner la possibilité au titulaire de la vendre, et en acceptant qu'elle soit transmissible c'est en faire un élément du patrimoine dont la mutation à un tiers pourrait se réaliser à cause de mort. Ainsi donc, les successibles de l'huissier détiennent un droit réel sur la chose qu'ils pourront monnayer.

À l'article 16, un combat, perdu en 1995 après un débat houleux au Parlement, sonne une victoire des huissiers sur leur nomination par décret pris en Conseil des Ministres en lieu et place d'un simple arrêté ministériel, sujet à beaucoup de coups tordus.

Quant à l'article 44, il se passe de commentaire tant il permet de sortir l'huissier des griffes de juge d'instruction ou de procureur si prompts, souventes fois, à infliger l'humiliation de la prison même pour des fautes vénielles commises.

Enfin, l'article 46 vient rétablir l'honorariat à ceux des huissiers comptant plus de dix années d'exercice et qui n'auraient fait de procédure disciplinaire grave. Cette belle disposition avait miraculeusement disparu de la précédente loi. Elle permet de saluer le mérite des professionnels exemplaires dans le bon exercice du métier.

Les notaires, dont une partie des attributions a été happée par les huissiers lors de la vente des immeubles, n'ont pu qu'encaisser le coup, malgré leurs protestations devant la Commission des lois de l'Assemblée nationale.

PARTIE IV

Les défis de demain

CHAPITRE I

Rapport entre l'huissier de justice et la clientèle

La clientèle est au cœur de l'activité de l'huissier de justice. C'est par elle que tout commence et c'est vers elle que tout retourne. Elle est la source, le parcours et l'aboutissement de tous ses actes.

Le rôle de l'huissier se situe et se joue au carrefour d'intérêts antagoniques, entre le créancier d'une part, qui exhorte à l'exécution diligente et entière de la décision qui lui est favorable, même au prix de l'humiliation, et le débiteur d'autre part, qui souhaite le plus souvent retarder l'échéance de paiement, voire s'y soustraire.

Paragraphe 1. Rapport avec le créancier

Il est par excellence la source et la pérennisation de l'activité de l'huissier de justice. Il est le reflet de la vitalité et de la bonne santé d'un cabinet. Qu'il soit venu de lui-même dans l'office de l'huissier, par oui dire, qu'il soit envoyé par un avocat, un greffier, un notaire, voire un juge le créancier est guidé d'abord par la confiance, socle de la relation qu'il va désormais avoir avec celui-ci.

Aussi, est-il indispensable tout au long de la durée des relations que l'huissier explicite au créancier les différentes étapes de traitement de son dossier. Etant astreint le plus souvent à une obligation de résultat, l'huissier doit agir avec toute la diligence nécessaire en vue de donner satisfaction à son client.

Mais la réalité du terrain de l'exécution offre souvent des situations plus complexes dans l'aboutissement d'une procédure de recouvrement de créance, surtout depuis l'avènement des textes de l'OHADA.

En effet, avant l'entrée en vigueur en juillet 1998 du quatrième Acte uniforme portant Procédure Simplifiée de Recouvrement de Créances et Voies d'Exécution, les huissiers avaient une grande force de frappe en matière de saisies de biens, où le débiteur était aussitôt dessaisi après un commandement de payer resté infructueux huit jours après sa signification. Devant l'imminence d'une telle humiliation le débiteur se dépêchait, ou de payer, ou de proposer un moratoire concret de paiement.

Mais depuis, dans le but d'humaniser l'exécution en y extirpant les affres d'une contrainte affligeante, l'OHADA est venue adoucir les mœurs en prévoyant de confier directement la garde des objets saisis au débiteur qui, semble-t-il, est meilleur garant de la conservation de biens lui appartenant. Les délais, du début jusqu'à la fin d'une procédure de recouvrement, sont apparus assez longs pour les créanciers et les huissiers qui ont vu là un moyen de soustraire les débiteurs de la rigueur de l'exécution, au plus vite.

En tout état de cause, le créancier qui paraît être un allié de l'huissier dans l'exécution de la décision de justice qui lui est favorable peut se révéler à l'occasion comme un redoutable adversaire. Ainsi, un créancier pressé de rentrer dans ses fonds ne comprendrait pas souvent le fait que la situation impécunieuse du débiteur est la cause principale de la lenteur dans le paiement de sa créance. Il s'en prend à l'huissier et, assez vite, la relation de confiance se dégrade et va parfois jusqu'à l'animosité. Pour éviter un tel excès, l'huissier se doit d'expliquer au créancier les méandres de la procédure et toutes les diligences qu'il a faites. Quand des retards lui sont imputables, il doit les assumer et rassurer le créancier. C'est son rôle. La multitude de dossiers à traiter, la difficulté de joindre un débiteur de surcroit récalcitrant peuvent être des facteurs de lenteur.

Paragraphe 2. Rapport avec le débiteur

Qu'il soit prompt à se libérer entre les mains de l'huissier ou qu'il rechigne à le faire, le débiteur est le baromètre, l'aune à laquelle on mesurera la capacité voire le talent de l'huissier. A-t-il affaire avec un débiteur compréhensif des enjeux de l'exécution et soucieux de s'y soustraire dignement ou au contraire est-il en présence d'un récalcitrant qui se cache ou qui dissimule ses biens l'huissier est toujours jugé par la prouesse qu'il réalisera à tirer du sou du débiteur.

« L'exécution ne s'opère pas à proprement parlé *contre* le débiteur mais *sur* le patrimoine de celui-ci. L'huissier n'est pas l'*ennemi* du débiteur, il est l'agent d'un processus de rééquilibrage des droits et obligations déterminé par une décision de justice » d'après Me Thierry

GUINOT dans son ouvrage « l'huissier de justice : normes et valeurs » page 389.

Mais assez souvent, maints débiteurs voient en l'huissier un second adversaire, hors le prétoire, qui prolonge la personne du créancier et sur lequel ils déversent toutes leur animosité. La relation avec l'huissier devient dès lors conflictuelle. Mais il appartient à celui-ci d'aider le débiteur à se sortir d'une mauvaise passe en lui prodiguant des conseils afin qu'il s'exécute convenablement. On ne doit assimiler la difficulté de paiement d'une personne avec sa mauvaise foi.

La menace de saisie vaut mieux dès fois que la saisie elle-même. Car, quelque fois, un débiteur devant la menace dirimante de voir son logis dégarni de son contenu fera tout son possible pour éviter l'humiliation. Mais dès lors que l'irréparable est fait, le dégât est là, tout est perdu : l'orgueil, l'estime de soi, l'honneur. L'homme se sentant floué, il aura de la peine à se relever et à poursuivre le paiement.

Les violences dont sont l'objet les huissiers au cours de l'histoire ne sont-elles pas le fait de débiteurs ou de personnes qui se sentent vexés, à tort ou à raison, pour la simple remise d'une citation ou d'une assignation, à fortiori d'une mise en demeure, et jettent leur dévolu sur ces serviteurs intrépides et incompris.

En tout état de cause, l'huissier doit se rappeler que le débiteur d'aujourd'hui peut être le créancier de demain. En jouant avec mesure et tact on transforme des situations souvent inextricables en une opportunité de dégel de conflit.

Sans être l'exécutant aveugle de leurs animosités (créanciers et débiteurs) l'huissier de j se doit d'être un conseiller éclairé pour les uns et un façonneur adoucisseur de douleur pour les autres.

CHAPITRE II

Rapport entre Huissier et autres acteurs de la Justice. La nouvelle arnaque

Le triptyque Juge et Greffier – Huissier – Avocat est au cœur de toute l'activité judiciaire. Le juge ne peut rendre de décision que si les plaideurs sont dûment invités à comparaître devant lui par un huissier de justice, le plus souvent, car il existe d'autres modes de convocation des justiciables. Et pour mieux les conseiller, défendre leurs intérêts et éclairer la lanterne du juge les justiciables ont immanquablement besoin d'avocats. Chacun de ces acteurs de justice a une mission spécifique qu'il accomplit sans s'ingérer dans celle de l'autre collaborateur. Il y va du respect des uns envers les autres et de l'équilibre même de la balance de Thémis vis à vis de tous.

Mais que constate-t-on de nos jours ?

– Le juge devenu exécuteur de la décision qu'il a rendu…

– Le juge devenant conseil de certains justiciables face à d'autres justiciables…

Ou alors

– L'avocat qui, par un jeu de passe-passe (par voie règlementaire) devient huissier, car exigeant la notification d'abord de décision de justice d'avocat à avocat, rôle dévolu traditionnellement et légitimement à l'huissier de justice….

Plus grave encore l'avocat qui, par une proposition qui frise la décence et la conscience professionnelle, exige et conditionne la remise d'une grosse à l'huissier par l'abandon de ce dernier d'une partie, plus ou moins importante, entre 10 et 50 pour cent, de ses honoraires. Un acte de concussion et de corruption qui n'aurait jamais dû exister entre les membres de nobles professions sensées être le chantre de l'équité, de la probité et de la bonne morale, professionnelle.

Quel exemple de la grandeur d'âme et d'honorabilité, pourrons-nous donner aux générations futures ? Le corps social que nous sommes sensé réguler par nos actes quotidiens va s'étioler par nos vils gestes et comportements.

CHAPITRE III

Rapport entre nous huissiers de justice

Paragraphe 1. Dans nos cabinets

La boussole de l'huissier de justice est le respect scrupuleux des textes qui régissent la profession. Hors le respect de ces normes et valeurs qui fondent le métier, point de salut. Le statut apparait comme la pièce maîtresse. Il contient les dispositions fixant les attributions, les missions, les droits et surtout les obligations de l'huissier. Ainsi, par exemple, l'huissier ayant fait un constat d'avarie de marchandises ne doit pas apprécier l'étendue ou le degré de cette avarie qui incombe plutôt à un commissaire aux avaries. Le code napoléonien disait à cet effet que « *les huissiers sont tenus de se renfermer dans les bornes de leur ministère* », article 39 du décret impérial du 14 juin 1813.

Les textes règlementaires sur les tarifs sont également à respecter de façon draconienne. Le coût des actes, les émoluments dus à l'huissier lors d'un recouvrement de créance sont fixes et connus ; et il ne lui est aucunement permis d'y déroger sous peine de sanction souvent lourde.

Il existe d'autres règles, qui ne sont contenus dans les textes, mais dont l'observance est au cœur de l'activité « huissiérale ». C'est la déontologie. C'est le respect du serment prêté avant d'entrée en fonction. L'huissier qui ne mettrait pas la diligence nécessaire pour servir une citation à bon délai, et, qui déclare avoir servi à la personne désignée dans l'acte alors que cela est inexact commet une faute d'autant plus lourde qu'il peut encourir la destitution. « *Remplir ses fonctions avec exactitude et probité* » tel que le serment le stipule participe de l'action quotidienne de l'huissier.

La tenue normale et régulière des différents livres de l'huissier tel le répertoire général, le livre journal, le grand livre et le registre à souches, outre ses buts de suivi et de contrôle de l'activité conditionne la bonne et saine gestion de l'étude. Mais, force est de constater aujourd'hui que peu de cabinets respectent à la lettre cette règle cardinale éditée à dessein par le législateur pour la surveillance d'une profession et l'exercice correct de l'autorité de tutelle.

La bonne santé d'un cabinet se mesure bien sûr par le nombre, la cadence, le volume et l'importance des dossiers à traiter, mais aussi par le faisceau de relations qu'entretienne verticalement et horizontalement les travailleurs, huissiers titulaires, clercs, secrétaires entre eux. La correction, la probité, la loyauté, l'esprit de sacrifice, le travail bien fait sont autant de règles et de valeurs dont l'observance anime et donne vitalité à un cabinet, et annonce des lendemains qui chantent pour tous. A contrario, la déloyauté, l'appât du gain conduisent à la déliquescence, à l'effritement du cadre de travail entrainant à terme la perte sèche de l'office. Créer un cadre convivial de travail au sein d'un cabinet doit s'accompagner, par ailleurs, de bonnes relations avec les confrères.

Paragraphe 2. Cohésion dans la profession : les règles de confraternité

Selon le Doyen Thierry Guinot « la caractéristique principale de la confraternité est qu'elle doit s'exercer collectivement, à la fois *réciproquement* et *conjointement*, tournée vers chaque membre de la collectivité mais aussi collectivement orientée vers un bien commun » op. cit. page 286.

Cernée ainsi, la confraternité devient un faisceau de liens établis entre les personnes exerçant la même profession qui agissent les unes envers les autres, en toute circonstance, dans le respect des règles régissant le métier, en frère, en ami, mus par un même idéal, soucieux d'un devenir commun.

Être heureux en soi-même et être heureux ensemble : telle est la définition mais aussi la finalité de la vertu de la confraternité. Plus éloquent est l'article 9 du RICD : « les huissiers de justice se doivent mutuellement conseil, service, appui et assistance ».

CHAPITRE IV

Le nouvel ordre

En plus des combats à mener au plan interne, les huissiers sont de plus en plus impliqués dans la définition, la défense et la préservation d'un nouvel ordre qui a deux dimensions.

SECTION I. LE NOUVEL ORDRE RÉGIONAL

En Afrique, qu'il s'agisse de l'ouest ou du centre, la langue de Molière est et demeure un ciment fort et précieux qui lie les gens de justice en général depuis plus de deux siècles. Concernant les huissiers, les différents textes pris en amont puis en aval du décret du 30 novembre 1931 s'est traduit par une application de la même règle de droit dans les colonies de l'AOF et de l'AEF.

Devenues indépendantes, ces colonies, mues en Etats, ont gardé toutes en héritage la pratique judiciaire de la métropole avec des adaptions nécessaires.

Ainsi, les règles de citation, d'assignation, de notification ou d'exécution étaient les mêmes partout. Seule la barrière de l'exequatur venait ralentir ou entraver, à l'occasion, l'exécution d'une décision de justice d'un Etat sur le territoire d'un autre.

Quatre décennies après les indépendances, la nécessité faisant loi, quatorze pays de l'ouest et du centre de l'Afrique ont mis en commun un système de gestion et de fonctionnement du service de l'économie de la justice à travers un instrument appelé OHADA : Organisation pour l'Harmonisation en Afrique du Droit des Affaires. Cet outil précieux d'intégration, malgré les performances à réaliser, a permis aujourd'hui de favoriser l'application à grande échelle dans plusieurs domaines de règles et mesures pour le confort des citoyens justiciables.

Ainsi, par le système d'Actes uniformes, l'OHADA a permis aux huissiers d'avoir un même et unique code dans le domaine de l'assignation, du recouvrement et de l'exécution en matière civile et commerciale, c'est l'acte portant Procédure Simplifié de Recouvrement et Voie d'Exécution. Cela va faciliter la circulation et le service des différents actes de l'huissier. Muni d'une assignation, l'huissier de Bamako pourra saisir son collègue d'Abidjan en vue de la délivrance de l'exploit à un justiciable ivoirien. De même, l'huissier résident à Brazzaville devra facilement, avec le concours d'un confrère de Dakar, mettre à exécution une décision rendue contre un débiteur sénégalais.

Ce nouvel ordre régional est en train d'inspirer d'autres sous-régions africaines et même au-delà. De même, des organisations sous régionales comme l'UEMOA, par le biais de directives tentent actuellement d'harmoniser les pratiques dans certaines professions juridiques ou non.

En tout état de cause cela devra se traduire pour l'huissier en un gain de temps et d'énergie ; et l'exequatur ne serait plus qu'un vieux souvenir si les Etats courageusement levaient cette barrière obsolète que l'évolution des choses rendrait lourde et inefficace.

SECTION II. LE NOUVEL ORDRE INTERNATIONAL

Parler de nouvel ordre, c'est rappeler tout simplement que déjà en 1952 à l'initiative de sept pays européens, Belgique, France, Grèce, Italie, Luxembourg, Pays-Bas et Suisse l'Union Internationale des Huissiers de Justice et Officiers Judiciaires a été créée, sur un bel esprit de Jean Soulard de la France[25].

Ses concepteurs lui ont donné une vocation de représenter ses membres auprès des organisations internationales et d'assurer la collaboration avec les organismes professionnels nationaux. Elle pourvoit à l'amélioration des droits procéduraux nationaux et des traités internationaux. Elle s'efforce de promouvoir les idées, les projets et les initiatives tendant au progrès et à l'élévation du statut indépendant de l'huissier de justice.

L'Union participe encore aux actions de structuration des huissiers de justice par son implication dans la création et le développement d'organisations nationales en prévision de leur adhésion en son sein.

---

[25] L'Union compte 88 pays membres ou organisations associées (chiffre de décembre 2016).

Elle participe à des missions d'expertise auprès des gouvernements et organismes internationaux.

Elle favorise partout où cela est possibles à la création d'un corps de professionnels, juristes de haut niveau, remplissant la double fonction d'agent chargé de la signification des actes judiciaires et extra-judiciaires et de l'exécution des décisions de justice.

Après avoir participé activement à la création de ce corps d'huissiers de justice à caractère indépendant en Europe centrale et orientale, elle a particulièrement œuvré en Afrique du nord au sud en passant par l'ouest et le centre à l'institution d'une profession dotée d'un véritable statut libéral.

L'Union œuvre aussi sur le continent américain, notamment aux USA, au Canada, au Québec, en Amérique latine dans les Caraïbes dans le développement de la profession.

Dans un monde largement dominé par les questions économiques, il importe que les juristes remplissent leur rôle en renforçant par leur présence le prestige du droit de l'exécution.

SECTION III. LES NOUVELLES TECHNOLOGIES DE LA COMMUNICATION : E-HUISSIER

Réveillez aujourd'hui Me Cadet Roussel ou Me Forqueray et faites les promener dans les cabinets d'Auxerre ou de Paris ; ramenez à la vie Me Thiam, premier huissier du Soudan français en 1949, et Me Sangaré, deuxième huissier, actuel Mali, et faites les découvrir les allées des cabinets et tribunaux de Bamako ; n'oubliez pas Me Senghor et Me D'Erneville que vous guiderez dans Dakar, nos illustres devanciers n'en croiront pas leurs yeux. Que de transformations dans la profession !

Les anciennes machines mécaniques à dactylographier *olivetti, triumph* ou *olympia* ont été remplacées aujourd'hui par des ordinateurs *hp, dell, IBM* où la vitesse de saisie ou de frappe de texte a été multipliée par cinquante voire cent. L'effort physique en moins, la secrétaire ou l'huissier lui-même gagne un temps important dans sa journée de travail. Les rôles d'antan (textes d'un jugement) que les stencils permettaient de multiplier ont disparu et ont laissé la place à la photocopieuse *canon, rank xéros ou samsung,* véritables appareils de démultiplication de feuilles. Lorsque l'huissier doit par exemple opérer une saisie-attribution dans plusieurs établissements financiers entre dix et vingt, il voit aujourd'hui sa tâche facilitée dans la préparation du dossier par ces machines qui atténuent grandement l'effort à fournir.

Imaginons que cet huissier ait une demi-douzaine de saisies à pratiquer en une semaine, l'on comprendra aisément le gain réel de temps engrangé. Un document scanné se lit et se conserve mieux qu'un document faxé, par exemple.

Jadis, à pied ou à cheval, l'huissier parcourait des dizaines de kilomètres pour servir un exploit ; de nos jours les motos, autos, bateaux et trains sont venus alléger cette lourde tâche.

L'électronique a bouleversé de façon irréversible nos habitudes, nos vies, en ville comme en campagne sur tous les continents. Nulle société humaine, aucune activité humaine n'échappe à son emprise. Que faire ? S'adapter ou périr, telle doit être la devise de tous et de chacun, car on arrêtera jamais le progrès.

Chez les huissiers la donne nouvelle apparait lorsque qu'il s'agit de transmettre les actes au-delà de nos frontières : un huissier belge, Me Baudouin, qui doit assigner un débiteur espagnol de Barcelone par l'entremise de Me Félipe ; ou Me Gaba de Lomé qui souhaite exécuter une décision judiciaire rendue à l'encontre de Mr Ahmed domicilié à Casablanca, Me Fougani est naturellement saisi du dossier.

Ces différents protagonistes doivent-ils passer par la poste ou se servir d'*internet* pour la transmission des pièces devant aider à la matérialisation de l'action attendue ? Quid de l'acceptation de la signature électronique. La question est posée, et la solution doit être à portée de main.

Les conventions traditionnelles de coopérations judiciaires permettaient de saisir via le ministère des affaires étrangères, le département de la justice de l'Etat requis qui choisit un huissier de la place en vue de procéder à la notification ou l'exécution attendue. En attendant, le justiciable de l'Etat requérant à l'origine du déclenchement de toute cette procédure devrait patienter trois à six mois, voire un an, sinon des années. Et notre créancier se morfondrait, pour ne plus espérer être remis dans ses droits à temps souhaité.

Si les pouvoirs publics des différents Etats, dans le cadre d'une coopération internationale telle la Convention de la Haye du 15 novembre 1965 relative à la signification et la notification à l'étranger des actes judiciaires et extrajudiciaires en matière civile et commerciale, pouvaient légiférer dans ce sens un gain de temps et d'effort serait bien réalisé au bénéfice des justiciables en particulier et de l'économie en générale. Le mouvement des capitaux, des biens et services dans un monde globalisé, devenu village planétaire, dépendra pour une large part de l'aptitude et la capacité à répondre à ce besoin crucial de célérité dans l'action recherchée par les acteurs du business.

À quoi ressemblerait l'huissier de demain ? Conduira-t-il seul son office, ou privilégiera-t-il le regroupement en SCP ou SEL (société en participation) sera-t-il un simple salarié chez un titulaire ou entamera-t-il sa mue et devenir à la fois huissier chargé de saisir, puis de vendre engloutissant ainsi le commissaire-priseur ?

Sera-t-il un gentleman qui ne courra plus des dizaines, des centaines voire des milliers de kilomètres par jour et qui, d'un clic, pourrait de son bureau de Paris, de Washington ou de Yaoundé servir diligemment une citation, une notification ou faire une exécution par l'entremise de son collègue de Rome, de Bangkok ou de Brasilia à Mario, Ahmed ou Ortéga ?

Il nous faut l'espérer, car nous sommes les huissiers d'un ***changing world*** ![26]

[26] Un monde en constant changement.

Dakar, avril 2016, 20ème anniversaire de la rencontre UIHJ et huissiers de justice africains. Médaille d'or décernée, de G à D, Me GABA Dos Reis (Togo), Me Léo NETTEN (Pays Bas), Me Ibrahim BERTHE (Mali), Me Jacques ISNARD (France), Me Yacine N'Diaye SENE en lunette et des consoeurs du Sénégal

MINISTERE DE LA JUSTICE

DIRECTION NATIONALE DES SERVICES JUDICIAIRES

-:-:-:-

REPUBLIQUE DU MALI

UN PEUPLE - UN BUT - UNE FOI

-:-:-:-:-:-:-:-

N°7711

/-) RRETE /)/__________/ MJ-DNSJ

FIXANT LA LISTE DES CANDIDATS ADMIS AU CONCOURS D'ACCES A LA CHARGE DES HUISSIERS DE JUSTICE.

LE MINISTRE DE LA JUSTICE, GARDE DES SCEAUX,

VU la constitution;

VU la loi n°61-55/AN-RM du 15 Mai 1961 et les textes modificatifs subséquents portant organisation Judiciaire en République du Mali;

VU l'Ordonnance n°42/CMLN du 26 Septembre 1972 portant institution de charges d'huissiers et statut des huissiers;

VU le décret n°174/P-RM du 6 Juin 1986 portant nomination des membres du Gouvernement;

VU l'Arrêté n°5827/MJ-DNSJ du 14 Juin 1986 fixant l'organisation et le programme du concours professionnel d'accès à la charge d'huissier de Justice;

VU la Décision n°50/MJ-DNSJ du 21 Juillet 1986 portant nomination des membres du Jury, des agents chargés de la surveillance et du Secretariat du concours professionnel d'accès à la charge d'huissier de justice;

VU le procès-verbal de délibération dressé par le jury de correction et de classement en date du 21 Août 1986;

/-) R R E T E:

ARTICLE 1ER /: Le candidats dont les noms suivent sont déclarés admis par ordre de mérite au concours professionnel d'accès à la charge d'huissier de justice organisé à Bamako (Centre unique) les 18 et 19 Août 1986:

- x - 1er Ibrahim BERTHE
- 2e Diawoye KANTE
- 3e Filifing DEMBELE
- 4e Moussa N. SAMAKE
- 5e Ex. Oumar SYLLA
- 5e Ex. Taïcha MAIGA
- 7e Mamadou Baba KONE

.....2......

- 8e	Fadiala	DANSOKO
- 9e	Seydou Ario	TOURE
- 10e	Abdoulaye Alassane	MAIGA
- 11e	Fanta Mady	KEITA
- 12eEx.	Mohamed Ould	ALHOUSSEYNI
- 12eEx.	Sékou Yoro	SIDIBE
- 14e	Salif Hamidou	MAIGA
- 15e	Amadou Boubou	DIALLO
- 16e	Almahmoud Issoufi	MAIGA
- 17e	Amady	DIALLO
- 18e	Ousmane Demba	DIALLO
- 19e	Modibo	COULIBALY
- 20e	Seydou	DOLO
- 21e	Alfousseini	KANTE
- 22e	Mamadou	DIAKITE
- 23e	Lazare Mémé	KONE
- 24e	Dramane Koké	SACKO
- 25e	Seydou	SISSOKO
- 26e	Sana	YALCOUYE

ARTICLE 2 /: Le présent arrêté sera enregistré,publié et communiqué partout où besoin sera./.

Bamako,le 26 SEPT. 1986

_/-)MPLIATIONS:

- Original......................1
- Présidence....................5
- S.G.G.........................2
- Assemblée Nationale...........2
- Cour Suprême..................2
- Cour d'Appel..................2
- Tous Ministères...............17
- DNSJ..........................3
- Dossiers -Intéressés..........52
- Journal Officiel..............2

Diango CISSOKO

Chevalier de l'Ordre National.

I. Attributs professionnels de l'huissier

1. Les attributs classiques

Les Costumes

Sergent vers 1580 : illustration de la *Pratique judiciaire ès causes civiles* de Damhouder (La Haye, Wouw, 1626).

Massier, 1460

Huissier du Palais sous le Directoire (1795-1799)

Huissier de l'Ordre de Notre-Dame de Mont-Carmel et de St Lazare de Jérusalem (XVIIème siècle).

Huissier sous le Directoire.(1795-1799)

Détail d'un tableau représentant le procès de Nicolas Fouquet, en 1661 (château de Vaux-le-Vicomte) : on peut y voir, en robe noire à col blanc des huissiers à masse et des huissiers à verge assurant le service de la cour.

Huissier au XVIIème siècle Huissier du XVIIIème siècle.

Assemblée du parlement de Bourgogne tenue par Charles-le-Téméraire à Malines, le 4 juillet 1474 : toile (musée du château de Versailles) et gravure probablement inspirée de ce tableau.

Huissier à verge à la fin du XVème siècle.

Huissier du Directoire exécutif, gravé par Labrousse, in JACQUES GRASSET SAINT-SAUVEUR, *Costumes des représentans du peuple français, Paris, Deroy [1796].*

Sergent vers 1550 : illustration de la *Pratique judiciaire ès causes civiles* de Damhouder (Louvain, 1555).

Huissier de la chambre du Roi, sous Louis XV, par Pierre Dulin.

Huissier de la Chambre du Roi, en 1775.

Huissier du Palais, sous le Directoire, par Jean-Baptiste Isabey.

Huissier en 1848.

Huissiers du Sénat de Strasbourg en 1573, 1596 et 1700 avec leur bâton
(A. SEYBOTH, *Costumes strasbourgeois, Hommes,* Strasbourg, Schultz et Comp., 1881).

Huissier du Directoire exécutif, gravé par Labrousse,
in JACQUES GRASSET SAINT-SAUVEUR,
Costumes des représentans du peuple français, Paris, Deroy [1796]

2. Les attributs modernes

Les médailles

Après que les anciens sergents aient porté un écusson incorporé à leur habit, certains huissiers, les huissiers du Grand Conseil, se caractérisaient par une médaille qu'ils portaient au cou. Saint Simon écrivait à leur propos dans ses *Mémoires* : « ce sont ceux qui peuvent exploiter indifféremment partout et que chacun qui veut emploie quand on veut faire une signification délicate et forte, parce que ceux-là sont toujours fort respectés et instrumentent avec une grosse chaîne d'or au col, d'où pend une médaille du roi. Ils sont en même temps huissiers au Conseil et y servent avec cette chaîne ». Cette particularité leur valait le nom d'*huissiers à la chaîne*.

Médaille d'Huissier ordinaire du roi en son Grand Conseil (règne de Louis XIII) *(1610-1643)*

Médaille d'Huissier ordinaire du roi en son Grand Conseil (règne de Louis XIV) (1643-1715)

Première médaille d'huissier sous la République (1793).

Autres médailles, sous la Révolution.

B - Panonceaux

Ecusson ovale en laiton repoussé de 42x33cm, portant l'inscription " Huissier " en lettres noires au centre d'une couronne formée d'un rameau de chêne et d'un rameau de laurier. En haut, balances et drapeaux.

Ecusson ovale en laiton repoussé de 42x33cm, portant l'inscription " Huissier " en lettres noires au centre d'une couronne de feuilles de chêne.

II. Les mangeurs ou quand les huissiers étaient mis en garnison chez les débiteurs

Au moyen-Age, les règles de procédure avaient prévu une progressivité dans l'utilisation des mesures d'exécution, afin de tenir compte de leur gravité : une fois le jugement était signifié à la partie perdante, celle-ci disposait d'un délai pour exécution la décision. Ce délai expiré, et à défaut de prorogation, l'exécution forcée pouvait être diligentée pour obtenir la saisie et la vente des biens du débiteur. En dernier lieu, le créancier pouvait avoir recours à la contrainte par corps.

Mais avant d'en venir à la vente forcée, une mesure originale pouvait être ordonnée par le juge. Ce procédé consistait à envoyer chez le débiteur récalcitrant des personnes qui s'installaient chez lui et y vivaient à ses frais, à discrétion, sans aucune mesure, y gâtant tout jusqu'au paiement de la dette. Du Cange les définissait comme des appariteurs ou sergent que les créanciers, sur ordonnance de justice, envoyaient dans la maison des débiteurs, pour consommer leur biens, jusqu'à ce qu'ils payent leurs dettes : *''Autem appellabant nostri vel milites, vel poitius apparitores et servientes, quos creditores, ex decreto judicis, in debitorum aedes immittebant, qui illorum sumtibus alebantur, donec debita sua exsolvissent''*. Ils pouvaient en effet être choisis parmi les sergents et tel était généralement le cas au moyen-Age.

Cette pratique était fort ancienne, puisqu'il en était question dans plusieurs coutumes et dans divers actes médiévaux où l'on parlait de mangeurs, de gasteurs, de nans manjans, de sergents de contrainte, de gardes-maneurs, de garde à frais voire plus simplement de gardes dans la mesure où ils faisaient aussi souvent aussi l'office de gardiens des biens des débiteurs. Du reste, ses applications étaient multiples comme en attestent les écrits des anciens jurisconsultes : Boutillier indiquait qu'elle pouvait être employée pour obliger les condamnés à exécuter les décisions judiciaires, pour forcer les débiteurs à honorer leurs engagements ou pour contraindre les parties à se présenter en justice ; en particulier, dans le cadre de la coutume féodale de l'assurément qui permit, à partir du XIIIème siècle, à l'une des parties d'une guerre privée de saisir le juge pour obtenir la paix, des mangeurs pouvaient être envoyés chez l'adversaire qui refusait de se présenter en justice pour jurer le respect de la personne, des gens et des biens du requérant. Loyseau – qui avait lu Beaumanoir – expliquait quant à lui que l'on avait aussi coutume en plusieurs lieux de mettre garnison de mangeurs dans la maison des défunts jusqu'à ce qu'il eût des héritiers apparents.

L'envoi des mangeurs était une mesure comminatoire redoutablement efficace en raison des désagréments et des frais occasionnés. Les faits montrent que la terreur qu'inspiraient ces personnages conduisait rapidement les débiteurs récalcitrants à capituler.

Certes, plusieurs précautions semblent avoir été prises localement pour éviter débiteurs des dommages trop importants. Par exemple, les coutumes Beauvoisis et de Chaumont, rapportées par Beaumanoir, indiquaient que les gardes ne restaient pas indéfiniment chez le débiteur mais y séjournaient quarante jours au terme desquels les biens étaient vendus si la dette n'était pas payée. On y lit aussi que les mangeurs devaient être choisis parmi des personnes correctes afin que les débiteurs soient contraints en bonne compagnie ! De même, ces coutumes limitaient les exigences des mangeurs en ne leur donnant droit, outre ''pain et potage et lit suffisamment'' qu'à quatre derniers par jours.

En fin, à la différence des gardiens qui devaient impérativement demeurer chez le débiteur, les mangeurs pouvaient, sur autorisation du juge, être hébergés hors de sa maison.

Toutefois, cette pratique était très critiquée pour des raisons qui paraissent aujourd'hui évidentes : on lui reprochait cet énorme inconvénient de ne procurer aucun profit au créancier et même, bien au contraire, de diminuer ses chances d'être payé en amoindrissant l'actif patrimonial du débiteur. Ainsi, la mesure conçue pour nuire au débiteur était une consommation inutile aussi dangereuse pour les créanciers. Déjà Beaumanoir constatait : ''Il souloit estre que si tost comme une dete estoit connue ou prouvée, l'en metoit gardes ou nans manjas seur le deteur. Mes pour ce que nous en avons veu mout de damage, car li bien en estoient gasté et les detes n'estoient pas pour ce paiees ''. Plus tard, Loyseau affirmait que ''C'étoit un desordre de mettre garnison en la maison d'un homme, soit de son vivant pour ses bebtes, soit après son décès à faute d'héritier apparent. Car ce n'est pas conserver son bien, mais le manger''.

Ces critiques ont porté leurs fruits puisque la pratique des mangeurs a été progressivement abolie à partir de la fin du XIIIème siècle. Pour commencer, le concile de Château-Gontier de 1268 et le concile de Tours de 1282 défendirent d'en établir chez les ecclésiastiques. En 1285, le Parlement de Paris supprima les mangeurs dans les bailliages d'Amiens, de Senlis et de Vermandois, sauf crimes graves ou détournement de biens : *''ordinatium fuit quod pro debitis[.....]*

comestores non pronantur. Poni tamen poterunt tantummodo pro enormi facto, vel in causu criminis, vel si aliquis vellet subterfugia quaerere et bona sua abscondere, sev distomare, sev ad alienum dominium transferre''. On doit signaler ensuite une disposition de Philippe IV en 1304, une charte de 1318 prohibant les mangeurs pour dettes, l'ordonnance du mois de juin 1338 qui les interdit en Languedoc, l'ordonnance de février 1356 qui contenait une prohibition absolue et l'ordonnance de réformation du mois de mai 1413, dite ordonnance Cabochienne, qui entendait à nouveau en interdire l'usage dans un effort plus général de libéralisme.

Toutefois, la succession de ces dispositions révèle la vanité de ces tentatives face à une mesure solidement ancrée dans la pratique judiciaire. Boutillier en faisant état comme moyen d'inciter les débiteurs à payer ou les parties à venir en justice et plusieurs documents du XVème siècle montrent que les mangeurs avaient survécu aux volontés qui avaient tenté de les faire disparaître. On lit, par exemple, dans les registres du Parlement de Paris, que deux sergents furent envoyés au mois de mai 1411 comme mangeurs dans l'hôtel du receveur de Paris pour forcer ce dernier à payer les huissiers de la cour et l'on trouve encore des traces de leur existence dans les registres de 1417. Une ordonnance royale du 25 février 1413 en recommandait même l'usage contre seigneurs faisant des guerres privées.

Par la suite, cette mesure vexatoire a connu des applications éphémères dans des domaines très divers : au XVIIème siècle, des militaires étaient établis chez les protestants pour les pousser à se convertir au Catholicisme et les fermiers généraux utilisaient eux aussi des mangeurs pour recouvrer certaines taxes. C'est à cette époque que le poète Régnier leur consacra ces vers :

''Vous poursuit-on pour quelque dette,
''Bientôt l'huissier d'un air honnête,
''Chez vous établi garnison''.

Sous le premier Empire, on envoya encore des soldats chez les parents des conscrits réfractaires ou déserteurs. Mais surtout, la Révolution avait conservé cette pratique en matière de contributions directes sous le nom de garnison individuelle, pour permettre aux receveurs des finances d'envoyer des agents assermentés au domicile des contribuables retardataires (ces mangeurs, que l'on appelait désormais des garnisaires, étaient choisis parmi les porteurs de contraintes, ancêtres des huissiers du Trésor). À son tour, le règlement général du 21 décembre 1839 permit au porteur de contrainte venu effectuer une saisie dans une commune autre que le chef-lieu de perception de s'établir en qualité de garnisaire chez le débiteur lorsque celui-ci demandait à se libérer chez le percepteur ou dès qu'il appréhendait un divertissement. Le débiteur lui devait alors pendant deux jours le logement, la nourriture et un salaire journalier déterminé. Telle fut la dernière survivance de la vieille institution des mangeurs, sous une forme allégée définitivement abolie par la loi du 9 février 1877.

III. LE SERGENT ET LE LABYRINTHE

Quelques années après la mort du Valeureux maréchal de la Palisse, sa veuve affrontait en justice un marchand de la ville de Vandenesse en Nivernais, qui lui devait de l'argent. Conformément aux règles de procédure, la Maréchale avait chargé un sergent de lui faire commandement de payer. Trouvant le débiteur sur le chemin d'un étang où il voulait pêcher, le sergent le somma de lui remettre l'argent qu'il devait. Le marchand, qui n'avait certainement pas la somme sur lui (ce qui était somme toute prudent), invita le sergent à se rendre à sa maison, où il satisferait. Le sergent répondit qu'il ignorait où se trouvait sa maison et le constitua aussitôt prisonnier. Le marchand en appela et obtint gain de cause aux Grands-Jours tenus à moulins le mardi 6 octobre 1534 au matin. Le juges estimèrent en effet qu'il avait été mal procédé et condamnèrent la Maréchale de La Palisse aux dépens de la cause d'appel ainsi qu'aux dommages et intérêt de l'emprisonnement.

Le sergent en refusant de laisser le débiteur regagner son domicile, aurait été trop rigoureux. Mais n'était-ce pas faire montre de prudence que d'empêcher le débiteur de lui échapper ? C'est le sentiment que l'on a, en tout cas, au regard de la mésaventure que vécut un autre sergent, moins avisée ou moins sûr de lui.

Colineau, bourgeois bordelais décrète de prise de corps, avait été trouvé en sa maison de campagne de Livrac par un sergent venu le constituer prisonnier.

Le sergent s'apprêtait à l'emmener, mais le bourgeois parvint à le convaincre qu'il fallait diner avant partir, parce qu'il était tard et parce que le chemin était long. Ayant commandé de préparer le repas, il invita le sergent et ses records à faire le tour du verger en attendant de passer à table. Le sergent accepta et bien mal lui en prit. Après l'avoir fait promener dans les allées de ce vengé, Colineau le mena dans un labyrinthe établi dans un pré et entouré de grands et profonds fossés remplis d'eau.

Ce genre d'aménagement était très à la mode dans la décoration des jardins constituait aussi un jeu. Mais cette fois, les invités ne s'amusèrent pas : après les avoir assez longuement promenés par tous les détours et dans tous les recoins, Colineau parvint à sortir du labyrinthe et retira la planche qui servait à y entrer, par-dessus le fossé. Le pauvre sergent fut d'autant plus surpris, qu'il n'avait aucun moyen d'en sortir sans courir quelque danger. Il fut alors contraint de jeter sa commission à Colineau à travers le fossé, restant bien marri d'avoir cru trop légèrement son prisonnier et de s'être ainsi laissé duper.

Cette mésaventure a été rapportée par l'avocat Automne dans ses commentaires sur la *Pratique judiciaire* de Jean Imbert (Paris, Buon 1615).

Elle aurait sans doute mérité d'être mise en vers par Jean de La Fontaine. La moralité qui s'en dégageait, l'usage des huissiers de l'époque, était évidente :

Notre pauvre sergent se fit une raison,
Que l'on ne doit jamais avoir de confiance,
Mais qu'il faut être de très grande vigilance
Envers ceux que l'on doit emmener en prison.

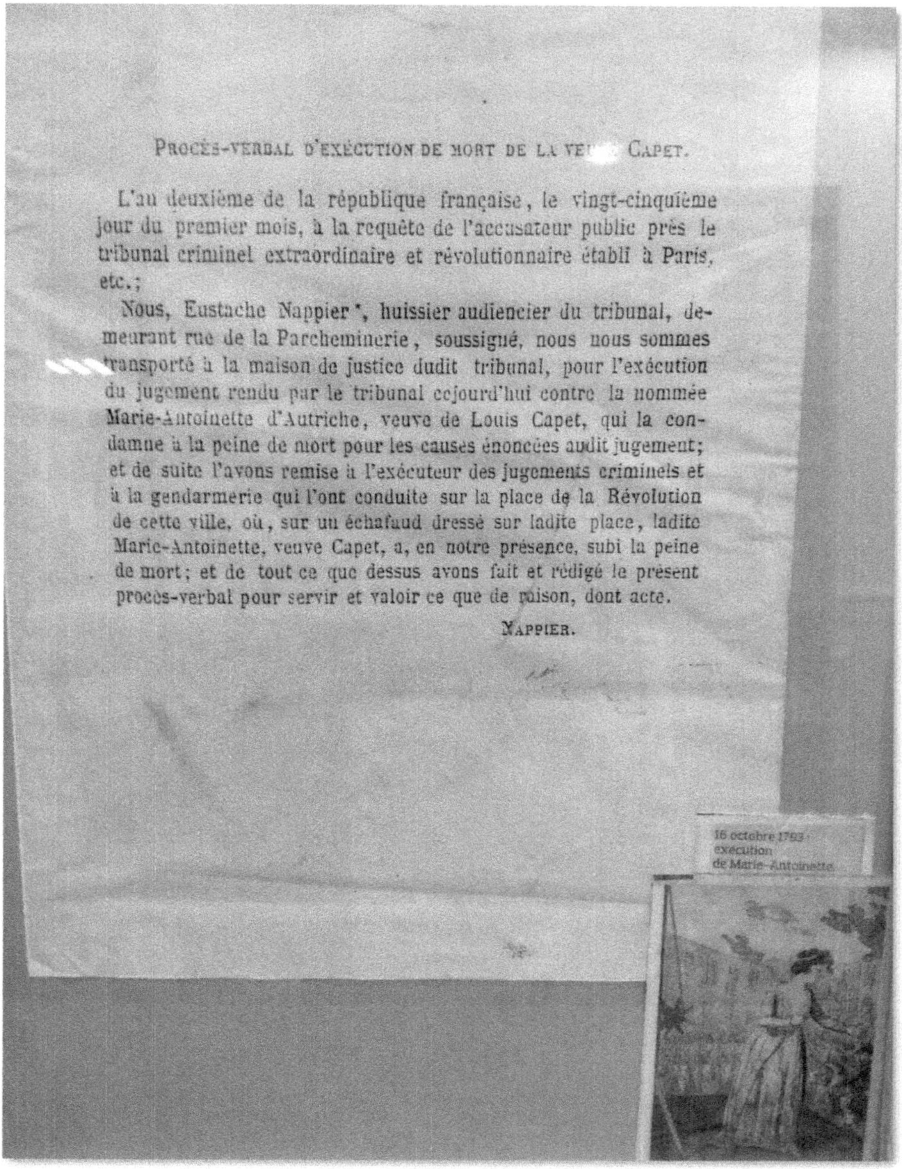

PROCÈS-VERBAL D'EXÉCUTION DE MORT DE LA VEU[illegible] CAPET.

L'an deuxième de la république française, le vingt-cinquième jour du premier mois, à la requête de l'accusateur public près le tribunal criminel extraordinaire et révolutionnaire établi à Paris, etc.;

Nous, Eustache Nappier *, huissier audiencier du tribunal, demeurant rue de la Parcheminerie, soussigné, nous nous sommes transporté à la maison de justice dudit tribunal, pour l'exécution du jugement rendu par le tribunal cejourd'hui contre la nommée Marie-Antoinette d'Autriche, veuve de Louis Capet, qui la condamne à la peine de mort pour les causes énoncées audit jugement; et de suite l'avons remise à l'exécuteur des jugements criminels et à la gendarmerie qui l'ont conduite sur la place de la Révolution de cette ville, où, sur un échafaud dressé sur ladite place, ladite Marie-Antoinette, veuve Capet, a, en notre présence, subi la peine de mort; et de tout ce que dessus avons fait et rédigé le présent procès-verbal pour servir et valoir ce que de raison, dont acte.

NAPPIER.

PV de constat de l'huissier concernant la mise à mort de la reine Marie-Antoinette, épouse du roi Louis XV en 1791. L'huissier de justice témoin de l'histoire.

POST SCRIPTUM

Les différents textes de loi de 1931 à nos jours

LE DÉCRET IMPÉRIAL PORTANT RÈGLEMENT SUR L'ORGANISATION ET LE SERVICE DES HUISSIERS - DU 14 JUIN 1813

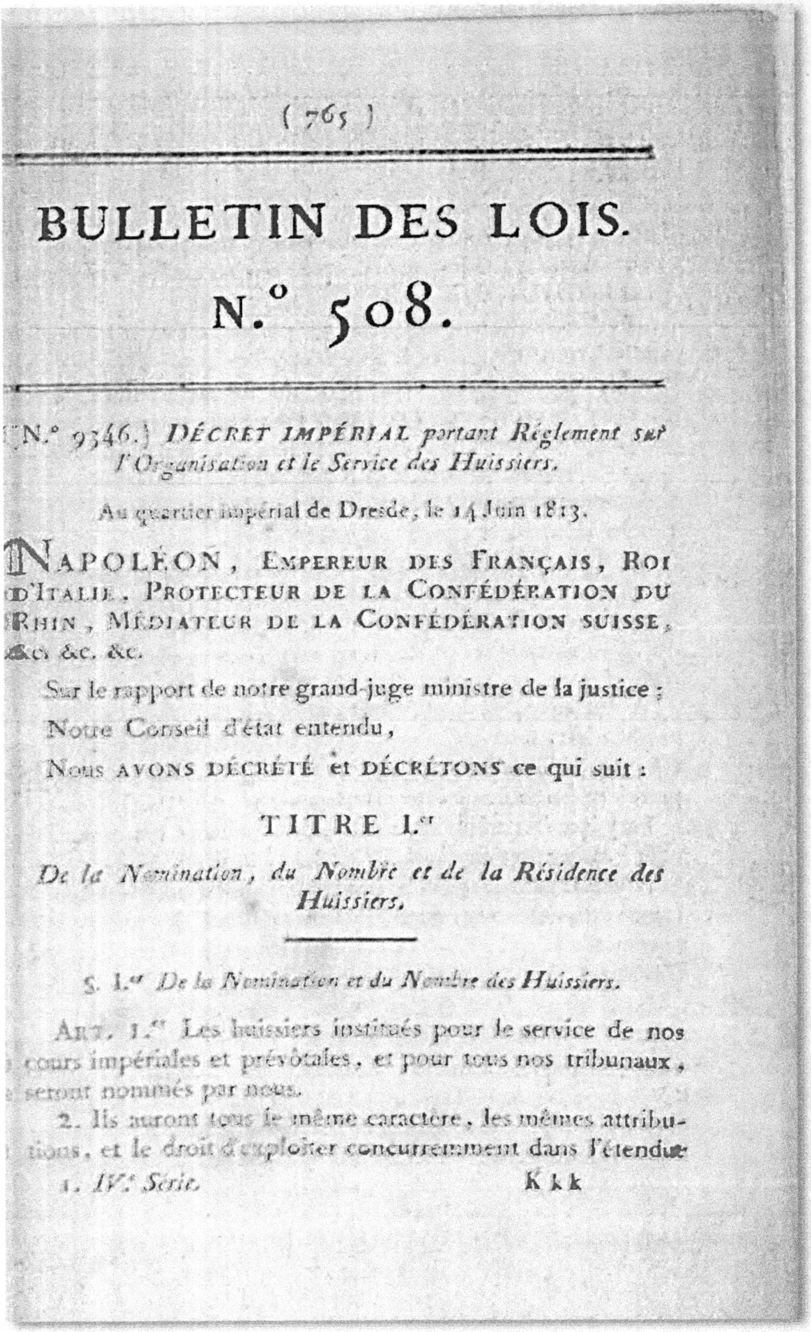

(765)

BULLETIN DES LOIS.

N.° 508.

[N.° 9346.] *DÉCRET IMPÉRIAL portant Réglement sur l'Organisation et le Service des Huissiers.*

Au quartier impérial de Dresde, le 14 Juin 1813.

NAPOLÉON, EMPEREUR DES FRANÇAIS, ROI D'ITALIE, PROTECTEUR DE LA CONFÉDÉRATION DU RHIN, MÉDIATEUR DE LA CONFÉDÉRATION SUISSE, &c. &c. &c.

Sur le rapport de notre grand-juge ministre de la justice ;

Notre Conseil d'état entendu,

Nous AVONS DÉCRÉTÉ et DÉCRÉTONS ce qui suit :

TITRE I.er

De la Nomination, du Nombre et de la Résidence des Huissiers.

§. I.er *De la Nomination et du Nombre des Huissiers.*

ART. 1.er Les huissiers institués pour le service de nos cours impériales et prévôtales, et pour tous nos tribunaux, seront nommés par nous.

2. Ils auront tous le même caractère, les mêmes attributions, et le droit d'exploiter concurremment dans l'étendue

1. *IV.e Série.* Kkk

du ressort du tribunal civil d'arrondissement de leur résidence.

Néanmoins nos cours et tribunaux choisiront parmi ces huissiers, conformément au titre V de notre décret du 30 mars 1808, ceux qu'ils jugeront les plus dignes de leur confiance, pour le service intérieur de leurs audiences.

3. Les huissiers ainsi désignés par nos cours et tribunaux continueront de porter le titre d'*huissiers audienciers* ; ils auront, pour ce service particulier, une indemnité qui sera réglée par les articles 93, 94, 95, 96 et 103 ci-après.

4. Le tableau des huissiers audienciers sera renouvelé au mois de novembre de chaque année : tous les membres en exercice seront rééligibles ; ceux qui n'auront pas été réélus rentreront dans la classe des huissiers ordinaires.

5. Les huissiers qui seront en activité lors de la publication de notre présent décret, continueront provisoirement l'exercice de leurs fonctions ; mais ils ne seront maintenus qu'après avoir obtenu de nous une commission confirmative.

A cet effet, ils remettront, dans les trois mois de ladite publication, tous les titres et pièces concernant leurs précédentes nominations et réceptions, au greffe du tribunal de première instance de leur résidence.

Ils y joindront leur demande en commission confirmative ; et le greffier leur donnera récépissé du tout.

Notre procureur près le tribunal de première instance enverra cette demande, avec l'avis du tribunal, à notre procureur général, qui prendra l'avis de la cour impériale, et adressera le tout à notre grand-juge ministre de la justice.

6. Lorsque la liste des huissiers auxquels nous aurons accordé la commission confirmative, aura été renvoyée par notre grand-juge à notre procureur général, ceux qui ne se trouveront point sur la liste seront tenus de cesser leurs fonctions, à compter du jour où la notification leur en aura été faite à la diligence du ministère public. Cette même liste

sera de plus affichée dans la salle d'audience, et au greffe de la cour ou du tribunal.

7. Chacun des huissiers qui auront obtenu la commission confirmative, prêtera dans les deux mois, à compter du jour où la liste aura été affichée, et ce à l'audience de ladite cour ou dudit tribunal, le serment de fidélité à l'Empereur et d'obéissance aux constitutions de l'Empire, ainsi que celui de se conformer aux lois et réglemens concernant son ministère, et de remplir ses fonctions avec exactitude et probité.

8. Notre grand-juge ministre de la justice, après avoir pris l'avis de nos cours, et les observations de nos procureurs généraux, nous proposera la fixation définitive du nombre des huissiers qu'il doit y avoir dans le ressort de chaque tribunal civil d'arrondissement.

9. Si le nombre des huissiers maintenus d'après l'article 6 excède celui qui sera définitivement fixé par nous en exécution du précédent article, la réduction à ce dernier nombre ne s'opérera que par mort, démission ou destitution.

10. A l'égard de ceux qui aspireront, à l'avenir, aux places d'huissiers ordinaires, les conditions requises seront,

1.° D'être âgé de vingt-cinq ans accomplis;

2.° D'avoir satisfait aux lois de la conscription militaire;

3.° D'avoir travaillé, au moins pendant deux ans, soit dans l'étude d'un notaire ou d'un avoué, soit chez un huissier, ou pendant trois ans au greffe d'une cour impériale ou d'un tribunal de première instance;

4.° D'avoir obtenu de la chambre de discipline, dont il sera parlé ci-après, un certificat de moralité, de bonne conduite et de capacité.

Si la chambre accorde trop légèrement ou refuse sans motif valable ce certificat, il y aura recours au tribunal de première instance, savoir: dans le premier cas, par le procureur impérial, et dans le second, par la partie intéressée. En conséquence, le tribunal, après avoir pris connaissance des motifs d'admission ou de refus de la chambre, ainsi que des moyens de justification de l'aspirant, et après avoir entendu notre procureur impérial, pourra refuser ou accorder lui-même le certificat, par une délibération dont copie sera jointe à l'acte de présentation du candidat.

11. Ceux qui seront nommés huissiers, se présenteront, dans le mois qui suivra la notification à eux faite du décret de leur nomination, à l'audience publique du tribunal de première instance, et y prêteront le serment prescrit par l'article 7.

12. Ces huissiers ne pourront faire aucun acte de leur ministère avant d'avoir prêté ledit serment; et ils ne seront admis à le prêter, que sur la représentation de la quittance du cautionnement fixé par la loi.

13. Ceux qui n'auront point prêté le serment dans le délai ci-dessus fixé, demeureront déchus de leur nomination, à moins qu'ils ne prouvent que le retard ne leur est point imputable; auquel cas, le tribunal pourra déclarer qu'ils sont relevés de la déchéance par eux encourue, et les admettra au serment.

14. La précédente disposition est applicable aux huissiers dont il est parlé en l'article 5, relativement au délai fixé par l'article 7.

§. II. De la Résidence des Huissiers.

15. Les huissiers audienciers seront tenus, à peine d'être remplacés, de résider dans les villes où siégent les cours et tribunaux près desquels ils devront faire respectivement leur service.

16. Les huissiers ordinaires seront tenus, sous la même peine, de garder la résidence qui leur aura été assignée par le tribunal de première instance.

17. La résidence des huissiers ordinaires sera, autant que faire se pourra, fixée dans les chefs-lieux de canton.

18. Si des circonstances de localité ne permettent point l'établissement d'un huissier ordinaire au chef-lieu du canton, le tribunal de première instance le fixera dans l'une des communes les plus rapprochées du chef-lieu.

19. Dans les communes divisées en deux arrondissemens de justice de paix ou plus, chaque huissier ordinaire sera tenu de fixer sa demeure dans le quartier que le tribunal de première instance jugera convenable de lui indiquer à cet effet.

TITRE II.

Des Attributions des Huissiers, et de leurs Devoirs.

CHAPITRE I.er

Attributions des Huissiers.

§. 1.er Service personnel près les Cours impériales et prévôtales et près les divers Tribunaux.

20. Les huissiers audienciers sont maintenus dans le droit que leur donne et l'obligation que leur impose notre décret du 30 mars 1808, de faire exclusivement, près leurs cours et tribunaux respectifs, le service personnel aux audiences, aux assemblées générales ou particulières, aux enquêtes, interrogatoires et autres commissions, ainsi qu'au parquet.

Pourront néanmoins nos cours et tribunaux commettre accidentellement des huissiers ordinaires, à défaut ou en cas d'insuffisance des huissiers audienciers.

21. Le service personnel d'huissier près les cours d'assises et les cours spéciales sera fait, savoir : dans les villes où siègent nos cours impériales, par des huissiers audienciers de la cour impériale ; et par tout ailleurs, par des huissiers audienciers du tribunal de première instance du lieu où se tiendront les séances de la cour d'assises ou de la cour spéciale.

L'article 118 de notre décret du 6 juillet 1810, relatif au mode de désignation des huissiers qui doivent faire le service près les cours d'assises et les cours spéciales des départemens autres que celui où siége la cour impériale, continuera de recevoir son exécution.

22. Les huissiers qui seront désignés pour faire le service personnel près les cours d'assises et les cours spéciales, ne pourront, pendant la durée des sessions criminelles, sortir du canton de leur résidence, sans un ordre exprès du procureur général ou du procureur impérial criminel.

23. Il sera fait, par nos cours et tribunaux, des réglemens particuliers sur l'ordre du service de leurs huissiers audienciers, en se conformant aux dispositions du présent titre et à celles du titre V de notre décret du 30 mars 1808.

Les réglemens que feront sur cet objet les tribunaux de première instance ou de commerce et les tribunaux ordinaires des douanes, seront soumis à l'approbation des cours auxquelles ces tribunaux ressortissent.

§. II. *Droit d'exploiter, &c.*

24. Toutes citations, notifications et significations requises pour l'instruction des procès, ainsi que tous actes et exploits nécessaires pour l'exécution des ordonnances de justice, jugemens et arrêts, seront faits concurremment par les huissiers audienciers et les huissiers ordinaires, chacun dans l'étendue du ressort du tribunal civil de première instance de sa résidence, sauf les restrictions portées par les articles suivans.

25. Les huissiers audienciers de notre cour de cassation continueront, dans l'etendue du lieu de la résidence de cette cour, d'instrumenter exclusivement à tous autres huissiers pour les affaires portées devant elle.

26. Les huissiers audienciers de nos cours impériales et ceux de nos tribunaux de première instance feront exclusi-

vement, près leurs cours et tribunaux respectifs, les significations d'avoué à avoué.

27. Les huissiers audienciers de nos cours prévôtales et tribunaux ordinaires des douanes feront exclusivement, près leurs cours et tribunaux respectifs, et dans l'étendue du canton de leur résidence, tous exploits en matière de douanes.

28. Tous exploits et actes du ministère d'huissier près les justices de paix et les tribunaux de police seront faits par les huissiers ordinaires employés au service des audiences.

A défaut ou en cas d'insuffisance des huissiers ordinaires du ressort, lesdits exploits et actes seront faits par les huissiers ordinaires de l'un des cantons les plus voisins.

29. Défenses itératives sont faites à tous huissiers, sans distinction, d'instrumenter en matière criminelle ou correctionnelle hors du canton de leur résidence, sans un mandement exprès délivré conformément à l'article 84 de notre décret du 18 juin 1811.

30. Nos procureurs près les tribunaux de première instance et les juges d'instruction ne pourront délivrer de pareils mandemens que pour l'étendue du ressort du tribunal de première instance.

31. Nos procureurs impériaux criminels pourront ordonner le transport d'un huissier dans toute l'étendue du département.

32. La disposition du précédent article est applicable à nos procureurs près les tribunaux ordinaires des douanes, à moins qu'il n'y ait dans le même département deux ou plusieurs de ces tribunaux : dans ce dernier cas, ils ne pourront ordonner le transport que pour la partie de ce département formant le ressort de leur tribunal.

33. Le transport des huissiers dans les divers départemens du ressort de nos cours impériales et prévôtales, ne pourra être autorisé, dans des affaires criminelles, que par nos procureurs généraux près ces cours.

34. En matière de simple police, aucun huissier ne pourra instrumenter hors du canton de sa résidence, si ce n'est dans le cas prévu par le second paragraphe de l'article 28 du présent décret, et en vertu d'une cédule délivrée pour cet effet par le juge de paix.

35. Dans tous les cas où les réglemens accordent aux huissiers une indemnité pour frais de voyage, il ne sera alloué qu'un seul droit de transport pour la totalité des actes que l'huissier aura faits dans une même course et dans le même lieu.

Ce droit sera partagé en autant de portions égales entre elles, qu'il y aura d'originaux d'actes ; et à chacun de ces actes, l'huissier appliquera l'une desdites portions : le tout à peine de rejet de la taxe, ou de restitution envers la partie, et d'une amende qui ne pourra excéder cent francs ni être moindre de vingt francs.

36. Tout huissier qui chargera un huissier d'une autre résidence d'instrumenter pour lui, à l'effet de se procurer un droit de transport qui ne lui aurait pas été alloué s'il eût instrumenté lui-même, sera puni d'une amende de cent francs. L'huissier qui aura prêté sa signature, sera puni de la même peine.

En cas de récidive, l'amende sera double, et l'huissier sera de plus destitué.

Dans tous les cas, le droit de transport indûment alloué ou perçu sera rejeté de la taxe, ou restitué à la partie.

§. III. *Prisées et Ventes publiques de Meubles et Effets mobiliers.*

37. Dans les lieux pour lesquels il n'est point établi de commissaires priseurs exclusivement chargés de faire les prisées et ventes publiques de meubles et effets mobiliers, les huissiers tant audienciers qu'ordinaires continueront de procéder, concurremment avec les notaires et les greffiers, auxdites prisées et ventes publiques, en se conformant aux lois et réglemens qui y sont relatifs.

38. Les huissiers ne pourront, ni directement ni indirectement, se rendre adjudicataires des objets mobiliers qu'ils seront chargés de vendre.

Toute contravention à cette disposition sera punie de la suspension de l'huissier pendant trois mois, et d'une amende de cent francs pour chaque article par lui acheté, sans préjudice de plus fortes peines dans les cas prévus par le Code pénal.

La récidive, dans quelque cas que ce soit, entraînera toujours la destitution.

CHAPITRE II.

Devoirs des Huissiers.

39. Les huissiers sont tenus de se renfermer dans les bornes de leur ministère, sous les peines portées par l'article 132 du Code de procédure civile.

40. L'exercice du ministère d'huissier est incompatible avec toute autre fonction publique salariée.

41. Il est défendu aux huissiers, sous peine d'être remplacés, de tenir auberge, cabaret, café, tabagie ou billard, même sous le nom de leurs femmes, à moins qu'ils n'y soient spécialement autorisés.

42. Les huissiers sont tenus d'exercer leur ministère toutes les fois qu'ils en sont requis et sans acception de personnes, sauf les prohibitions pour cause de parenté ou d'alliance portées par les articles 4 et 66 du Code de procédure civile.

L'article 85 de notre décret du 18 juin 1811 sera exécuté à l'égard de tout huissier qui, sans cause valable, refuserait d'instrumenter à la requête d'un particulier.

43. Les copies à signifier par les huissiers seront correctes et lisibles, à peine de rejet de la taxe, ou de restitution des sommes reçues.

Les papiers employés à ces copies ne pourront contenir,

savoir : plus de quarante lignes par page de moyen papier, et plus de cinquante lignes par page de grand papier, à peine d'une amende de vingt-cinq francs, conformément à l'art. 26 de la loi sur le timbre, du 13 brumaire an VII.

Si la copie d'un arrêt ou d'un jugement en dernier ressort n'est point conforme à ce qui est prescrit par le présent article, l'huissier qui l'aura signée sera de plus condamné à une amende de vingt-cinq francs, sur la seule provocation du ministère public, et par la cour ou le tribunal devant lequel cette copie aura été produite.

Nos procureurs généraux et impériaux sont chargés spécialement de veiller à l'exécution du présent article.

44. Si l'huissier contrevenant à l'une des dispositions du précédent article est convaincu de récidive, le ministère public pourra provoquer sa suspension, ou même son remplacement s'il y a lieu.

45. Tout huissier qui ne remettra pas lui-même à personne ou domicile l'exploit et les copies de pièces qu'il aura été chargé de signifier, sera condamné, par voie de police correctionnelle, à une suspension de trois mois, à une amende, qui ne pourra être moindre de deux cents francs, ni excéder deux mille francs, et aux dommages et intérêts des parties.

Si néanmoins il résulte de l'instruction qu'il a agi frauduleusement, il sera poursuivi criminellement, et puni d'après l'article 146 du Code pénal.

46. Les répertoires que les huissiers sont obligés de tenir conformément à la loi du 22 frimaire an VII, relative à l'enregistrement, seront cotés et paraphés, savoir :

Ceux des huissiers audienciers, par le président de la cour ou du tribunal, ou par le juge qu'il aura commis à cet effet ;

Ceux des huissiers ordinaires résidant dans les villes où siègent les tribunaux de première instance, par le président du tribunal, ou par le juge qu'il aura commis à cet effet ;

Ceux des autres huissiers, par le juge de paix du canton de leur résidence.

47. Outre les mentions qui, aux termes de l'article 50 de la même loi, doivent être faites dans lesdits répertoires, les huissiers y marqueront, dans une colonne particulière, le coût de chaque acte ou exploit, déduction faite de leurs déboursés.

48. Pour faciliter la taxe des frais, les huissiers, outre la mention qu'ils doivent faire au bas de l'original et de la copie de chaque acte, du montant de leurs droits, seront tenus d'indiquer en marge de l'original le nombre de rôles des copies de pièces, et d'y marquer de même le détail de tous les articles de frais formant le coût de l'acte.

TITRE III.

De la Réunion des Huissiers en communauté d'arrondissement.

CHAPITRE I.er

Formation de la Communauté.

49. Il y aura communauté entre tous les huissiers sans exception, résidant et exploitant dans l'étendue du ressort du tribunal civil d'arrondissement de leur résidence.

50. Le département de la Seine n'ayant qu'un seul tribunal civil, tous les huissiers exerçant dans ce département, y compris ceux de notre cour de cassation, seront réunis en communauté.

51. Il en sera de même du département de la Sesia, qui n'a également qu'un seul tribunal civil : en conséquence, tous les huissiers exerçant dans ce département ne formeront aussi qu'une seule communauté.

52. Chaque communauté aura une chambre de discipline, qui sera présidée par un syndic.

CHAPITRE II.

Organisation de la Chambre de discipline.

53. Le nombre des membres de la chambre de discipline, y compris le syndic, est fixé, savoir :

A quinze, dans le département de la Seine ;

A neuf, dans les autres arrondissemens où il y aura plus de cinquante huissiers ;

A sept, dans les arrondissemens où le nombre des huissiers sera de trente à cinquante ;

A cinq, dans les arrondissemens où il y aura moins de trente huissiers.

54. Dans chaque chambre, il y aura, outre le syndic, un rapporteur, un trésorier et un secrétaire.

55. Le syndic, et deux autres membres de la chambre, seront nécessairement pris parmi les huissiers en résidence au chef-lieu de l'arrondissement.

Dans les arrondissemens où siégent les cours impériales, il y aura toujours à la chambre de discipline, indépendamment du syndic, au moins trois huissiers du chef-lieu.

Dans le département de la Seine, les deux tiers au moins des membres de la chambre, y compris le syndic, seront pris parmi les huissiers de Paris.

56. Le syndic sera nommé tous les ans, savoir : dans les arrondissemens où siégent nos cours impériales, par le premier président, sur la présentation qui lui sera faite de trois membres par notre procureur général : et dans les autres arrondissemens, par le président du tribunal de première instance, sur la présentation qui sera également faite de trois membres par notre procureur impérial. Le syndic sera indéfiniment rééligible.

57. Si pour la nomination du syndic il y a partage, il en sera référé à la chambre à laquelle le premier président

ou le président est spécialement attaché, et au tribunal même si le tribunal n'est pas divisé en plusieurs chambres.

58. La première nomination des autres membres de la chambre de discipline sera faite de la même manière que celle du syndic.

59. Après cette première nomination, les membres de la chambre de discipline, autres que le syndic, seront élus par l'assemblée générale des huissiers, qui se réuniront pour cet effet au chef-lieu de l'arrondissement, sur la convocation et sous la présidence du syndic.

60. L'élection des membres de la chambre de discipline se fera au scrutin secret.

Un scrutin particulier aura lieu pour la nomination du trésorier, qui sera toujours pris parmi les huissiers du chef-lieu.

Les autres membres de la chambre seront nommés, sans désignation de fonctions, par bulletin de liste contenant un nombre de noms qui ne pourra excéder celui des membres à nommer.

Toutes ces nominations seront faites à la majorité absolue.

61. Lorsqu'il y aura cent votans et au-dessus, l'assemblée se divisera par bureaux, qui ne pourront être composés de moins de trente ni de plus de cinquante votans.

Ces bureaux seront présidés, le premier par le syndic, et chacun des autres par le plus âgé des huissiers présens; les deux plus âgés après lui feront les fonctions de scrutateurs, et le plus jeune celles de secrétaire.

62. La chambre de discipline sera renouvelée tous les ans par tiers, ou, si le nombre n'est pas susceptible de cette division, par portions les plus approchantes du tiers, en faisant alterner, chaque année, les portions inférieures et supérieures au tiers, à commencer par les inférieures, de manière que, dans tous les cas, aucun membre ne puisse rester en fonctions plus de trois années consécutives.

63. Le sort indiquera ceux des membres qui devront sortir la première et la seconde année ; ensuite le renouvellement s'opérera par ordre d'ancienneté de nomination.

Les membres sortans ne seront rééligibles qu'après un an d'intervalle, à l'exception toutefois du trésorier, qui sera toujours rééligible.

64. Lorsque le nombre total des huissiers formant la communauté ne sera pas suffisant pour le renouvellement de la chambre tel qu'il est prescrit ci-dessus, ce renouvellement n'aura lieu que jusqu'à concurrence du nombre existant.

65. Les membres de la chambre de discipline nommeront entre eux au scrutin secret, à la majorité absolue, un rapporteur et un secrétaire.

Cette nomination sera renouvelée tous les ans, et les mêmes pourront être réélus.

66. En cas de partage des voix pour ladite nomination, le scrutin sera recommencé ; et si le résultat est le même, le plus âgé des deux membres qui seront l'objet de ce partage, sera nommé de droit, à moins qu'il n'ait rempli, pendant les deux années précédentes, la fonction à laquelle il s'agira de nommer : auquel cas la nomination de droit sera pour son concurrent.

67. La nomination des membres de la chambre de discipline aura lieu chaque année dans la première quinzaine d'octobre, et sera immédiatement suivie de la nomination du rapporteur et du secrétaire.

68. La chambre et les officiers entreront en exercice le 1.er novembre.

69. La chambre tiendra ses séances au chef-lieu de l'arrondissement : elle s'assemblera au moins une fois par mois.

Le syndic la convoquera extraordinairement quand il le jugera convenable, ou sur la demande motivée de deux autres membres.

Il sera tenu de la convoquer toutes les fois qu'il en

recevra l'ordre du président du tribunal de première instance, ou de notre procureur près ce tribunal.

CHAPITRE III.

Attributions de la Chambre de discipline, et de ses Officiers.

70. La chambre de discipline est chargée,

1.° De veiller au maintien de l'ordre et de la discipline parmi tous les huissiers de l'arrondissement, et à l'exécution des lois et réglemens qui concernent les huissiers;

2.° De prévenir ou concilier tous différends qui peuvent s'élever entre huissiers relativement à leurs droits, fonctions et devoirs, et, en cas de non-conciliation, de donner son avis comme tiers sur ces différends;

3.° De s'expliquer, également par forme d'avis, sur les plaintes ou réclamations de tiers contre des huissiers à raison de leurs fonctions, et sur les réparations civiles qui pourraient résulter de ces plaintes ou réclamations;

4.° De donner son avis comme tiers sur les difficultés qui peuvent s'élever au sujet de la taxe de tous frais et dépens réclamés par des huissiers;

Lorsque la chambre ne sera point assemblée, cet avis pourra être donné par un de ses membres, à moins que l'objet de la contestation ne soit d'une importance majeure, auquel cas la chambre s'expliquera elle-même à la prochaine séance, ou, si le cas est urgent, dans une séance extraordinaire;

5.° D'appliquer elle-même les peines de discipline établies par l'article suivant, et de dénoncer au procureur impérial les faits qui donneraient lieu à des peines de discipline excédant la compétence de la chambre, ou à d'autres peines plus graves;

6.° De délivrer, s'il y a lieu, tous certificats de moralité, de bonne conduite et de capacité, à ceux qui se présenteront pour être nommés huissiers;

7.° De s'expliquer également sur la conduite et la moralité des huissiers en exercice, toutes les fois qu'elle en sera requise par les cours et tribunaux, ou par les officiers du ministère public;

8.° Enfin de représenter tous les huissiers sous le rapport de leurs droits et intérêts communs, et, en conséquence, d'administrer la bourse commune dont il sera parlé au chapitre V ci-après.

71. Les peines de discipline que la chambre peut infliger elle-même, sont,

1.° Le rappel à l'ordre;

2.° La censure simple par la décision même;

3.° La censure avec réprimande par le syndic à l'huissier en personne dans la chambre assemblée;

4.° L'interdiction de l'entrée de la chambre pendant six mois au plus.

72. L'application, par la chambre des huissiers, des peines de discipline spécifiées dans l'article précédent, ne préjudiciera point à l'action des parties intéressées ni à celle du ministère public.

73. Toute condamnation des huissiers à l'amende, à la restitution et aux dommages-intérêts, pour des faits relatifs à leurs fonctions, sera prononcée par le tribunal de première instance du lieu de leur résidence, sauf le cas prévu par le 3.e paragraphe de l'article 43, à la poursuite des parties intéressées, ou du syndic de la communauté, au nom de la chambre de discipline. Elle pourra l'être aussi à la requête du ministère public.

74. La suspension des huissiers ne pourra être prononcée que par les cours et tribunaux auxquels ils seront respectivement attachés.

75. Il n'est dérogé, par le présent titre, à aucune des dispositions des articles 102, 103 et 104 de notre décret du 30 mars 1808.

76. Le syndic aura la police d'ordre dans la chambre.

Il proposera les sujets de délibération, recueillera les voix, et prononcera le résultat des délibérations.

Il dirigera toutes actions et poursuites à exercer par la chambre, et agira pour elle et en son nom dans tous les cas, conformément à ce qu'elle aura délibéré.

Il aura seul le droit de correspondre, au nom de la chambre, avec le président et le ministère public; sauf, en cas d'empêchement, la délégation au rapporteur.

77. Le rapporteur déférera à la chambre, soit d'office, soit sur la provocation des parties intéressées ou de l'un des membres de la chambre, les faits qui pourront donner lieu à des mesures de discipline contre des membres de la communauté.

Il recueillera des renseignemens sur ces faits, ainsi que sur toutes les affaires qui doivent être portées à la connaissance de la chambre, et lui en fera son rapport.

78. Le trésorier tiendra la bourse commune, conformément aux dispositions du chapitre V ci-après.

79. Le secrétaire rédigera les délibérations de la chambre. Il sera le gardien des archives et délivrera les expéditions.

CHAPITRE IV.

Forme de procéder dans la Chambre de discipline.

80. La chambre ne pourra faire l'application des peines de discipline spécifiées en l'article 71, qu'après avoir entendu l'huissier inculpé, ou faute par lui d'avoir comparu dans le délai de la citation. Ce délai ne sera jamais moindre de cinq jours.

81. La citation sera donnée par une simple lettre indicative de l'objet, signée du rapporteur, et envoyée par le secrétaire, qui en prendra note sur un registre tenu à cet effet, coté et paraphé par le président du tribunal de première instance.

82. La même forme aura lieu pour appeler toutes

personnes, huissiers ou autres, qui voudront être entendues sur des réclamations ou plaintes par elles adressées à la chambre de discipline.

83. Lorsqu'il s'agira de contestations entre huissiers, les citations pourront être respectivement données dans la forme ordinaire, en déposant les originaux au secrétariat de la chambre.

84. Dans tous les cas, les parties pourront se présenter aux séances de la chambre volontairement et sans citation préalable.

85. La chambre ne pourra prononcer ni émettre son avis sur aucune affaire, qu'après avoir entendu le rapporteur.

86. Elle ne pourra délibérer valablement, si les membres votans ne forment au moins les deux tiers de ceux qui la composent.

87. Les délibérations seront prises à la majorité absolue des voix : le syndic aura voix prépondérante en cas de partage.

88. Les délibérations seront inscrites sur un registre coté et paraphé par le syndic : elles seront signées par tous les membres qui y auront concouru.

Les expéditions seront signées par le syndic et le secrétaire.

89. Tous les actes de la chambre, soit en minute, soit en expédition, à l'exception des certificats et autres pièces à délivrer aux candidats ou à des individus quelconques dans leur intérêt personnel, seront exempts du timbre et de l'enregistrement.

90. La chambre sera tenue de représenter à nos procureurs généraux et impériaux, toutes les fois qu'ils en feront la demande, les registres de ses délibérations, et tous autres papiers déposés dans ses archives.

CHAPITRE V.

De la Bourse commune.

91. Dans chaque communauté d'huissiers, il y aura une bourse commune, formée et administrée d'après les règles établies au présent chapitre.

92. Chaque huissier versera dans la bourse commune de son arrondissement les deux cinquièmes de tous ses émolumens.

Les huissiers suspendus ou destitués y verseront, dans la même proportion, les émolumens par eux perçus jusqu'à l'époque de leur suspension ou destitution.

93. Les huissiers audienciers ne verseront point à la bourse commune les émolumens des appels de cause et des significations d'avoué à avoué, non plus que les émolumens des actes relatifs aux poursuites criminelles et correctionnelles, autres toutefois que les significations à parties et assignations à témoins.

94. Les huissiers audienciers de tous nos tribunaux de commerce, sans distinction de lieu, recevront trente centimes par chaque appel de cause, et ceux près les tribunaux de paix, quinze centimes, laquelle rétribution sera également exceptée du versement à la bourse commune.

95. Le produit total des émolumens exceptés par les deux précédens articles, sera partagé, par portions égales, entre les seuls huissiers audienciers de la cour ou du tribunal où ils ont été perçus, et sans aucune distinction entre ces huissiers, de quelque manière que le service intérieur ait été distribué entre eux.

96. Les huissiers audienciers qui reçoivent un traitement, n'en verseront aucune portion dans la bourse commune. Au surplus, les articles 92, 93 et 95 leur sont applicables.

97. Les versemens à la bourse commune, dont il est

parlé ci-dessus, seront faits entre les mains du trésorier de la chambre de discipline, au moins cinq jours avant les époques du partage qui aura lieu en exécution des articles 103, 104, 105 et 106; et, à l'appui de chacun desdits versemens, l'huissier remettra au trésorier une copie littérale, sur papier libre, de son répertoire, à partir du jour du dernier versement.

98. L'huissier contrevenant à l'une des obligations qui lui sont imposées par le précédent article, sera condamné à cent francs d'amende.

La contrainte par corps contre l'huissier aura lieu,

Pour le paiement de l'amende,

Pour la remise de la copie du répertoire,

Pour l'acquittement de la somme qu'il doit verser dans la bourse commune.

99. Le syndic pourra exiger la représentation de l'original du répertoire; et si la copie remise au trésorier n'y est point conforme, l'huissier en fraude sera condamné, par corps, à cent francs d'amende, pour chaque article omis ou infidèlement transcrit.

100. Sera également versé à la bourse commune le quart des amendes prononcées contre des huissiers pour délits ou contraventions relatifs à l'exercice de leur ministère.

Ces amendes seront perçues en totalité par le receveur de l'enregistrement du chef-lieu de l'arrondissement, lequel tiendra compte, tous les trois mois, à la communauté des huissiers, de la portion qui pourra lui revenir, aux termes du présent article.

101. La communauté fixera, chaque année, en assemblée générale, la somme à prélever sur la bourse commune, tant pour droit de recette que pour frais de bureau et autres dépenses de la chambre.

L'arrêté portant cette fixation sera homologué par le tribunal de première instance, sur les conclusions du ministère public.

102. L'assemblée générale pourra aussi autoriser la chambre de discipline à disposer, sur ladite bourse, d'une somme déterminée, pour subvenir aux besoins des huissiers retirés pour cause d'infirmités ou de vieillesse, et des veuves et orphelins d'huissiers.

L'arrêté qui sera pris à ce sujet, sera homologué, ainsi qu'il est dit au précédent article. Dans l'un et l'autre cas, il ne sera dû que le droit simple d'enregistrement.

103. Les fonds de la bourse commune, déduction faite du montant des prélèvemens qui auront été autorisés, conformément aux deux articles précédens, seront divisés, relativement au nombre d'huissiers composant la communauté, en autant de parts et portions qu'il sera nécessaire, pour que la distribution desdits fonds soit faite ainsi qu'il suit :

Chaque huissier audiencier des cours impériales aura *une part et demie.*

Chaque huissier audiencier des tribunaux de première instance aura *une part et un quart.*

Tous les autres huissiers audienciers ou ordinaires auront chacun *une part.*

Néanmoins, dans les chefs-lieux de département autres que celui où siége la cour impériale, les huissiers audienciers attachés à la cour d'assises seront traités comme ceux de la cour impériale, lorsqu'ils feront près ladite cour d'assises un service continu, et non alternatif avec les huissiers audienciers du tribunal de première instance.

Sont compris parmi les huissiers audienciers qui auront seulement une part, ceux qui reçoivent un traitement, à quelque cour ou tribunal qu'ils appartiennent.

104. Les huissiers destitués, démissionnaires ou décédés, ne seront compris dans le partage que pour les sommes versées à la bourse commune, ou qui auront dû y être versées avant l'époque de leur destitution, démission ou décès, et dans la proportion seulement du temps qui se sera écoulé jusqu'à cette époque, à partir du dernier partage.

105. Les huissiers suspendus de leurs fonctions ne participeront à aucune distribution de sommes versées à la bourse commune pendant la durée de leur suspension. A l'égard des sommes versées antérieurement, ils n'y auront part que dans la proportion du nombre de jours qui se seront écoulés depuis le dernier partage jusqu'à l'époque de leur suspension.

106. Le partage de la bourse commune aura lieu tous les trois mois. Il pourra être fait plus souvent si la chambre le juge convenable, et en avertissant huit jours à l'avance les membres de la communauté.

107. Aux époques fixées pour le partage, le trésorier présentera à la chambre le compte de ses recettes et dépenses depuis le dernier partage, avec le projet de la répartition à faire, conformément aux articles 103, 104 et 105.

Le compte et l'état de répartition seront vérifiés, arrêtés et signés par chacun des membres présens, au plus tard dans la huitaine de la présentation.

108. Dès que la répartition aura été arrêtée par la chambre, les parts seront exigibles. Le trésorier sera tenu de les délivrer à ceux qui y auront droit et sur leur demande. Il s'en fera donner décharge sans frais.

109. Dans le mois qui suivra la répartition faite par la chambre, tout huissier de l'arrondissement pourra prendre communication, sans déplacer, du compte et des pièces à l'appui, ainsi que de l'état de répartition, et y faire ses observations, sur lesquelles la chambre sera tenue de prononcer dans la huitaine.

Si l'huissier réclamant refuse d'acquiescer à la décision de la chambre, il en sera référé au tribunal de première instance, qui prononcera, après avoir entendu le procureur impérial.

110. Le trésorier rendra aussi, chaque année, dans la première quinzaine d'octobre, le compte général de ses recettes et dépenses pendant l'année révolue.

Ce compte sera vérifié, arrêté et signé par chacun des membres de la chambre. Il pourra être débattu de la même manière que les comptes particuliers. Le délai pour prendre communication sera de deux mois, à partir du jour où la chambre aura définitivement arrêté le compte.

111. Le trésorier qui sera en retard, ou qui refusera, soit de rendre ses comptes, soit de remettre les sommes par lui dues à la communauté ou à l'un de ses membres, pourra être poursuivi par les parties intéressées, par toutes les voies ordinaires de droit, et même par celle de la contrainte par corps, comme rétentionnaire de deniers.

112. Le trésorier tiendra un registre coté et paraphé par le président du tribunal de première instance, et dans lequel il inscrira, jour par jour, ses recettes et dépenses. La chambre pourra se faire représenter ce registre aussi souvent qu'elle le jugera convenable, et l'arrêter par une délibération qui y sera transcrite en double minute. Elle l'arrêtera nécessairement tous les ans, lors de la vérification du compte général du trésorier.

113. Le trésorier sera tenu, si l'assemblée générale l'exige, de fournir caution solvable pour le montant présumé de ses recettes pendant quatre mois.

114. Notre grand-juge ministre de la justice est chargé de l'exécution du présent décret, qui sera inséré au Bulletin des lois.

Signé NAPOLÉON.

Par l'Empereur:

Le Ministre Secrétaire d'état, signé LE COMTE DARU.

(N.° 9347.) *DÉCRET IMPÉRIAL portant qu'il n'y a pas lieu d'accepter le Legs de 36 francs de rente, fait par le S.r Toitot à l'église de Belvoir, département du Doubs.* (Saint-Cloud, 29 Mai 1813.)

Arrêté A.P. 277 du 30 janvier 1932 réglementant l'organisation et le fonctionnement du Service des huissiers en Afrique occidentale française, pris en application du Décret du 30 novembre 1931

JOURNAL OFFICIEL DE L'AFRIQUE OCCIDENTALE FRANÇAISE 173

TROISIEME PARTIE — TRANSPORTS DE RAVITAILLEMENT DANS CERTAINES RÉGIONS.

Tableau n° 8.

Montant maximum des dépenses dont peuvent être remboursés les corps de troupe pour le ravitaillement de certains postes.

DÉSIGNATION DES POSTES	ALLOCATION ANNUELLE	CORPS AUXQUELS SONT ALLOUÉS LES CRÉDITS	OBSERVATIONS
Gorée (1)	2.000 »	6e régiment artillerie coloniale.	(1) [illegible]
Ravitaillement des groupes nomades (2).			(2) [illegible]
Atar	18.000 »	Bataillon n° 1.	
Chinguetti	18.000 »	—	
Hodh	18.000 »	2e régiment T. S.	
Araouan	36.000 »	Bataillon n° 2.	
Timétrin	14.000 »	—	
Tahoua	29.000 »	Bataillon n° 3.	
N'Guigmi	7.000 »	—	
Région Nord de Bilma	20.000 »	—	

Vu :

Le Général de Division FREYDENBERG,
Commandant supérieur des Troupes de l'Afrique occidentale française,
FREYDENBERG.

Dakar, le 13 janvier 1932.
L'Intendant général BAILLY,
Directeur du Service de l'Intendance,
BAILLY

APPROUVÉ :

Dakar, le 30 janvier 1932.
Le Gouverneur général de l'Afrique occidentale française,
BRÉVIÉ.

277 A. P. — ARRÊTÉ ***réglementant l'organisation et le fonctionnement du Service des huissiers en Afrique occidentale française.***

LE GOUVERNEUR GÉNÉRAL DE L'AFRIQUE OCCIDENTALE FRANÇAISE, OFFICIER DE LA LÉGION D'HONNEUR,

Vu le décret du 18 octobre 1904, réorganisant le Gouvernement général de l'Afrique occidentale française et les décrets subséquents qui l'ont modifié;

Vu l'article 79 de l'ordonnance du 7 décembre 1840 sur le Gouvernement général;

Vu l'article 18 de l'ordonnance du 4 décembre 1847, rendant applicable au Sénégal l'ordonnance du 7 février 1842, concernant l'organisation de l'ordre judiciaire et l'administration de la Justice dans les Etablissements français de l'Inde;

Vu le décret du 12 novembre 1861, rendant applicable au Sénégal le décret du 29 août 1815, relatif aux copies à signifier par les huissiers;

Vu le décret du 14 mai 1862, rendant applicable au Sénégal les articles 36 et 45 du décret du 14 juin 1813 sur l'organisation et le Service des huissiers, en ce qui concerne la remise par ces derniers des exploits et pièces de leur ministère;

Vu l'arrêté du Lieutenant-Gouverneur du Sénégal du 4 avril 1875, pourvoyant au remplacement momentané des huissiers, et l'arrêté du 7 avril 1903 du Lieutenant-Gouverneur du Sénégal, modifiant le précédent arrêté;

Vu à titre consultatif la loi du 27 décembre 1923 sur les clercs d'huissiers assermentés;

Vu le décret du 5 février 1924, fixant les tarifs des frais de justice et portant organisation de la comptabilité des officiers publics et ministériels en Afrique occidentale française, et le décret du 18 janvier 1925, modifiant le précédent;

Vu l'arrêté du 2 avril 1925, modifiant les frais de justice fixés par les articles 2 à 48 inclusivement, 170 à 176 inclusivement, 104 à 106 du décret du 5 février 1924;

Vu le décret du 30 décembre 1928, autorisant dans les Colonies autres que les Antilles et la Réunion dans les Pays de protectorat et Territoires à mandat dépendant du Ministère des Colonies, les Gouverneurs généraux, Gouverneurs et Commissaires de la République à fixer par voie d'arrêté les honoraires, les indemnités et les frais de justice;

Vu les arrêtés du 30 janvier 1931, portant règlement des frais de justice en matière civile et criminelle;

Vu le décret du 30 novembre 1931, réorganisant le Service des huissiers en Afrique occidentale française;

Sur la proposition du Chef du Service judiciaire de l'Afrique occidentale française, la Commission permanente du Conseil de Gouvernement entendue,

ARRÊTE :

Régime des huissiers

SECTION PREMIÈRE

Nomination, cautionnement, résidence et congé des huissiers.

Article premier. — En Afrique occidentale française, le ministère des huissiers est exercé :

1° Par des huissiers titulaires de charges;

2° Par des fonctionnaires-huissiers, exerçant la fonction d'huissier d'une façon permanente;

3° Par des huissiers *ad hoc*.

[illegible] du 16 novembre 1924, concernant les greffiers huissiers, près les Justices de paix à compétence étendue, institués par cet article.

Art. 2. — Les huissiers titulaires de charges sont nommés par le Gouverneur général, sur la proposition du Chef du Service judiciaire.

Les fonctionnaires-huissiers sont nommés par les Lieutenants-Gouverneurs, sur la proposition du Procureur de la République ou du juge de paix à compétence étendue, du chef-lieu.

Les huissiers *ad hoc* sont désignés parmi les agents civils et militaires de l'Administration, par l'autorité administrative du lieu (commandant de cercle ou chef de subdivision, administrateur-maire). Ils sont désignés par l'autorité judiciaire en cas d'absence ou d'empêchement, momentanés de l'huissier établi au siège de la juridiction.

Art. 3. — Le Gouverneur général, sur la proposition du Chef du Service judiciaire institue les charges d'huissiers et en fixe le siège.

Art. 4. — Dans les arrondissements judiciaires pourvus de charges, les Gouverneurs des Colonies peuvent, en dehors du siège de ces charges, désigner des fonctionnaires-huissiers dans toutes les localités où les nécessités du service l'exigent.

Dans les arrondissements judiciaires non pourvus de charges, les Gouverneurs des Colonies procèdent à la désignation des fonctionnaires-huissiers dans la mesure des nécessités du service, mais il est toujours désigné un fonctionnaire-huissier au siège de chaque juridiction.

SECTION II

Condition de nomination

Art. 5. — Pour être nommé titulaire d'une charge d'huissier, il faut remplir les conditions suivantes :

1° Etre Français, âgé de 25 accomplis, ou avoir obtenu du Gouverneur général une dispense qui ne pourra être accordée qu'aux candidats d'au moins 21 ans;

2° Justifier de sa moralité;

3° Avoir satisfait à un examen professionnel sur les actes du ministère d'huissier.

Sont dispensés d'examen les postulants anciens officiers ministériels; ceux qui ont rempli pendant deux ans au moins les fonctions de greffier ou de commis-greffier; les clercs de notaire, d'avoué ou d'huissier comptant deux années de cléricature.

Art. 6. — Tout candidat à une charge d'huissier adresse sa requête avec les pièces à l'appui, au Chef du Service judiciaire qui, après enquête, transmet le dossier avec ses propositions au Gouverneur général. Celui-ci délivre, s'il y a lieu, une commission d'huissier.

Art. 7. — Tout huissier titulaire d'une charge doit, avant d'entrer en fonction et pour être admis au serment professionnel justifier du versement à la Caisse des Dépôts et Consignations d'une somme de 2.000 francs à titre de cautionnement.

Art. 8. — Avant d'entrer en fonctions, les huisiers titulaires d'une charge et les fonctionnaires nommés huisiers d'une façon permanente, prêtent devant le Tribunal où ils exercent, le serment dont la teneur suit :

« Je jure de me conformer aux lois, décrets, arrêtés, règlements concernant mon ministère, avec exactitude et probité. »

Ce serment peut être prêté par écrit, lorsque l'huissier réside hors du siège du Tribunal.

Art. 9. — Les huissiers *ad hoc* sont dispensés du serment. Ils doivent être français et âgés de 21 ans. Les conditions dans lesquelles ils instrumentent sont réglées, ci-après par les articles 29 et suivants.

Art. 10. — Les huissiers titulaires ne peuvent s'absenter de la Colonie, sans un congé accordé par le Gouverneur général qui en fixe la durée sur la proposition du Chef du Service judiciaire.

Aucun congé ne pourra dépasser une année. Après ce temps et sauf empêchement de force majeure ou toute autre excuse légitime, l'huissier sera considéré comme démissionnaire.

Fonctions des huissiers

SECTION III

Attributions et devoirs des huissiers.

Art. 11. — Sauf les exceptions résultant de la législation en Afrique occidentale française, les huissiers sont chargés de toutes les citations, assignations, procès-verbaux de constats notifications, significations judiciaires et extra-judiciaires, ainsi que tous actes ou exploits nécessaires à l'exécution forcée des actes publics et des ordonnances de justice, jugements et arrêts.

Ils ont, en outre, le monopole des ventes mobilières après saisies.

Art. 12. — Les droits auxquels peuvent prétendre les huissiers sont ceux fixés par le tarif des frais de justice de l'Afrique occidentale française.

Art. 13. — Il est interdit à tous les huissiers, même aux huissiers commis, pour quelque cause et sous quelque prétexte que ce soit, ainsi qu'à tous les agents appelés à remplir les fonctions d'huissiers, de réclamer aucune somme supérieure au tarif en vigueur, sous peine de restitution des droits indûment perçus et dommages-intérêts, s'il y a lieu, sans préjudice des poursuites disciplinaires.

Art. 14. — Les huissiers sont tenus d'assurer le service des audiences de la Cour d'appel et des Tribunaux de l'Afrique occidentale française, près desquels ils sont immatriculés, sans jamais pouvoir prétendre à d'autres indemnités que celles prévues au tarif en vigueur.

Art. 15. — Ils sont tenus d'exercer leur ministère, toutes les fois qu'ils en sont requis par les parties, par le Ministère public ou par des officiers de police judiciaire, sauf les exceptions prévues par la loi, et les prohibitions pour cause de parenté et d'alliance édictées dans l'article suivant.

Tout refus d'instrumenter, ou tout retard injustifié dans l'exécution, portant préjudice à un justiciable, pourront donner lieu à une sanction disciplinaire indépendamment des dommages et intérêts qui pourraient être dus à la partie lésée.

Art. 16. — Les huissiers ne peuvent instrumenter pour eux-mêmes, ni pour leurs parents et alliés ou ceux de leurs femmes, en ligne directe, ni pour leurs parents et alliés collatéraux jusqu'au degré de cousin germain inclusivement, à peine de tous dommages-intérêts envers les parties et sans préjudice des sanctions disciplinaires.

Art. 17. — L'huissier qui, en toute matière, ne remettra pas lui-même, ou par l'intermédiaire de son clerc assermenté, dans les cas permis, à personne ou à domicile, l'exploit et les copies de pièces qu'il aura été chargé de signifier, encourra la suspension sans préjudice des dommages et intérêts au profit des parties. S'il résulte de l'instruction qu'il a agi frauduleusement, il sera poursuivi criminellement et puni conformément à l'article 146 du Code pénal.

les Justices de paix à compétence étendue, institués par cet article.

Art. 2. — Les huissiers titulaires de charges sont nommés par le Gouverneur général, sur la proposition du Chef du Service judiciaire.

Les fonctionnaires-huissiers sont nommés par les Lieutenants-Gouverneurs, sur la proposition du Procureur de la République ou du juge de paix à compétence étendue, du chef-lieu.

Les huissiers *ad hoc* sont désignés parmi les agents civils et militaires de l'Administration, par l'autorité administrative du lieu (commandant de cercle ou chef de subdivision, administrateur-maire). Ils sont désignés par l'autorité judiciaire en cas d'absence ou d'empêchement, momentanés de l'huissier établi au siège de la juridiction.

Art. 3. — Le Gouverneur général, sur la proposition du Chef du Service judiciaire institue les charges d'huissiers et en fixe le siège.

Art. 4. — Dans les arrondissements judiciaires pourvus de charges, les Gouverneurs des Colonies peuvent, en dehors du siège de ces charges, désigner des fonctionnaires-huissiers dans toutes les localités où les nécessités du service l'exigent.

Dans les arrondissements judiciaires non pourvus de charges, les Gouverneurs des Colonies procèdent à la désignation des fonctionnaires-huissiers dans la mesure des nécessités du service, mais il est toujours désigné un fonctionnaire-huissier au siège de chaque juridiction.

SECTION II

Condition de nomination

Art. 5. — Pour être nommé titulaire d'une charge d'huissier, il faut remplir les conditions suivantes :

1° Etre Français, âgé de 25 accomplis, ou avoir obtenu du Gouverneur général une dispense qui ne pourra être accordée qu'aux candidats d'au moins 21 ans;

2° Justifier de sa moralité;

3° Avoir satisfait à un examen professionnel sur les actes du ministère d'huissier.

Sont dispensés d'examen les postulants anciens officiers ministériels; ceux qui ont rempli pendant deux ans au moins les fonctions de greffier ou de commis-greffier; les clercs de notaire, d'avoué ou d'huissier comptant deux années de cléricature.

Art. 6. — Tout candidat à une charge d'huissier adresse sa requête avec les pièces à l'appui, au Chef du Service judiciaire qui, après enquête, transmet le dossier avec ses propositions au Gouverneur général. Celui-ci délivre, s'il y a lieu, une commission d'huissier.

Art. 7. — Tout huissier titulaire d'une charge doit, avant d'entrer en fonction et pour être admis au serment professionnel justifier du versement à la Caisse des Dépôts et Consignations d'une somme de 2.000 francs à titre de cautionnement.

Art. 8. — Avant d'entrer en fonctions, les huisiers titulaires d'une charge et les fonctionnaires nommés huisiers d'une façon permanente, prêtent devant le Tribunal où ils exercent, le serment dont la teneur suit :

« Je jure de me conformer aux lois, décrets, arrêtés, règlements concernant mon ministère, avec exactitude et probité. »

Ce serment peut être prêté par écrit, lorsque l'huissier réside hors du siège du Tribunal.

Art. 9. — Les huissiers *ad hoc* sont dispensés du serment. Ils doivent être français et âgés de 21 ans. Les conditions dans lesquelles ils instrumentent sont réglées, ci-après par les articles 29 et suivants.

Art. 10. — Les huissiers titulaires ne peuvent s'absenter de la Colonie, sans un congé accordé par le Gouverneur général qui en fixe la durée sur la proposition du Chef du Service judiciaire.

Aucun congé ne pourra dépasser une année. Après ce temps et sauf empêchement de force majeure ou toute autre excuse légitime, l'huissier sera considéré comme démissionnaire.

Fonctions des huissiers

SECTION III

Attributions et devoirs des huissiers.

Art. 11. — Sauf les exceptions résultant de la législation en Afrique occidentale française, les huissiers sont chargés de toutes les citations, assignations, procès-verbaux de constat, notifications, significations judiciaires et extra-judiciaires, ainsi que tous actes ou exploits nécessaires à l'exécution forcée des actes publics et des ordonnances de justice, jugements et arrêts.

Ils ont, en outre, le monopole des ventes mobilières après saisies.

Art. 12. — Les droits auxquels peuvent prétendre les huissiers sont ceux fixés par le tarif des frais de justice de l'Afrique occidentale française.

Art. 13. — Il est interdit à tous les huissiers, même aux huissiers commis, pour quelque cause et sous quelque prétexte que ce soit, ainsi qu'à tous les agents appelés à remplir les fonctions d'huissiers, de réclamer aucune somme supérieure au tarif en vigueur, sous peine de restitution des droits indûment perçus et dommages-intérêts, s'il y a lieu, sans préjudice des poursuites disciplinaires.

Art. 14. — Les huissiers sont tenus d'assurer le service des audiences de la Cour d'appel et des Tribunaux de l'Afrique occidentale française, près desquels ils sont immatriculés, sans jamais pouvoir prétendre à d'autres indemnités que celles prévues au tarif en vigueur.

Art. 15. — Ils sont tenus d'exercer leur ministère, toutes les fois qu'ils en sont requis par les parties, par le Ministère public ou par des officiers de police judiciaire, sauf les exceptions prévues par la loi, et les prohibitions pour cause de parenté et d'alliance édictées dans l'article suivant.

Tout refus d'instrumenter, ou tout retard injustifié dans l'exécution, portant préjudice à un justiciable, pourront donner lieu à une sanction disciplinaire indépendamment des dommages et intérêts qui pourraient être dus à la partie lésée.

Art. 16. — Les huissiers ne peuvent instrumenter pour eux-mêmes, ni pour leurs parents et alliés ou ceux de leurs femmes, en ligne directe, ni pour leurs parents et alliés collatéraux jusqu'au degré de cousin germain inclusivement, à peine de tous dommages-intérêts envers les parties et sans préjudice des sanctions disciplinaires.

Art. 17. — L'huissier qui, en toute matière, ne remettra pas lui-même, ou par l'intermédiaire de son clerc assermenté, dans les cas permis, à personne ou à domicile, l'exploit et les copies de pièces qu'il aura été chargé de signifier, encourra la suspension sans préjudice des dommages et intérêts au profit des parties. S'il résulte de l'instruction qu'il a agi frauduleu- [illegible] à l'article 156 du Code pénal.

Art. 18. — Les copies de jugements, d'arrêts et de toutes autres pièces qui sont faites par les huissiers doivent être correctes et lisibles et contenir le nombre de lignes et de syllabes prévu par le tarif.

L'huissier qui aura signifié une copie de citation ou d'exploit de jugement ou d'arrêt, contraire aux prescriptions du paragraphe précédent, sera condamné à une amende de 125 francs, sur la seule réquisition du Ministère public, par la juridiction devant laquelle cette copie aura été produite.

Si la copie a été faite et signée par un avocat-défenseur, l'huissier qui l'aura signifiée sera néanmoins condamné à l'amende, sauf son recours contre l'avocat-défenseur, ainsi qu'il avisera. Les prescriptions des articles 68 modifié par la loi du 15 février 1899 et 69 du Code de procédure civile seront, dans tous les cas, observées.

Des sanctions disciplinaires pourront être prononcées s'il y a lieu.

Art. 19. — Les huissiers doivent, sous peine d'une amende de 50 francs prononcée par la juridiction devant laquelle l'acte est produit, mentionner au bas de l'original et de la copie, le coût de l'acte et indiquer, en marge de l'original, le nombre de rôles, de copies, de pièces, ainsi que le détail de tous les articles formant le coût de l'acte.

Art. 20. — En cas d'opposition ou d'appel contre toute décision rendue en matière civile ou commerciale susceptible de l'une de ces deux voies de recours, l'huissier fera mention sommaire, sur le registre tenu au Greffe à cet effet, de l'opposition ou de l'appel, en énonçant le nom des parties, la date du jugement et celle de l'opposition ou de l'appel.

Dans le cas des articles 29 et 30 cette obligation incombe exclusivement à l'huissier du siège de la juridiction.

Si l'huissier titulaire ou fonctionnaire, n'est pas domicilié au siège de la juridiction de laquelle émane la sentence attaquée, notification de l'opposition ou de l'appel sera faite au greffier par lettre recommandée avec accusé de réception; cette notification, qui contiendra les indications prescrites par le paragraphe premier, sera inscrite par le greffier, à sa date, sur le registre.

Le tout, à peine d'une amende de 100 francs, qui sera prononcée, sans appel, par le Tribunal civil, sur les réquisitions du Ministère public.

Art. 21. — Les huissiers ne peuvent se rendre, soit directement, soit indirectement, adjudicataires des objets mobiliers qu'ils sont chargés de vendre.

Art. 22. — Ils ne peuvent se rendre concessionnaires d'actions et de droits litigieux de la compétence du Tribunal auprès duquel ils exercent.

Art. 23. — Il leur est interdit d'accepter aucune gérance d'affaires industrielles ou commerciales et de faire du commerce, même par personne interposée.

Art. 24. — Ils ne doivent, à peine de sanctions disciplinaires et de dommages-intérêts, faire aucun acte au nom d'une partie, sans un pouvoir exprès ou tacite. Pour toute exécution, la remise des actes ou jugements vaut pouvoir tacite, sauf preuve contraire.

Art. 25. — Les huissiers doivent faire consigner par les parties le montant des frais d'enregistrement et du coût des actes; ils sont tenus de délivrer récépissé des sommes ainsi versées.

Art. 26. — Les fonctionnaires nommés huissiers à titre permanent, sont astreints aux mêmes règles et obligations que les huissiers titulaires. Ils perçoivent les mêmes droits et émoluments que ces derniers, mais il est prélevé une retenue de moitié sur ces droits et émoluments au profit du budget qui supporte la solde des dits fonctionnaires.

A cet effet, ceux-ci doivent établir un état trimestriel détaillé de leurs perceptions à titre d'huissier.

Cet état est remis au Procureur de la République ou au juge de paix à compétence étendue qui le vérifie et le transmet à l'ordonnateur qui émet des ordres de recettes payables au cours du trimestre suivant.

En aucun cas, la retenue de moitié effectuée au profit du Trésor, ne porte sur les frais de transports et autres débours, nécessités par la remise des actes.

Art. 27. — Les fonctionnaires-huissiers qui, sans excuse légitime, n'auront pas, dans les dix jours suivant l'expiration de chaque trimestre, remis l'état de leurs perceptions, seront passibles d'une amende de 100 francs prononcée par le Procureur général et recouvrée par le service de l'Enregistrement.

Art. 28. — Les huissiers *ad hoc* ont droit à la totalité des émoluments alloués à l'huissier titulaire.

Toutefois lorsque l'huissier du siège de la juridiction aura rédigé l'acte, ainsi qu'il sera indiqué ci-après, il percevra la moitié des honoraires; l'huissier *ad hoc* percevra l'autre moitié et, en outre, les frais de transport, s'il y a lieu.

SECTION IV

Huissiers ad hoc

Art. 29. — Les huissiers titulaires et les fonctionnaires-huissiers exercent leur ministère dans une zone qui est limitée à vingt kilomètres de leur résidence. Exceptionnellement, au delà de cette zone, ils peuvent et sur la réquisition expresse des parties instrumenter dans toute l'étendue de l'arrondissement judiciaire. La partie requérante supportera les frais de transport et de séjour.

Art. 30. — En dehors de la zone de vingt kilomètres entourant la résidence des huissiers titulaires et des fonctionnaires-huissiers, et sauf l'exception ci-dessus prévue, les actes sont accomplis par des huissiers *ad hoc*.

La partie requérante possède la faculté, dans tous les cas, de provoquer la désignation de l'huissier *ad hoc* en s'adressant à l'autorité prévue à l'article 2, paragraphe 3. Mais lorsque l'acte peut être rédigé d'avance, la partie requérante peut s'adresser directement à l'huissier du siège de la juridiction de l'arrondissement judiciaire qui prépare l'acte, le formalise en original et en copie et le transmet à l'autorité mentionnée à l'article 2, paragraphe 3, qui désigne l'huissier *ad hoc*. Celui-ci procède à la signification en mentionnant sur l'original et sur la copie l'opération par lui effectuée sous la forme suivante :

« Le présent acte signifié à M.
parlant à   par nous
huissier *ad hoc*   (date)

Il signifie cette mention sur l'original et sur la copie et l'accompagne du décompte des frais et débours qu'il a faits, ainsi que du chiffre des émoluments pouvant lui revenir. Il laisse la copie au destinataire et, par l'intermédiaire de l'autorité administrative qui l'a désigné, l'original est renvoyé à l'huissier qui a dressé l'acte.

Dans tous les cas, les originaux des actes et des exploits faits par les huissiers *ad hoc*, d'office ou sur délégation, sont adressés à l'huissier du siège de la juridiction, lequel doit sans délai mentionner l'acte à la suite de son Répertoire et perçoit un droit de 1 fr. 50 pour cette mention.

En aucun cas, les huissiers *ad hoc* ne peuvent instrumenter en dehors des limites de la circonscription administrative, soumise à l'autorité qui les a désignés.

SECTION V

Des clercs assermentés

Art. 31. — Les huissiers titulaires pourront se faire suppléer par des clercs assermentés dans la signification de tous les actes ou exploits, à l'exception de ceux réservés à la compétence exclusive des huissiers.

Art. 32. — L'huissier qui désire faire assermenter un ou plusieurs clercs soumet son choix à l'agrément du Tribunal qui, en Chambre de Conseil et sur les conclusions du Ministère public, statue sur la nomination.

Les candidats doivent être âgés de 21 ans au moins et justifier de leur moralité.

Art. 33. — Les clercs assermentés prêteront devant le Tribunal qui les aura agréés le serment prescrit par l'article 8.

Ce serment pourra être prêté par écrit lorsque l'étude à laquelle ils seront attachés se trouvera en dehors du siège du Tribunal.

Art. 34. — Les clercs assermentés ne pourront instrumenter que dans la zone d'exercice de leur patron; ils pourront, avec l'assentiment de ce dernier et sous sa responsabilité, suppléer les autres huissiers en exercice dans la même ville.

Art. 35. — Les procès-verbaux de constat et d'exécution, les ventes mobilières judiciaires ou volontaires resteront de la compétence exclusive des huissiers.

Les actes judiciaires et extra-judiciaires faits par les clercs assermentés, seront préalablement signés sur l'original et les copies par l'huissier, puis notifiés par le clerc assermenté, en se conformant aux articles 68 modifié par la loi du 15 février 1899 et 69 du Code de procédure civile.

L'huissier visera les mentions faites sur l'original par le clerc assermenté.

Art. 36. — Les protêts, faute d'acceptation ou de paiement, préalablement revêtus sur l'original et les copies de la signature de l'huissier, pourront être faits par le clerc assermenté, en se conformant aux prescriptions des articles 173, 174 et 176 du Code de commerce.

L'huissier visera les mentions faites sur l'original par le clerc assermenté.

Art. 37. — L'huissier sera civilement responsable de nullité, amendes, restitutions, dépens, dommages et intérêts encourus du fait des clercs assermentés.

Son cautionnement sera également affecté à cette responsabilité.

SECTION VI

Comptabilité des huissiers

Art. 38. — Les huissiers titulaires et les fonctionnaires-huissiers doivent tenir les registres suivants :

1° Un répertoire général;

2° Un livre-journal;

3° Un grand livre;

4° Un registre à souches.

Ces quatre registres sont cotés et paraphés par le président de la juridiction près laquelle exerce l'huissier.

Au cas de mutation, la remise, au successeur, de ces registres et des documents intéressant son ministère, est constaté par un procès-verbal énumératif dressé en trois originaux signés des intéressés. Deux de ces originaux sont transmis au Procureur de la République ou au juge de paix à compétence étendue, qui en adresse un au Procureur général, après visa, et dépose l'autre en ses archives; le troisième est conservé aux archives de l'huissier.

Art. 39. — Le répertoire général doit mentionner, jour par jour, sans blanc ni interligne et par ordre de numéros, tous les actes et exploits.

Le coût des actes, les frais de voyages, les déboursés et les salaires perçus y sont énoncés dans des colonnes séparées.

Ce répertoire est soumis tous les trois mois au visa du receveur de l'Enregistrement qui constate les ommissions ou retards et les sanctionne d'une amende de 50 francs par contravention.

Art. 40. — Le livre-journal mentionne jour par jour en toutes lettres, par ordre de dates, sans blanc ni interligne ou renvois en marge, les recettes et les dépenses, tant en matière civile qu'en matière criminelle et notamment toutes sommes que les huissiers reçoivent à raison de leurs fonctions, ainsi que les sommes qu'ils remettent à leurs clients ou qu'ils consignent suivant les prescriptions des textes leur en faisant obligation.

Le livre-journal est soumis trimestriellement à la vérification et au visa du Procureur de la République ou du juge de paix à compétence étendue qui transmet sans délai au Procureur général le résultat de sa vérification.

Art. 41. — Le grand livre contient l'ouverture d'un compte spécial au nom des parties avec indication de la somme consignée pour couvrir les frais de procédure.

Sur ce registre les huissiers portent toutes les sommes reçues et payées.

A l'expiration de chaque année, les huissiers adressent au Procureur de la République ou au juge de paix à compétence étendue un compte sommaire, tant des sommes consignées entre leurs mains que de celles qu'ils auront employées ou qui auront été restituées aux parties. Le Procureur de la République ou le juge de paix à compétence étendue transmet ce compte au Chef du Service judiciaire avec ses observations.

Art. 42. — Le registre à souches doit mentionner les noms et demeure de la partie versante, la date et la cause du versement.

Art. 43. — Toute infraction aux articles 38, alinéas 3, 39, 40, 41, 42 peut être punie d'une amende de 100 francs, qui sera prononcée par le Procureur général et recouvrée par le service de l'Enregistrement.

SECTION VII

Discipline des huissiers. — Honorariat.

Art. 44. — Le Chef du Service judiciaire exerce la surveillance et la discipline générale à l'égard des huissiers qui commettent des fautes professionnelles ou s'écartent du respect dû aux autorités.

Art. 45. — Les fautes commises par les fonctionnaires-huissiers sont après enquête et avis du Chef du Service judiciaire, appréciées et sanctionnées par l'autorité ayant à leur égard l'exercice de l'action disciplinaire.

Art. 46. — Les peines disciplinaires que peuvent encourir les huissiers titulaires sont :

1° Le rappel à l'ordre;

2° La censure simple;

3° La censure avec réprimande;

4° La suspension pendant une période d'une année au plus;

5° La destitution.

Le Chef du Service judiciaire prononce contre l'huissier, après l'avoir entendu, le rappel à l'ordre, la censure simple et la censure avec réprimande.

A l'égard des peines plus graves, telles que la suspension ou la destitution, le Chef du Service judiciaire fait, d'office ou sur la plainte des parties, et après avoir entendu l'huissier en cause, les propositions qu'il juge nécessaires au Gouverneur général qui statue par arrêté sur le vu du dossier et sur le rapport du Chef du Service judiciaire.

Le recours au Ministre des Colonies est ouvert contre les décisions du Gouverneur général prononçant la destitution. Mais l'huissier sera suspendu jusqu'à ce que le Ministre ait statué.

Le Chef du Service judiciaire peut provoquer l'application des sanctions pécuniaires prévues au présent règlement.

Art. 47. — En ce qui concerne les fautes commises ou constatées à l'audience, la Cour et les Tribunaux ont le droit de les réprimer; ils peuvent, en outre, prononcer la suspension pendant trois mois au plus. Ils appliqueront les peines séance tenante, le ministère public entendu, et après explications de l'huissier.

Les décisions des Tribunaux peuvent être portées en appel devant la Cour, lorsque la peine prononcée est la suspension. L'appel est formé par acte au Greffe dans les quinze jours du jugement; il est porté devant la Chambre de la Cour correspondant à la juridiction qui l'a prononcée.

Art. 48. — Le Gouverneur général pourra, sur la proposition du Chef du Service judiciaire, conférer l'honorariat aux huissiers comptant au moins dix années d'exercice.

Dispositions générales

Art. 49. — Toutes les dispositions antérieures contraires au présent arrêté, sont abrogées.

Dakar, le 30 janvier 1932.

Pour le Gouverneur général en tournée :
Le Gouverneur des Colonies,
Secrétaire général du Gouvernement général,
chargé de l'expédition des Affaires courantes,
DIRAT.

---

278 A. P. — ARRÊTÉ *réglementant l'organisation et le fonctionnement du Service des commissaires-priseurs en Afrique occidentale française.*

LE GOUVERNEUR GÉNÉRAL DE L'AFRIQUE OCCIDENTALE FRANÇAISE, OFFICIER DE LA LÉGION D'HONNEUR,

Vu le décret du 18 octobre 1904, réorganisant le Gouvernement général de l'Afrique occidentale française et les décrets subséquents qui l'ont modifié;

Vu l'arrêté du Lieutenant-Gouverneur du Sénégal du 26 février 1847, portant institution des commissaires-priseurs au Sénégal;

Vu l'article 26 du décret du 9 août 1854, concernant l'organisation judiciaire au Sénégal;

Vu le décret du 11 janvier 1881, portant réorganisation du Service des commissaires-priseurs au Sénégal;

Vu le décret du 22 juillet 1889, concernant l'intérim des fonctions de commissaire-priseur au Sénégal;

Vu le décret du 13 janvier 1919, qui modifie l'article 84 du décret du 10 novembre 1903,

Vu les arrêtés du Lieutenant-Gouverneur du Sénégal du 28 février 1881 et du 29 décembre 1925, fixant le nombre des commissaires-priseurs et déterminant le chiffre de leur cautionnement;

Vu à titre consultatif l'ordonnance du 28 juin 1816;

Vu le décret du 5 février 1924, fixant les tarifs des frais de justice et portant organisation de la comptabilité des officiers publics et ministériels en Afrique occidentale française et le décret du 18 janvier 1925, modifiant le précédent;

Vu l'arrêté du 2 avril 1925, modifiant les frais de justice fixés par les articles 2 à 48 inclusivement, 170 à 176 inclusivement, 104 et 106 du décret du 5 février 1924;

Vu le décret du 30 novembre 1928, autorisant dans les Colonies autres que les Antilles et la Réunion, dans les Pays de protectorat et Territoires à mandat dépendant du Ministère des Colonies, les Gouverneurs généraux, les Gouverneurs et Commissaires de la République à fixer par voie d'arrêté les honoraires, les indemnités et les frais de justice;

Vu à titre consultatif l'article 89 de la loi du 28 avril 1816 sur les finances, et l'ordonnance du 28 juin 1916, qui établit en exécution de l'article 89 de la loi du 28 avril 1816 des commissaires-priseurs dans les départements;

Vu les arrêtés du 30 janvier 1931, portant règlement des frais de justice;

Vu le décret du 30 novembre 1931, réorganisant le service des commissaires-priseurs en Afrique occidentale française;

Sur la proposition du Chef du Service judiciaire de l'Afrique occidentale française, la Commission permanente du Conseil de Gouvernement entendue,

ARRÊTE :

TITRE PREMIER

NOMINATION - CAUTIONNEMENT - RÉSIDENCE - ZONE D'EXERCICE ET CONGÉ DES COMMISSAIRES-PRISEURS

Article premier. — En Afrique occidentale française le ministère des commissaires-priseurs est exercé par des titulaires de charges, par les greffiers des tribunaux, par des commissaires-priseurs *ad hoc*.

Art. 2. — Le Gouverneur général, sur la proposition du Chef du Service judiciaire, institue les charges de commissaires-priseurs et en détermine le ressort.

Art. 3. — Il nomme les titulaires de ces charges sur la proposition du Chef du Service judiciaire.

Art. 4. — Dans les arrondissements judiciaires non pourvus de charges de commissaires-priseurs, les greffiers des tribunaux de première instance et des justices de paix à compétence étendue remplissent au siège de ces tribunaux les fonctions de commissaires-priseurs.

Hors du siège de ces tribunaux, ces fonctions sont remplies par un agent de l'ordre administratif ou judiciaire désigné, pour chaque vente, par ordonnance du président du tribunal ou du juge de paix à compétence étendue, sur requête présentée par la partie poursuivante. Il en est de même lorsque le greffier est momentanément absent ou empêché. Les commissaires-priseurs ainsi désignés sont dispensés du serment.

Art. 5. — Pour être nommé titulaire d'une charge de commissaire-priseur, il faut remplir les conditions suivantes :

1° Etre Français, âgé de 25 ans accomplis ou avoir obtenu du Gouverneur général une dispense qui ne pourra être accordée qu'aux candidats d'au moins 21 ans;

2° Justifier de sa moralité;

3° Avoir subi un examen professionnel devant un magistrat désigné par le Chef du Service judiciaire.

Art. 6. — Tout candidat à une charge de commissaire-priseur adresse sa requête, avec les pièces à l'appui, au Chef du Service judiciaire qui, après enquête, transmet le dossier avec ses propositions au Gouverneur général. Celui-ci délivre, s'il y a lieu, une commission de commissaire-priseur.

Art. 7. — Tout commissaire-priseur titulaire d'une charge doit, avant d'entrer en fonctions et pour être admis au serment professionnel, justifier du versement à la Caisse des Dépôts et Consignations d'une somme de 5.000 francs, à titre de cautionnement.

Art. 8. — Avant d'entrer en fonctions, les commissaires-priseurs prêteront devant le tribunal de leur résidence, le serment ainsi conçu : « Je jure de me conformer aux lois et

L'ORDONNANCE N° 42 CMLN DU 26 SEPTEMBRE 1972 PORTANT INSTITUTION DE CHARGE D'HUISSIERS ET STATUT DES HUISSIERS

ART. 3. — Les entreprises qui font profession habituelle de pratiquer les opérations visées à l'article 2 sont considérées comme des établissements financiers.

ART. 4. — Les entreprises susceptibles d'engager des opéraions de *leasing* ou de crédit-bail devront se consacrer uniquement aux opérations définies à l'article 2 du présent décret, et ne pourront, en particulier, étendre leurs activités à la pratique de la vente à crédit.

ORDONNANCE n° 42 CMLN du 26 septembre 1972 *portant institution de charges d'huissiers et statut des huissiers.*

TITRE PREMIER

Composition du service, institution du service des huissiers, agents chargés de son fonctionnement.

CHAPITRE PREMIER

Dispositions générales

ART. 1er. — Il est institué sur le territoire de la République du Mali un service des huissiers. Ce service est assuré par des huissiers titulaires de charge, par des fonctionnaires-huissiers ou par des huissiers *ad hoc*.

Il comporte au moins une charge au siège de chaque tribunal de première instance.

Le ministre de la justice peut, en dehors du siège des tribunaux de première instance, désigner par arrêté des fonctionnaires-huissiers dont il fixe la résidence.

ART. 2. — Les huissiers titulaires n'ont pas le droit de présenter des successeurs à l'agrément du Président du Gouvernement.

Les actes et convocations relatifs à des cessions d'office ou de clientèle sont nuls.

Les huissiers contractants encourent la destitution.

ART. 3. — Les clercs assermentés des huissiers pourront suppléer ceux-ci dans la signification des actes sous réserve des exceptions prévues par les lois et règlements.

ART. 4. — Les actes des titulaires et ceux des clercs assermentés font foi jusqu'à inscription de faux.

ART. 5. — Les nullités des exploits d'huissier sont facultatives pour le juge, sauf dérogation expresse.

ART. 6. — Les contestations relatives à l'application du « tarif » relèvent des tribunaux de droit commun compétents.

La procédure de taxation et d'exigibilité des droits et émoluments est suivie.

ART. 7. — Les huissiers sont des officiers ministériels protégés par les lois et règlement dans l'exercice ou à l'occasion de l'exercice de leurs fonctions.

La même protection s'étend à tous les agents qui, à quelque titre que ce soit, remplissent lesdites fonctions.

CHAPITRE II

Nomination, cautionnement, résidence, congé,

ART. 8. — Les huissiers titulaires sont nommés par décret sur proposition du ministre de la justice.

Les fonctionnaires-huissiers sont nommés par arrêté du ministre de la justice sur proposition du procureur de la République ou du juge de paix à compétence étendue, après avis du procureur général près la Cour d'appel.

Les huissiers *ad hoc* sont désignés, soit par le commandant de cercle, soit par le chef d'arrondissement territorialement compétent.

Ils sont désignés par le président du tribunal en cas d'absence ou d'empêchement momentané des huissiers établis au siège de la juridiction, et si les circonstances l'exigent.

ART. 9. — La nomination à la profession d'huissier titulaire est subordonnée aux conditions suivantes :

1° être de nationalité malienne ou être ressortissant d'un Etat qui accorde la réciprocité aux Maliens ;

2° avoir 25 ans révolus ou avoir obtenu du ministre de la justice une dispense qui ne pourra être accordée qu'aux candidats âgés de 21 ans au moins ;

3° justifier d'une bonne moralité ;

4° avoir satisfait à un examen professionnel.

Le programme de l'examen est fixé par arrêté ministériel.

Sont dispensés de l'examen :

a) les anciens magistrats ;

b) les anciens officiers ministériels ;

c) les personnes qui ont rempli pendant cinq ans au moins les fonctions de greffier ou d'agent d'exécution ;

d) les clercs de notaire ou d'huissier, comptant cinq années de cléricature.

ART. 10. — Le postulant à une charge d'huissier adresse une requête accompagnée des pièces visées à l'article 9 au procureur général près la Cour d'appel qui, après enquête, transmet le dossier avec ses appréciations au ministre de la justice.

ART. 11. — Les huissiers titulaires doivent, pour être admis au serment professionnel, justifier du versement à la Caisse des dépôts et consignations d'une somme de 100.000 francs à titre de cautionnement.

ART. 12. — Les huissiers titulaires et les fonctionnaires-huissiers prêtent, devant le tribunal de leur résidence, le serment dont la teneur suit :

« Je jure de me conformer aux lois, décrets, arrêtés, règlements concernant mon ministère et de remplir mes fonctions avec exactitude et probité ».

ART. 13. — Les huissiers titulaires ne peuvent s'absenter du territoire de la République sans un congé accordé par le ministre de la justice qui en fixe la durée, le procureur général près la Cour d'appel entendu.

Aucun congé ne pourra dépasser une année. A l'expiration de ce délai et sauf empêchement de force majeure, ou toute excuse légitime, les huissiers intéressés seront considérés comme démissionnaires.

ART. 14. — Pendant la durée de l'absence pour congé régulier ou pour toutes autres raisons légitimes, le titulaire est normalement remplacé par un clerc assermenté qui justifie au moins de deux années de cléricature.

A défaut de clercs assermentés, des greffiers ou des secrétaires des greffes et parquets seront nommés par ordonnance du président du tribunal sur avis conforme du ministère public.

Les greffiers ou secrétaires des greffes et parquets désignés cumulent leurs fonctions habituelles avec celles d'huissier.

ART. 15. — En cas de décès ou de démission d'un huissier titulaire et, d'une manière générale, en cas de vacance d'une étude d'huissier, il est procédé, aussitôt, à l'inventaire des dossiers et pièces existants, à la requête du ministère public.

Les dossiers sont déposés avec l'inventaire au greffe du tribunal. Copie de l'inventaire est transmise au ministre de la justice par la voie hiérarchique.

ART. 16. — Les huissiers *ad hoc* doivent être âgés de 21 ans révolus et être de nationalité malienne.

TITRE II

Attributions et devoirs des huissiers, prohibitions, incompatibilités.

CHAPITRE PREMIER

Huissiers titulaires

ART. 17. — Les huissiers sont chargés de toutes les citations, assignations, procès-verbaux de constat, notifications, significations judiciaires et extra-judiciaires, de tous actes ou exploits nécessaires à l'exécution forcée des actes publics, des ordonnances de justice, jugements et arrêts.

Ils assurent en personne ou par l'intermédiaire de suppléants légaux le service des audiences des Cours et tribunaux de leur zone d'exercice.

Ils peuvent procéder par continuation des poursuites aux ventes des meubles et objets mobiliers

ART. 18. — Les huissiers doivent prêter leur ministère toutes les fois qu'ils en sont requis par les parties, le ministère public, les officiers de police judiciaire, sous réserve des prohibitions et exceptions prévues par les textes en vigueur.

ART. 19. — Tout refus d'instrumenter, tout retard injustifié dans l'exécution portant préjudice, peut entraîner une sanction disciplinaire, indépendamment de l'action en réparation de la partie lésée.

ART. 20. — Les huissiers ne peuvent instrumenter pour eux-mêmes, ni pour leurs parents et alliés ou de leurs femmes en ligne directe, ni pour leurs parents et alliés collatéraux jusqu'au degré de cousin, inclusivement, à peine de tous dommages-intérêts envers les parties et sans préjudice des sanctions disciplinaires.

ART. 21. — Les huissiers ne peuvent prétendre qu'aux droits fixés par le « tarif des frais de justice ».

Il leur est interdit pour quelque cause et sous quelque prétexte que ce soit, de réclamer toute somme supérieure à celle homologuée, sous peine de restitution des droits indûment perçus et, s'il y a lieu, de dommages-intérêts et de sanctions disciplinaires.

ART. 22. — Les huissiers ne peuvent se rendre concessionnaires d'actions et de droits litigeux de la compétence des tribunaux auprès desquels ils exercent.

Il leur est interdit d'accepter aucune gérance d'affaires industrielles ou commerciales, de faire un commerce, même par personne interposée.

ART. 23. — Les huissiers qui accomplissent des actes au nom d'une partie sans pouvoir exprès sont passibles de dommages-intérêts et de sanctions.

Les actes ainsi accomplis sont nuls.

ART. 24. — Les huissiers doivent faire consigner par les parties le montant des frais d'enregistrement et du coût des actes. Ils sont tenus de délivrer récépissé des sommes reçues.

ART. 25. — L'huissier qui, en toute matière, ne remettra pas lui-même à personne ou domicile les exploits ou les copies de pièces qu'il aura été chargé de signifier, encourra la suspension, sans préjudice des dommages-intérêts.

ART. 26. — Les copies des jugements, arrêts, de toutes autres pièces qui sont faites par les huissiers, doivent être correctes, lisibles, contenir le nombre réglementaire de lignes et de syllabes.

ART. 27. — Les huissiers sont tenus de mentionner au bas des originaux et des copies le coût des actes, et d'indiquer, en marge desdits originaux, le nombre de rôles, de copies, de pièces, ainsi que le détail de tous les articles formant le coût des actes.

ART. 28. — En cas d'opposition ou d'appel contre des décisions susceptibles de l'une de ces deux voies de recours, les huissiers feront mention sommaire, sur le registre tenu au greffe à cet effet, de l'opposition ou de l'appel, en énonçant les noms des parties, les dates des décisions et celles de l'opposition ou de l'appel.

Mais quand les huissiers titulaires ne sont pas domiciliés au siège de la juridiction dont émane la sentence attaquée, la notification de l'opposition ou de l'appel sera faite au greffier par lettre recommandée avec accusé de réception.

La notification contiendra les indications requises ; elle sera inscrite par le greffier à sa date sur le registre à ce destiné.

ART. 29. — Les contraventions aux prescriptions des articles 26, 27 et 28 sont punies d'une amende n'excédant pas 5.000 francs prononcée par la juridiction devant laquelle les actes, exploits ou pièces sont produits, sur la seule réquisition du ministère public.

La décision est sans appel.

La condamnation à l'amende n'exclut pas l'action disciplinaire.

ART. 30. — Les huissiers disposent du droit de recours soit contre les avocats qui ont fait et signé les copies signifiées, soit contre les greffiers qui tiennent les registres de recours.

CHAPITRE II
Fonctionnaires-huissiers

ART. 31. — Les fonctionnaires nommés huissiers prêtent serment mais ils sont dispensés de cautionnement.

Ils perçoivent les mêmes droits et émoluments que les titulaires des charges mais il est prélevé sur leur rétribution une retenue d'un montant égal à la moitié des sommes encaissées, au profit du budget qui supporte leurs salaires.

Toutefois la retenue ne porte pas sur les frais de transport et autres débours occasionnés par la remise des actes et exploits.

ART. 32. — Les fonctionnaires-huissiers doivent établir un état trimestriel détaillé de leurs rétributions perçues à titre d'huissier.

L'état est remis au procureur de la République ou au juge de paix à compétence étendue, qui le vérifie et le transmet au trésorier-payeur ou à son préposé qui, sur le vu de cet état, délivre un récépissé constatant le paiement de la redevance prévue.

ART. 33. — Les fonctionnaires-huissiers qui, sans excuse légitime, n'auront pas, dans les dix jours qui suivent l'expiration du trimestre, remis l'état des perceptions opérées, seront passibles d'une amende n'excédant pas 5.000 francs prononcée par le procureur général et recouvrée par le service de l'Enregistrement.

CHAPITRE III
Huissiers ad hoc

ART. 34. — Les huissiers titulaires et les

fonctionnaires-huissiers exercent leur ministère dans une zone à 20 km autour de leur résidence.

Les huissiers titulaires de charges sont autorisés à faire tous actes ou exploits nécessaires à l'exécution des actes publics, arrêts, jugements, ordonnances de justice jusqu'à 50 km dans les localités desservies par des moyens de circulation convenables, à l'exception de celles où se trouvent des fonctionnaires huissiers.

En dehors des zones ci-dessus indiquées, les actes sont accomplis par des huissiers *ad hoc*.

Toutefois les huissiers titulaires peuvent, sur la réquisition expresse des parties, instrumenter dans toute l'étendue du ressort de leur charge ; les parties requérantes supportent les frais de transport et de séjour.

ART. 35. — Les huissiers titulaires, les fonctionnaires-huissiers et les parties possèdent la faculté de provoquer la désignation des huissiers ad hoc en s'adressant à l'autorité prévue à l'article 8 ci-dessus. Lorsque les actes peuvent être rédigés d'avance, les huissiers ou fonctionnaires-huissiers les préparent, les formalisent en originaux et copies qu'ils transmettent à l'autorité ayant pouvoir de désignation.

ART. 36. — Les huissiers *ad hoc* sont dispensés du serment et du cautionnement. Ils procèdent à la signification demandée en mentionnant sur les originaux et sur les copies, l'opération effectuée sous la forme suivante :

Le présent acte signifié à M. ....
.... par moi .... huissier *ad hoc* soussigné.

Date et signature

ART. 37. — Les huissiers *ad hoc* indiquent sur les originaux et les copies le décompte des dépenses faites, le montant des émoluments pouvant leur revenir. Ils laissent les copies aux destinataires et, par l'intermédiaire de l'autorité qui les a investis, les originaux sont adressés aux huissiers qui ont dressé les actes.

ART. 38. — Les originaux des actes et des exploits rédigés par les huissiers *ad hoc*, d'office ou sur délégation sont adressés aux huissiers compétents qui, sans délai, doivent mentionner lesdites pièces à la suite sur leur répertoire et perçoivent un droit fixe de 100 francs pour cette mention.

ART. 39. — Les huissiers *ad hoc* ne sont habilités à instrumenter que dans les limites des circonscriptions administratives placées sous l'autorité des personnes qui les ont désignés.

ART. 40. — Les huissiers *ad hoc* ont droit à la totalité des émoluments alloués aux huissiers titulaires de charges.

Toutefois, ils n'en percevront que la moitié, majorée des frais de transport et de séjour éventuels, lorsque les actes auront été rédigés par les huissiers titulaires ou les fonctionnaires-hussiers.

CHAPITRE IV
Clercs d'huissier

ART. 41. — Les huissiers qui désirent faire assermenter un ou plusieurs clercs soumettent leur choix à l'agrément du président du tribunal de première instance de leur secteur d'activités qui, en chambre du conseil et sur les conclusions du ministère public, statue sur la nomination.

Les candidats doivent être âgés de 21 ans au moins et justifier d'une bonne moralité et de connaissances suffisantes.

ART. 42. — Les clercs prêtent devant le tribunal qui les a agréés le serment énoncé à l'article 12.

ART. 43. — Les huissiers titulaires peuvent se faire suppléer par des clercs assermentés dans la signification des actes ou exploits dans le ressort de leur compétence.

Ces clercs peuvent, avec leur assentiment et sous leur responsabilité, suppléer les fonctionnaires-huissiers en exercice dans la circonscription judiciaire.

ART. 44. — Les actes judiciaires et extra-judiciaires faits par les clercs assermentés ne seront notifiés par eux que préalablement signés sur les originaux et les copies par les huissiers titulaires et les fonctionnaires-huissiers.

Il en est de même des protêts, faute d'acceptation et de paiement dans les formes prescrites par les lois et règlements.

Les titulaires sont toujours tenus de viser les mentions portées sur les originaux par les clercs assermentés.

ART. 45. — Les huissiers sont civilement responsables des nullités, amendes, restitutions, dépens, dommages-intérêts encourus du fait des clercs assermentés.

Le cautionnement qu'ils ont versé garantit les clercs assumant leurs fonctions.

TITRE III

CHAPITRE UNIQUE

Comptabilité des huissiers

ART. 46. — Les huissiers titulaires et les fonctionnaires-huissiers doivent tenir les registres suivants :

1) un répertoire général ;
2) un livre-journal;
3) un grand-livre ;
4) un registre à souches.

ART. 47. — Les registres sont cotés et paraphés par le président de la juridiction dans le ressort duquel exercent les huissiers ou fonctionnaires-huissiers.

En cas de mutation, la remise au successeur de ces registres et documents professionnels est constatée par un procès-verbal énumératif dressé en trois originaux signés des intéressés. Deux de ces originaux sont transmis au procureur de la République ou au juge de paix à compétence étendue qui, après visa, adressera un exemplaire au procureur général et déposera l'autre en ses archives. Le dernier exemplaire est réservé aux archives de l'étude.

ART. 48. — Le répertoire général doit mentionner jour par jour, sans blancs ni interlignes, et par ordre de numéros, tous les actes et exploits.

Le coût des actes, les frais de voyage, les débours ainsi que les salaires perçus y sont énoncés dans des colonnes séparées.

ART. 49. — Le répertoire général est soumis au visa trimestriel du receveur de l'enregistrement qui constate les omissions ou retards et prononce l'amende prévue par la loi.

ART. 50. — Le livre-journal mentionne, jour par jour, en toutes lettres, par ordre de dates, sans blancs ni interlignes ou renvois en marge, les recettes et les dépenses, tant en matière civile qu'en matière criminelle, notamment toutes les sommes que les huissiers reçoivent à raison de leurs fonctions, ainsi que les sommes qu'ils remettent à leurs clients ou qu'ils consignent.

ART. 51. — Tous les trimestres, le procureur de la République ou le juge de paix à compétence étendue vérifie le livre-journal et transmet au procureur général le résultat de la vérification.

ART. 52. — Le grand-livre contient l'ouverture d'un compte spécial au nom des parties avec indication de la somme consignée pour couvrir les frais de procédure.

Toutes les sommes reçues et payées y sont portées par les huissiers.

ART. 53. — A la fin de chaque année, les huissiers envoient au procureur de la République ou au juge de paix à compétence étendue un état sommaire tant des sommes consignées entre leurs mains que de celles qu'ils auront ou qui auront été restituées aux parties. Le procureur de la République ou le juge de paix à compétence étendue transmet ce compte au procureur général.

ART. 54. — Le registre à souches, doit mentionner les nom et demeure de la partie versante, la date et la cause du versement.

ART. 55. — Le ministre de la justice déterminera les modèles des registres de comptabilité des huissiers.

ART. 56. — Toute infraction aux articles 46, 47, 48, 49, 50, 51, 52, 53, 54 est passible d'une amende n'excédant pas 5.000 francs prononcée par le procureur général et recouvrée par le service de l'Enregistrement.

TITRE IV

CHAPITRE UNIQUE

Discipline des huissiers Honorariat

ART. 57. — Indépendamment du pouvoir de contrôle permanent conféré au procureur général, le ministre de la justice exerce la surveillance et la discipline générale à l'égard des huissiers.

ART. 58. — Les peines disciplinaires que peuvent encourir les huissiers titulaires sont :

1) le rappel à l'ordre;
2) la censure simple;
3) la censure avec réprimande;
4) la suspension pendant une période d'une année;
5) la destitution.

ART. 59. — Le ministre de la justice prononce par arrêté le rappel à l'ordre, la censure simple et la censure avec réprimande.

La décision est prise sur rapport motivé du procureur général l'huissier mis en cause préalablement entendu.

ART. 60. — Les peines de suspension et de destitution sont prononcées par décret du Président du Gouvernement sur proposition du ministre de la justice.

La reprise de fonction a lieu sans autre formalité à l'expiration de la période de suspension.

ART. 61. — Les fautes commises par les fonctionnaires-hussiers peuvent entraîner la révocation de la décision de nomination. Les fonctionnaires-huissiers et les huissiers *ad hoc* peuvent après enquête et avis du ministre de la justice, être sanctionnés par l'autorité qui détient le pouvoir disciplinaire à leur égard.

ART. 62. — Les huissiers titulaires, les fonctionnaires-huissiers, les huissiers *ad hoc*, sont passibles des condamnations de droit commun s'ils ont commis des infractions dans l'exercice ou à l'occasion de l'exercice de leurs fonctions.

ART. 63. — L'action en respect de la discipline et pour infractions connexes facilitées par l'exercice de la profession est engagée soit d'office par le procureur général, soit sur la plainte des parties.

L'huissier mis en cause, les parties intéressées ou toutes autres personnes dont l'audition est nécessaire à la manifestation de la vérité seront entendus.

ART. 64. — Le ministre de la justice peut prononcer contre les huissiers les sanctions pécuniaires prévues à la présente ordonnance.

ART. 65. — Les cours et tribunaux ont le droit de réprimer les fautes commises ou constatées à l'audience. Ils appliquent les peines, séance tenante, le ministère public entendu et après explication des contrevenants.

Ils peuvent prononcer le rappel à l'ordre, la réprimande ou proposer la suspension ou la destitution.

Les décisions des tribunaux sont susceptibles de recours dans les cas de suspension ou de destitution.

Les règles prescrites par le code de procédure seront suivies.

ART. 66. — Le ministre de la justice pourra conférer l'honorariat aux huissiers comptant au moins dix années d'exercice.

ART. 67. — Toutes dispositions antérieures sont abrogées.

ORDONNANCE n° 3 CMLN *du 12 février 1973 portant répression du trafic clandestin des céréales et de la hausse ou de la baisse artificielle du prix de ces produits.*

ART. 1er. — Il est interdit sur toute l'étendue de la République, à toute personne :

1° De faire du commerce clandestin de céréales;

2° De se porter sur les sentiers et les voies publiques, au devant des producteurs de céréales, pour les mettre en relation avec des commerçants aux fins de trafic clandestin;

3° D'installer ou d'utiliser des bascules sur les routes ou sur tout autre point du territoire de la République où la possibilité d'effectuer des opérations commerciales n'est pas légalement autorisée;

4° D'acheter des céréales auprès des producteurs des organismes de commercialisation et de distribution agréés en vue de constituer des stocks destinés à alimenter un commerce clandestin;

5° D'exporter frauduleusement des céréales;

6° De vendre sur les marchés les céréales importées.

ART. 2. — Toute infraction aux dispositions de l'article ci-dessus sera punie d'un emprisonnement de 1 à 5 ans et d'une amende de 300.000 à 3.000.000 de francs.

Le tribunal prononcera en outre au bénéfice de l'Etat la confiscation des céréales saisies.

ART. 3. — Seront punis des mêmes peines ceux qui, dans un esprit de trafic et de gain illicite ou dans toute intention immorale ou contraire à l'intérêt général, auront par quelque moyen que ce soit, directement ou par personne interposée, opéré ou tenté d'opérer la hausse ou la baisse artificielle des prix des céréales.

En aucun cas la peine d'amende prévue ne pourra être assortie du sursis.

&

DECRET n° 26 du 12 mars 1973 *portant obligation d'assurance de la responsabilité civile pour la circulation d'engins à deux roues.*

ART. 1er. — L'obligation d'assurance de la responsabilité civile découlant de l'utilisation des véhicules terrestres à moteur est étendue aux engins motorisés à deux ou

LOI N°95-069 DU 25 AOÛT 1995 PORTANT STATUT DES HUISSIERS DE JUSTICE

● LOI N° 95-069 DU 25 AOUT 1995
PORTANT STATUT DES HUISSIERS DE JUSTICE

ART. 1er : Il est créé un service des huissiers assuré par des huissiers titulaires de charges, par des fonctionnaires-huissiers ou par des huissiers ad hoc.

Le service des huissiers de justice comporte au moins une charge au siège de chaque Tribunal de 1ère instance et de chaque justice de Paix à Compétence Etendue.

La création, la suppression de charge et le transfert d'huissier se font par arrêté du Ministre chargé de la Justice après avis consultatif de la Chambre Nationale des Huissiers.

Le Ministre chargé de la Justice peut, dans les juridictions non pourvues d'huissiers, désigner par arrêté des fonctionnaires-huissiers dont il fixe la résidence. La création d'une charge entraîne le retrait de la fonction d'huissier au fonctionnaire-huissier.

ART. 2 : Les huissiers de justice sont des officiers ministériels qui ont seuls qualité pour signifier les actes et les exploits, faire les notifications prescrites par les lois et règlements, lorsque le mode de notification n'a pas été précisé et procéder à l'exécution des décisions de justice, ainsi que des actes ou titres en forme exécutoire.

Les huissiers de justice procédant au recouvrement amiable ou judiciaire de toutes créances et, dans les lieux où il n'est pas établi de commissaires-priseurs, sur autorisation du Président du Tribunal, aux prisées aux ventes publiques de meubles et offerts mobiliers corporels. Ils peuvent être commis par justice pour effectuer des constatations purement matérielles, exclusives de tout avis sur les conséquences de fait ou de droit qui peuvent en résulter. Ils peuvent également procéder à des constatations de nature à la requête de particuliers.

Ils assurent le service des audiences des cours et tribunaux.

Les huissiers tiennent de leurs fonctions le droit de requérir l'assistance de la force publique.

ART. 3 : Les huissiers de justice titulaires n'ont pas le droit de présenter de successeurs. Les huissiers contractants encourent la destitution.

ART. 4 : Les huissiers de justice titulaires de charge peuvent se faire suppléer dans l'exercice de leurs fonctions par des agents assermentés appelés clercs.

Les clercs agissent sous la responsabilité des huissiers titulaires de charge.

ART. 5 : Les actes des huissiers et ceux des clercs font foi jusqu'à inscription de faux.

ART. 6 : Les nullités des exploits d'huissiers sont facultatives pour le juge, sauf dérogation expresse.

ART. 7 : Les huissiers sont tenus d'observer la procédure de taxation et d'exigibilité des droits et émoluments en vigueur.

Les constatations relatives à l'application des textes sur les émoluments des huissiers relèvent des tribunaux de droit commun compétents.

ART. 8 : Les huissiers sont protégés par les lois et règlements dans l'exercice ou à l'occasion de l'exercice de leurs fonctions.
La même protection s'étend à tous les agents qui, à quelque titre que ce soit, remplissent lesdites fonctions.

L'étude de l'huissier est inviolable, son accès est subordonné à une autorisation du Procureur de la république ou du Juge de Paix à Compétence Etendue.

ART. 9 : Les huissiers titulaires, les fonctionnaires-huissiers, les huissiers ad hoc et les clercs prêtent devant le Tribunal de leur résidence le serment dont la teneur suit :
"je jure de me conformer aux lois et règlement concernant mon Ministère et de remplir mes fonctions avec exactitude et probité".

ART. 10 : Les huissiers ne peuvent s'absenter du territoire de la République du Mali sans un congé accordé par la Chambre Nationale : le Procureur de la République ou le Juge de paix du ressort judiciaire en est préalablement informé.

Toutefois, le congé ne peut dépasser un an. A l'expiration de ce délai et sauf empêchement dû à un cas de force majeure ou toute excuse légitime, les huissiers intéressés sont déclarés démissionnaires par le Ministre chargé de la Justice saisi par le Procureur Général de la Cour d'Appel sur apport du Procureur de la République après avis de la Chambre Nationale des Huissiers.

ART. 11 : Pendant la durée de l'absence pour congé régulier ou pour toute autre raison légitime, le titulaire est normalement remplacé par un clerc assermenté qui justifie au moins de deux années de cléricature, sous le contrôle d'huissier titulaire désigné par la Chambre Nationale des Huissiers.

A défaut de clercs assermentés, la Chambre Nationale des Huissiers prévue à l'article 36 ci-après désigne un huissier titulaire pour assurer l'intérim.

792

ART. 12 : En cas de décès ou de démission d'un huissier titulaire d'une manière générale, en cas de vacance d'une étude d'huissier, il est procédé aussitôt à l'inventaire des dossiers et pièces existants à la requête du Ministère public.

Les dossiers sont déposés avec l'inventaire au bureau de la Chambre Nationale des Huissiers.

CHAPITRE II :

Du stage et de la nomination

SECTION I :

Du stage

ART. 14 : Le postulant à la qualité d'huissier stagiaire doit:

- être titulaire de la licence en droit ou un diplôme national ou étranger réglementairement considéré comme étant de même spécialité ou d'un niveau équivalent ou supérieur ;

- être de nationalité malienne ou ressortissant d'un Etat accordant la réciprocité ;

- jouir de ses droits civiques et être de bonne moralité ;

- être âgé de 21 ans au moins sauf dispense accordée par le Ministre chargé de la Justice.

ART. 15 : Un arrêté du Ministre chargé de la Justice fixe les modalités d'organisation et le programme du concours de recrutement des huissiers stagiaires après avis consultatif de la Chambre Nationale des Huissiers.

ART. 16 : Le Ministre chargé de la Justice détermine le nombre de places mises au concours après avis consultatif de la Chambre Nationale des Huissiers.

ART. 17 : La formation professionnelle des huissiers stagiaires est assurée au sein de l'Institut National de Formation Judiciaire (INFJ).

Elle est sanctionnée par le Certificat d'Aptitude à la Profession d'Huissier.

Elle dure deux ans et comporte un enseignement théorique d'une année et une formation pratique d'une année dans l'étude de l'huissier désigné par la Chambre Nationale des Huissiers.

Le stage pratique se fait sous le contrôle de la Chambre Nationale des Huissiers qui en fixe le programme en rapport avec l'Institut National de Formation Judiciaire.

SECTION II :

De la nomination

ART. 18 : Les huissiers titulaires sont nommés par arrêté du Ministre chargé de la Justice qui leur délivre une carte professionnelle.

L'arrêté de nomination fixe le ressort de l'huissier promu.

Seuls sont nommés huissiers, les titulaires du Certificat d'Aptitude à la Profession d'Huissier. Les fonctionnaires-huissiers sont nommés par arrêté du Ministre chargé de la Justice sur proposition du Procureur de la République ou du Juge de Paix à Compétence Etendue après avis du Procureur Général près la Cour d'Appel.

Les huissiers ad hoc sont désignés par Ordonnance du Président du Tribunal en cas d'absence ou d'empêchement momentané des huissiers établi au siège de la justice et si les circonstances l'exigent.

Toutefois, dans l'un ou l'autre cas, la Chambre Nationale est tenue informée.

CHAPITRE III :

Des incompatibilités et interdictions

ART. 19 : La profession d'huissier titulaire de charge est incompatible avec :

- toutes fonctions publiques ;
- tout emploi de Directeur, Gérant, Administrateur de Société ;
- les emplois à gage, ceux d'Agent Comptable ;
- toute espèce de négoce.

ART. 20 : L'huissier soumis à des obligations militaires actives ne peut exercer un acte quelconque de sa profession.

ART. 21 : L'huissier pourra être chargé par l'Etat de mission temporaire même rétribuée mais à la condition de ne faire durant ces missions aucun acte de sa profession directement. L'huissier chargé de mission doit en aviser le Président de la Chambre Nationale des Huissiers.

La nomination d'un huissier suppléant a lieu dans le cas échéant par arrêté du Ministre de la Justice sur proposition de la Chambre.

ART. 22 : L'huissier investi d'un mandat électif ne peut pendant la durée de ce mandat accomplir un acte quelconque de sa profession dans les affaires intéressant l'Etat ou les collectivités publiques et leurs démembrements et dans sa circonscription électorale.

ART. 23 : L'huissier investi d'un mandat électif à la date de publication de la présente loi aura un délai de trois mois pour se conformer aux nouvelles dispositions.

ART. 24 : Il est interdit à l'huissier :

1°) de se rendre directement ou indirectement adjudicataire de bien meuble ou immeuble dont il est chargé de poursuivre la vente;

2°) de se rendre concessionnaire de droits successoraux;

3°) de percevoir des droits et émoluments autres que ceux prévus par les textes en vigueur sous peine de restitution de la totalité ou de l'excédent.

ART. 25 : Les huissiers ne peuvent se rendre concessionnaires d'action et droit litigieux de la compétence des tribunaux auprès desquels ils exercent.

CHAPITRE IV :

De l'organisation professionnelle

ART. 26 : Il est créé auprès du Ministère chargé de la Justice une Chambre Nationale des Huissiers de Justice, dont le siège est à Bamako et une Chambre Régionale au siège de chaque Cour d'Appel.

ART. 27 : La Chambre Nationale et les Chambres Régionales sont des établissements publics à caractère professionnel.

ART. 28 : La Chambre Nationale représente l'ensemble de la profession auprès des pouvoirs publics. Elle prévient ou concilie tous différends d'ordre professionnel ou entre huissiers ne relevant pas de la même Chambre Régionale sans préjudice du droit des parties de saisir directement les juridictions compétentes.

Elle tranche ces litiges par des décisions susceptibles de recours devant la Cour d'Appel.

Elle organise et règle le budget de toutes oeuvres sociales intéressant les huissiers.

Elle donne Son avis sur le règlement intérieur des Chambres Régionales.

Elle informe et donne son avis au Ministre chargé de la Justice sur toutes les questions professionnelles concernant les huissiers.

Elle est chargée d'examiner toute réclamation de la part des tiers contre les huissiers à l'occasion de l'exercice de leur fonction, de vérifier la tenue de la comptabilité dans les études, de gérer les biens de la Chambre et de recouvrer les cotisations.

Les tiers conservent la faculté de saisir les juridictions compétentes.

ART. 29 : La Chambre Nationale établit son règlement intérieur qu'elle soumet à l'approbation du Ministre chargé de la Justice.

ART. 30 : La Chambre des Huissiers est dirigée par un bureau dont le nombre des membres est proportionnel au nombre des huissiers.

La désignation des membres du Bureau doit s'effectuer conformément au tableau suivant :

- jusqu'à 30............... 7 membres
- de 31 à 50...............10 -"-
- de 51 à 100 .... 12 -"-
- de 101 et au-delà........ 14 -"-

ART. 31 : Le bureau est élu pour 3 ans, il est rééligible.

Il se réunit au moins une fois par an à Bamako sur convocation de son Président ou à la demande de la majorité de ses membres.

ART. 32 : Le bureau peut convoquer l'ensemble des huissiers en Assemblée Générale lorsque les circonstances l'exigent.

ART. 33 : La Chambre Régionale est composée des huissiers de justice du ressort de la Cour d'Appel. A l'instar de la Chambre Nationale, la Chambre Régionale prévient ou concilie tous différends d'ordre professionnel entre huissiers régionaux.

Elle tranche ces litiges suivant des décisions susceptibles de recours devant le Bureau de la Chambre Nationale. Elle est chargée d'examiner toutes réclamations de la part des tiers contre les huissiers à l'occasion de l'exercice de leur profession, sans préjudice du recours aux juridictions compétentes.

Elle établit un règlement intérieur, vérifie la tenue de la comptabilité des huissiers et gère les biens de la Chambre Régionale.

ART. 34 : La Chambre est dirigée par un bureau comprenant au moins 5 membres.

ART. 35 : Les membres du bureau de la Chambre Régionale sont élus pour 3 ans dans les conditions fixées par l'article 30 du présent statut. Le bureau se réunit au moins une fois par an à la demande de son Président ou de la majorité de ses membres.

ART. 36 : Les procès-verbaux de réunion du bureau de la Chambre Régionale sont soumis à l'appréciation de la Chambre Nationale.

CHAPITRE V :

De l'assurance et du cautionnement

ART. 37 : L'huissier titulaire est tenu de justifier d'une police d'assurance individuelle et d'une police d'assurance professionnelle.

Il est en outre astreint au paiement d'un cautionnement de 50.000 Francs à la Caisse des dépôts et consignations.

L'huissier titulaire ne prête serment que sur présentation du récépissé de cautionnement.

Les fonctionnaires-huissiers et les huissiers ad hoc sont dispensés de la justification de l'assurance

Des grou

ART. 38 : Les
même ressort j
des groupemen

Le
dans les mêm
offices ou serv
titulaires conse
indépendance.
faciliter l'exéc
frais d'exploita

L'a
plusieurs huis
non leurs prop
toutes les acti

ART. 39 : Un
membres peu
judiciaire.

ART. 40 : To
autorisé par l
présentation
parties après
Huissiers.

ART. 41 : L
part de chac
les indemnité
tants.

ART. 42 : L
durée de l'as

ART. 43 : L
Ministre ch
Nationale d
mettant fin à

ART. 44 : C
plinairemen
qu'il aura c
son Ministè
ponsable.

ART. 45 : I
nées de l'ex
de l'associa
saisie que
n'a pu conc

Si, dans un
de la Cha
peut saisir

ART. 46 :
justice for
sociés doi
lement m
sur toutes
rieures sig
sur la liste

CHAPITRE VI :
Des groupements et associations

ART. 38 : Les huissiers de justice résidant dans le même ressort judiciaire peuvent établir entre eux des groupements ou associations.

Le groupement est la centralisation dans les mêmes locaux de deux ou plusieurs offices ou services dépendant de ceux-ci dont les titulaires conservent leurs propres activités et leur indépendance. Le groupement a pour objet de faciliter l'exécution du travail et de réduire les frais d'exploitation.

L'association est la réunion de deux ou plusieurs huissiers de justice qui conservent ou non leurs propres offices mais mettent en commun toutes les activités.

ART. 39 : Une association d'au moins deux membres peut se former dans le même ressort judiciaire.

ART. 40 : Tout groupement ou association est autorisé par le Ministre chargé de la Justice sur présentation de la convention intervenue entre les parties après avis de la Chambre Nationale des Huissiers.

ART. 41 : Le contrat d'association détermine la part de chacun dans le produit des offices et fixe les indemnités éventuelles à la charge des contractants.

ART. 42 : Le contrat peut être modifié pendant la durée de l'association selon les mêmes règles.

ART. 43 : Les intéressés doivent transmettre au Ministre chargé de la Justice et à la Chambre Nationale des Huissiers un exemplaire du contrat mettant fin à leur association.

ART. 44 : Chaque huissier de justice reste disciplinairement et pénalement responsable des fautes qu'il aura commises dans l'accomplissement de son Ministère, l'association étant civilement responsable.

ART. 45 : En cas de difficultés entre les associés, nées de l'exécution du contrat ou de la dissolution de l'association, la juridiction civile ne peut être saisie que si la Chambre Nationale des Huissiers n'a pu concilier les parties.

Si, dans un délai de trois (3) mois, aucune décision de la Chambre n'intervient, l'huissier intéressé peut saisir la juridiction compétente.

ART. 46 : Lorsque deux ou plusieurs huissiers de justice forment une association, leur qualité d'associés doit figurer dans tous les actes. Elle est également mentionnée dans leurs correspondances, sur toutes plaques, affiches ou marques extérieures signalant leur qualité au public, ainsi que sur la liste des huissiers de la communauté.

CHAPITRE VII :
Des attributions et des devoirs

SECTION I :

Des huissiers titulaires

ART. 47 : Les huissiers prêtent leur ministère toutes les fois qu'ils en sont requis par les parties ou le Ministère public sous réserve des prohibitions et exceptions prévues par les textes en vigueur.

ART. 48 : Tout refus d'instrumenter, tout retard injustifié dans l'exécution portant préjudice peut entraîner une sanction disciplinaire indépendamment de l'action de réparation de la partie civile.

ART. 49 : Les huissiers ne peuvent instrumenter pour eux-mêmes ni pour leurs parents et alliés en ligne directe ou en ligne collatérale jusqu'au 4ème degré sous peine de dommages-intérêts envers les parties et sans préjudice des sanctions disciplinaires.

ART. 50 : Les huissiers doivent faire consigner par les parties le montant des frais d'enregistrement et du coût des actes. Ils sont tenus de délivrer récépissé des sommes reçues.

ART. 51 : L'huissier ou son clerc qui, en toute matière, ne remettra pas lui-même à personne ou à domicile les exploits ou les copies de pièces qu'il aura été chargé de signifier, encourra la censure avec réprimande sans préjudice des dommages-intérêts.

ART. 52 : Les copies des jugements, arrêts et autres pièces qui sont faites par les huissiers doivent être correctes, lisibles et contenir le nombre réglementaire de lignes et de syllabes.

ART. 53 : Les huissiers sont tenus de mentionner au bas des originaux et des copies le coût des actes et d'indiquer en marge desdits originaux le nombre de rôles de copies ainsi que le détail de tous les articles formant le coût des actes.

ART. 54 : Les contraventions aux prescriptions des articles 47 à 53 sont punies d'une amende n'excédant pas 9.000 F prononcée par la juridiction devant laquelle les actes, exploits ou pièces sont produits sur la seule réquisition du Ministère public.
La condamnation à l'amende n'exclut pas l'action disciplinaire.

ART. 55 : Les huissiers disposent du droit de recours soit :

- contre les avocats qui ont fait et signé les copies signifiées

- contre les greffiers qui tiennent les registres de recours.

SECTION II :

Des fonctionnaires-huissiers

ART. 56 : Les fonctionnaires-huissiers perçoivent les mêmes droits et émoluments que les titulaires de charges. Il est prélevé sur leur rétribution une retenue d'un montant égal à la moitié des sommes encaissées au profit du budget qui supporte leurs salaires.

Toutefois, la retenue ne porte pas sur les frais de transport et autres débours occasionnés par la remise des actes et exploits.

ART. 57 : Les fonctionnaires-huissiers établissent un état trimestriel détaillé de leurs rétributions perçues à titre d'huissier.

L'état est remis au Procureur de la république ou au Juge de Paix à Compétence Etendue qui le vérifie et le transmet au trésorier-payeur ou à son préposé qui, sur le vu de cet état, délivre un récépissé constatant le paiement de la redevance prévue.

ART. 58 : Les fonctionnaires-huissiers qui, sans excuse légitime, n'auront pas, dans les dix jours qui suivent l'expiration du trimestre, remis l'état des perceptions opérées, seront passibles d'une amende n'excédant pas 5.000 F prononcée selon le cas, soit par le Juge de Paix à Compétence Etendue se saisissant d'office, soit par le Président de la juridiction du ressort sur saisine du représentant du Ministère public.

SECTION III :

Des huissiers ad hoc

ART. 59 : Les huissiers ad hoc procèdent à la signification demandée en mentionnant sur les originaux et sur les copies l'opération effectuée sous la forme ci-dessous.

Le présent acte signé à.........................

par Moi...

Huissier ad hoc soussigné.

DATE DE SIGNATURE

ART. 60 : Les huissiers ad hoc indiquent sur les originaux et les copies le décompte des dépenses faites, le montant des émoluments pouvant leur revenir.

Ils laissent les copies aux destinataires et, par l'intermédiaire de l'autorité qui les investit, les originaux sont adressés aux huissiers qui ont dressé les actes.

ART. 61 : Les originaux des actes et des exploits rédigés par les huissiers ad hoc d'office ou sur délégation sont adressés aux huissiers compétents qui sans délai doivent mentionner les-dites pièces à la suite sur le répertoire et perçoivent un droit fixe de 100 F pour cette mention.

Les huissiers ad hoc ne sont habilités à instrumenter que dans le ressort des autorités judiciaires qui les ont désignés.

ART. 62 : Les huissiers ad hoc ont droit à la totalité des émoluments alloués aux huissiers titulaires de charges.

Toutefois, ils n'en percevront que la moitié majorée des frais de transport et de séjour éventuels lorsque les actes auront été rédigés par les huissiers titulaires de charges.

SECTION IV :

Des clercs d'huissier

ART. 63 : Les clercs d'huissier de justice sont des collaborateurs d'huissier.

Ils sont inscrits sur un registre coté et paraphé tenu au siège de la Chambre Nationale des Huissiers sous la surveillance du Président.

Les clercs d'huissier de justice se répartissent en 3 catégories:

- la première catégorie comprend les clercs principaux justifiant de diplôme d'enseignement supérieur en droit et qui peuvent être chargés de suppléer aux huissiers titulaires de charge dans l'exercice de leur fonction;

- la deuxième catégorie comprend les clercs ordinaires justifiant de diplôme d'enseignement secondaire et qui sont capables de rédiger seuls les actes usuels et de régler les dossiers courants;

- la troisième catégorie comprend les clercs significateurs justifiant du Diplôme d'Etudes Fondamentales (DEF) possédant des connaissances suffisantes et qui sur les directives données sont capables de rédiger les dossiers ne comportant aucune complication ou difficulté juridique.

Les clercs principaux qui ont (cinq) 5 ans d'exercice effectif de leur profession peuvent être nommés huissiers titulaires par arrêté du Ministre chargé de la Justice sur proposition de la Chambre Nationale des Huissiers après un test organisé par celle-ci.

Les clercs de 1ère catégorie sont nommés par arrêté du Ministre chargé de la Justice sur proposition de l'huissier titulaire.

Les clercs de 2ème et 3ème catégories sont nommés par Ordonnance du Président du Tribunal sur proposition des huissiers titulaires de charges.

ART. 64 : Le changement de catégorie aura lieu chaque cinq (5) années d'exercice effectif sur l'appréciation de la Chambre Nationale des Huissiers après avis de l'huissier titulaire.

L'ancienneté suffit pour l'accès à la catégorie. L'accès à la 1ère catégorie exige, outre cinq (5) années d'exercice dans la 2ème catégorie, de passer avec succès le test organisé par la Chambre Nationale des Huissiers.

Une carte professionnelle sera délivrée par la Chambre Nationale des Huissiers aux clercs d'huissier.

Les modalités d'organisation du test sus-évoqué sont prévues au règlement intérieur de la Chambre Nationale des Huissiers.

ART. 65 : Les huissiers titulaires et les fonctionnaires doivent tenir les registres suivants :

1. un répertoire général;
2. un livre journal;
3. un grand livre;
4. un registre à souches.

ART. 66 : Les registres sont cotés et paraphés par le Président de la Juridiction dans le ressort duquel exercent les huissiers ou fonctionnaires-huissiers.

En cas de transfert, la remise au successeur de ces registres et documents professionnels est constatée par un procès-verbal énumératif dressé en trois originaux signés des intéressés. Deux de ces originaux sont transmis au Procureur de la République ou au Juge de paix à Compétence Etendue qui après visa adressera un exemplaire au Procureur général et déposera l'autre en ses archives.

Le dernier exemplaire est réservé aux archives de l'étude.

ART. 67: Le répertoire général doit mentionner jour par jour sans blancs ni interlignes et par ordre de numéro tous les actes et exploits. Les coûts des actes, les frais de voyage, les débours ainsi que les salaires perçus y sont énoncés dans les colonnes séparées.

ART. 68 : Le répertoire général est soumis au visa trimestriel du receveur de l'enregistrement qui constate les omissions ou retards et prononce l'amende prévue par la Loi.

ART. 69 : Le livre-journal mentionne jour par jour, en toutes lettres par ordre de date sans blancs ni interlignes ou renvois en marge les recettes et les dépenses, tant en matière civile qu'en matière criminelle, notamment toutes les sommes que les huissiers reçoivent en raison de leurs fonctions ainsi que les sommes qu'ils remettent à leurs clients ou qu'ils consignent.

ART. 70 : Le grand livre contient l'ouverture d'un compte spécial au nom des parties avec indication de la somme consignée pour couvrir les frais de procédure.

Toutes sommes reçues et payées y sont portées par les huissiers.

ART. 71 : Le registre à souches doit mentionner les noms et demeure de la partie versante, la date et la cause du versement.

ART. 72 : Un arrêté conjoint du Ministre chargé de la Justice et du Ministre chargé des Finances détermine les modèles des registres de comptabilité des huissiers.

CHAPITRE VIII :
De la discipline

ART. 73 : Les peines disciplinaires que peuvent encourir les huissiers titulaires sont :

1. le rappel à l'ordre;
2. la censure simple;
3. la censure avec réprimande;
4. la suspension pendant une période n'excédant pas une année;
5. la destitution.

ART. 74 : La Chambre Nationale des Huissiers, soit d'office, soit sur saisine du Ministre chargé de la Justice, statue en conseil de discipline.

Elle prononce le rappel à l'ordre, la censure simple, la censure avec réprimande et la suspension de l'huissier mis en cause préalablement entendu.

La décision de la Chambre notifie à l'huissier concerné et au Procureur général les délibérations de la Chambre des Huissiers dans un délai de 8 jours à compter du prononcé.

Le président et le secrétaire général se rendent à l'étude de l'huissier suspendu et procèdent :

- à l'inventaire des dossiers en instance ;
- au retrait momentané de la carte professionnelle ;
- au scellé de l'étude en question.

L'exécution des dossiers sera confiée à un des huissiers désignés par la Chambre Nationale des Huissiers qui en assure le contrôle. Les honoraires de l'exécution desdits dossiers appartiennent en totalité à l'huissier désigné.

La reprise est ordonnée par la Chambre Nationale des Huissiers à l'expiration de la période de suspension. Le Procureur général en est avisé par écrit.

ART. 75 : Pour la destitution, la Chambre Nationale des Huissiers soumet sa décision au Ministre chargé de la Justice avec rapport motivé.

En cas d'inaction de la Chambre Nationale des Huissiers après trois mois, le Procureur général saisit la Cour d'Appel d'une action disciplinaire.

La destitution est prononcée par arrêté du Ministre chargé de la Justice.

ART. 76 : Aucune peine disciplinaire ne peut être prononcée contre un huissier sans que celui-ci ait été préalablement entendu ou appelé avec délai d'un mois.

ART. 77 : Les fautes commises par les fonctionnaires-huissiers peuvent entrainer l'abrogation de la décision de nomination.

Les fonctionnaires-huissiers et les huissiers ad hoc peuvent, après enquêtes et avis du Ministre chargé de la Justice, être sanctionnés par l'autorité qui détient le pouvoir disciplinaire à leur égard, la Chambre en est informée.

ART. 78 : Les huissiers titulaires, les fonctionnaires-huissiers, les huissiers ad hoc sont passibles des condamnations de droit commun s'ils ont commis des infractions dans l'exercice ou à l'occasion de l'exercice de leurs fonctions.

ART. 79 : Les poursuites pénales sont engagées par le Procureur de la République compétent soit d'office, soit sur plainte des parties, après information préalable de la Chambre Nationale des Huissiers.

L'huissier mis en cause, les parties intéressées ou toutes autres personnes dont l'audition est nécessaire à la manifestation de la vérité seront entendus.

CHAPITRE IX :

L'honorariat

ART. 80: Le Ministre chargé de la Justice, à la demande de la Chambre Nationale des Huissiers, pourra conférer l'honorariat aux huissiers comptant au moins quinze (15) années d'exercice. Les instruments de cette distinction seront prévus dans le règlement intérieur.

CHAPITRE X :

Dispositions transitoires et finales

ART. 81: Un arrêté du Ministre chargé de la Justice pris sur proposition de la Chambre Nationale des Huissiers portera transposition des clercs d'huissier de justice en activité à la date de la promulgation de la présente loi.

ART. 82 : La présente loi abroge toutes dispositions antérieures contraires, notamment la loi N°88-03/AN-RM du 07 mars 1988 portant Statut des Huissiers.

Bamako, le 25 août 1995

60

• LOI

PRESIDENCE DE LA REPUBLIQUE
-=-=-=-=-
SECRETARIAT GENERAL
-=-=-=-=-=-=-

REPUBLIQUE DU MALI
Un Peuple – Un But – Une Foi
-=-=-=-=-=-

LOI N°2016- 053 /DU 20 DEC. 2016

PORTANT STATUT DES HUISSIERS - COMMISSAIRES DE JUSTICE

L'Assemblée nationale a délibéré et adopté en sa séance du 1er décembre 2016

Le Président de la République promulgue la loi dont la teneur suit :

CHAPITRE I : DES DISPOSITIONS GENERALES

Article 1er : Une nouvelle profession dont les membres portent le titre d'**Huissier – Commissaire de justice** est substituée aux professions d'Huissier de justice et de commissaire-priseur.

Les **Huissiers - Commissaires de justice** sont des officiers publics et ministériels qui assurent le service public de la signification et de l'exécution. Ils ont seuls qualité pour signifier les actes et les exploits, faire les notifications prescrites par les lois et les règlements lorsque le mode de notification n'a pas été précisé, et procéder à l'exécution des décisions de justice, des actes juridictionnels ainsi que des actes ou titres en forme exécutoire. Ces actes font foi jusqu'à inscription du faux.

Ils assurent le service des audiences des Cours et Tribunaux et revêtent à cette occasion un costume dont la composition est fixée par Arrêté du ministre de la justice, après avis de l'Ordre des **Huissiers - Commissaires de justice**.

Les **Huissiers - Commissaires de justice** sont également des officiers publics et ministériels chargés de procéder, dans les conditions fixées par les lois et règlement en vigueur à l'estimation et à la vente publique aux enchères des meubles et effets mobiliers corporels.

Ils procèdent à la vente aux enchères publiques des biens réformés de l'Etat, des collectivités territoriales, dû secteur parapublic, des personnes morales de droit privé bénéficiant du concours de la puissance publique, ainsi que de ceux des organisations non gouvernementales, des représentations diplomatiques et des organismes internationaux.

Ils sont saisis par le service des Domaines de l'Etat, des Impôts et des Douanes pour procéder à la vente aux enchères des biens saisis.

Ils sont compétents pour procéder à l'Inventaire, l'estimation et, le cas échéant, à la prisée en matière de succession.

Ils sont requis, en matière de procédure collective, pour procéder à l'inventaire, à la prisée et à la vente publique aux enchères des objets mobiliers ou à la requête de toute personne physique ou morale.

Ils supervisent les ouvertures de plis des marchés soumis à concurrence, les ventes sous plis fermés et les locations des immeubles de l'Etat.

Article 2 : Outre les attributions générales spécifiées à l'article 1er ci-dessus, les Huissiers – Commissaires de justice procèdent au constat, au recouvrement amiable ou judiciaire de toutes créances. Ils peuvent être commis par la justice pour effectuer des constatations purement matérielles, exclusives de tout avis sur conséquences de fait ou de droit qui peuvent en résulter. Ils peuvent également procéder à des constatations de même nature à la requête des personnes physiques ou morales et être désignés séquestres.

Article 3 : Il est institué au moins une charge d'Huissier - Commissaire de justice dans le ressort territorial de chaque Cour d'Appel. La compétence du Ministère de l'Huissier - Commissaire de justice couvre celle de la Cour d'Appel de leur résidence.

Toutefois, le Ministère de l'Huissier - Commissaire de justice a une compétence nationale en matière de vente volontaire.

Le Ministère des Huissiers - Commissaires de justice est exercé par des Huissiers - Commissaires de justice titulaires de charge.

Article 4 : Les titulaires de charge absents ou empêchés temporairement peuvent être suppléés par des agents assermentés appelés clercs. En cas d'empêchement définitif, le président de l'Ordre, après avoir informé le Procureur Général près la Cour d'Appel, désigne un confrère pour apposer les scellés et procéder à l'inventaire des dossiers et pièces existants.

Le bureau de l'Ordre désigne, en cas de décès ou d'empêchement définitif, un administrateur provisoire pour gérer les dossiers en cours.

Article 5 : La charge est cessible et transmissible.

Article 6 : L'Huissier - Commissaire de justice bénéficie de la protection de la loi notamment contre les offenses, outrages, menaces ou violences de toute nature dont il pourrait être l'objet dans l'exercice ou à l'occasion de l'exercice de ses fonctions.

Article 7 : L'Huissier - Commissaire de justice, avant d'entrer en fonction, prête devant la Cour d'Appel de sa résidence, le serment ainsi conçu : **« Je jure de me conformer aux lois et règlements concernant mon ministère et de remplir mes fonctions avec exactitude et probité ».**

Article 8 : L'Huissier - Commissaire de justice, avant de quitter le territoire national, doit au préalable informer le Procureur Général près la Cour d'appel et le Président de l'Ordre.

CHAPITRE II : DU STAGE ET DE LA NOMINATION

Section I : Du stage

Article 9 : L'admission à la charge d'Huissier - Commissaire de justice s'effectue par voie de concours. Le candidat admis au stage d'Huissier - Commissaire de justice porte le titre d'Huissier - Commissaire de justice stagiaire.

Article 10 : Le postulant à l'admission au stage d'Huissier - Commissaire de justice :

- être titulaire d'une maitrise en droit privé ou tout autre diplôme national ou étranger réglementairement considéré comme étant de même spécialité ou d'un niveau au moins équivalent ;
- être de nationalité malienne ou ressortissant d'un Etat accordant la réciprocité ;
- jouir de ses droits civiques et être de bonne moralité ;
- être âgé au moins de 21 ans révolus.

Article 11 : Un arrêté du Ministre chargé de la Justice fixe l'organisation et le programme du concours de recrutement des **Huissiers – Commissaires de justice** stagiaires, après avis de **l'Ordre des Huissiers - Commissaires de justice prévu à l'article 19** de la présente loi.

Article 12 : Sont nommés directement Huissiers - Commissaires de justice stagiaires s'ils remplissent les conditions fixées à l'article 10 ci-dessus et s'ils en font la demande dans la proportion de 10 % des places mises en concours :

- les personnes titulaires d'un doctorat en droit privé ;
- les clercs d'Huissier – Commissaire de justice ayant au moins dix (10) ans d'exercice.

Article 13 : En fonction des charges à pourvoir, l'Ordre des Huissiers – Commissaires de justice propose au Ministre chargé de la Justice le nombre de places d'Huissiers – Commissaires de justice stagiaires mises au concours.

Article 14 : Les candidats admis au concours sont nommés Huissiers - Commissaires de justice stagiaires par arrêté du Ministère chargé de la Justice.

Article 15 : La formation professionnelle des Huissiers - Commissaires de justice stagiaires est assurée par l'Institut National de Formation Judiciaire.

Elle est sanctionnée par le Certificat d'Aptitude à la Profession d'Huissier - Commissaire de justice.

Elle dure deux ans et comporte un enseignement théorique d'une année et une formation pratique d'une année dans un cabinet d'Huissier - Commissaire de justice désigné par le président de l'Ordre des Huissiers - Commissaires de justice.

Section II : De la nomination des Huissiers - commissaires de justice

Ce décret fixe le ressort territorial de l'Huissier - Commissaire de justice.

Article 17 : Seuls sont nommés Huissiers - Commissaires de justice les titulaires du Certificat d'Aptitude à la Profession d'Huissier - Commissaire de justice ou d'un titre jugé équivalent par le bureau de l'Ordre des Huissiers - Commissaires de justice.

CHAPITRE III : DE LA CLERICATURE

Article 18 : Les clercs d'Huissiers - Commissaires de justice sont les collaborateurs d'Huissier - Commissaire de justice. Ils sont inscrits sur un registre coté et paraphé tenu au siège du bureau de l'Ordre des Huissiers – Commissaires de justice sous la surveillance de son Président.

Ne peuvent être clercs d'huissiers - Commissaires de justice que les titulaires d'un diplôme de maitrise en droit privé qui peuvent être chargés de suppléer les titulaires de charge dans l'exercice de leurs fonctions.

Les clercs avant d'entrer en fonction prêtent le serment visé à l'article 7 devant le Tribunal de Première Instance du ressort de l'Huissier - Commissaire de justice titulaire.

Une carte professionnelle sera délivrée au clerc par le Président de l'Ordre des Huissiers - Commissaires de justice.

CHAPITRE IV : DE L'ORGANISATION PROFESSIONNELLE

Article 19 : Il est institué sur le territoire de la République du Mali un Ordre des Huissiers - Commissaires de justice dont le siège est à Bamako. Il est composé de tous les Huissiers - Commissaires de justice.

Il est également créé une chambre régionale des Huissiers - Commissaires de justice dans chaque ressort de Cour d'Appel.

Article 20 : L'Ordre des Huissiers - Commissaires de justice est un établissement public à caractère professionnel doté de la personnalité morale et de l'autonomie financière. Il dispose d'un patrimoine constitué des cotisations de ses membres ainsi que des dons et legs.

Article 21 : L'Ordre représente l'ensemble de la profession auprès des pouvoirs publics. Il prévient ou concilie tout différend d'ordre professionnel ou entre Huissiers -Commissaires de justice ne relevant pas de la même chambre régionale. Il tranche ces litiges par décisions susceptibles de recours devant la juridiction administrative compétente. Il organise et règle le budget de toutes les œuvres sociales intéressant les Huissiers - Commissaires de justice. Il donne son avis sur le règlement intérieur des chambres régionales.

Il donne son avis chaque fois qu'il est requis par le Ministère de la Justice sur les questions professionnelles rentrant dans ses attributions.

L'Ordre se prononce, selon le cas, sur l'application aux Huissiers - Commissaires de justice des mesures disciplinaires.

Il est chargé d'examiner toute réclamation de la part des tiers contre les Huissiers - Commissaires de justice à l'occasion de l'exercice de leur fonction et de vérifier la tenue de la comptabilité dans les études, de gérer les biens de la chambre et de recouvrer les cotisations par tous les moyens de droit.

Article 22 : L'Ordre établit son règlement intérieur qui est soumis à l'approbation du Ministre chargé de la Justice.

Article 23 : L'Ordre des Huissiers - Commissaires de justice est dirigé par un bureau comprenant :
- un (1) Président ;
- un (1) Vice-président ;
- un (1) Secrétaire général ;
- un (1) Secrétaire administratif ;
- un (1) Secrétaire à l'organisation ;
- un (1) Trésorier ;
- un (1) Secrétaire chargé de la formation et des relations extérieures ;
- un (1) Commissaire aux conflits ;
- un (1) Commissaire aux comptes.

Article 24 : Les membres du bureau sont élus pour trois (03) ans. Ils sont rééligibles.

Le bureau se réunit au moins une fois par trimestre à Bamako sur convocation de son Président ou à la demande de la majorité des 2/3 de ses membres.

Article 25 : Le bureau convoque l'assemblée générale au moins une fois par an. Le bureau peut convoquer l'ensemble des Huissiers - Commissaires de justice en assemblée générale extraordinaire lorsque les circonstances l'exigent.

Article 26 : La Chambre régionale est composée des Huissiers - Commissaires de justice du ressort de la cour d'appel.

Article 27 : A l'instar de l'Ordre, la Chambre régionale prévient ou concilie tout différend d'ordre professionnel entre Huissiers - Commissaires de justice régionaux. Elle tranche ces litiges suivant des décisions susceptibles de recours devant le bureau de l'Ordre. Elle est chargée d'examiner toutes réclamations de la part des tiers contre les Huissiers - Commissaires de justice à l'occasion de l'exercice de leurs fonctions. Elle établit son règlement intérieur, vérifie la tenue de la comptabilité des Huissiers -Commissaires de justice et gère les biens de la chambre.

Article 28 : La Chambre régionale est dirigée par un bureau comprenant au moins trois (03) membres dont un président, un secrétaire et un trésorier.

Article 29 : Les membres du bureau sont élus pour trois (03) ans et ils sont rééligibles. Le bureau se réunit au moins une fois par trimestre à la demande de son président ou à la majorité de ses membres.

Article 30 : Les procès-verbaux de réunion du bureau de la Chambre régionale sont soumis à l'approbation de l'Ordre des Huissiers - Commissaires de justice.

Article 31 : La Chambre régionale peut faire toutes suggestions utiles au bureau de l'Ordre dans l'intérêt de la corporation.

CHAPITRE V : DE L'ASSURANCE ET DU CAUTIONNEMENT

Article 32 : L'Huissier - Commissaire de justice titulaire est tenu de garantir sa responsabilité par la souscription d'une police d'assurance individuelle et d'une police d'assurance professionnelle.

Il est, en outre, astreint au paiement d'un cautionnement en espèce de (cent mille) 100.000 F CFA à la caisse des dépôts et consignations. Ce cautionnement est destiné à garantir le paiement d'amende susceptible d'être prononcée pour faute commise par l'Huissier - Commissaire de justice dans l'exercice de ses fonctions.

Il ne prête serment que sur présentation des attestions sus-indiquées.

CHAPITRE VI : DE LA CAISSE DE GARANTIE

Article 33 : Outre la garantie d'assurance, les Huissiers - Commissaires de justice doivent instituer entre eux une caisse de garantie supplémentaire pour assurer la pleine couverture des risques professionnels de tous genres.

Cette caisse est gérée par l'Ordre des Huissiers - Commissaires de justice. Les modalités de fonctionnement de la caisse de garantie font l'objet d'un règlement intérieur qui est soumis à l'approbation du Ministre chargé de la Justice.

CHAPITRE VII : DES INCOMPATIBILITES ET DES INTERDICTIONS

SECTION I : DES INCOMPATIBILITES

Article 34 : Les fonctions d'Huissier - Commissaire de justice titulaire de charge sont incompatibles avec :

- toutes fonctions publiques ;

- tout emploi de Directeur, de Gérant ;

- tout emploi à gage et d'Agent comptable ;

- toute espèce de négoce et de manière générale toute activité commerciale ou réputée comme telle par la loi.

Toutefois, l'Huissier - Commissaire de justice peut, à titre subsidiaire, dispenser des enseignements correspondant à sa spécialité dans des établissements de formation.

Article 35 : L'Huissier - Commissaire de justice pourra être chargé par l'Etat de mission temporaire même rétribuée, à la condition de ne faire durant ces missions, aucun acte de sa profession directement. L'Huissier - Commissaire de justice chargé de mission doit en aviser par écrit le Président de l'Ordre.

Dans ce cas, la désignation d'un Huissier - Commissaire de justice suppléant a lieu par arrêté du Ministre chargé de la justice sur proposition de l'Ordre. La suppléance est assurée par un Huissier - Commissaire de justice titulaire de charge du même ressort judiciaire ou par un clerc assermenté.

SECTION II : DES INTERDICTTIONS

Article 36 : Il est interdit à **l'Huissier - Commissaire de justice** de :
- se rendre directement ou indirectement adjudicataire de biens meubles ou immeubles dont il est chargé de poursuivre **ou de procéder à la vente** ;
- se rendre directement ou indirectement cessionnaire de droits successoraux, d'actions et droits litigieux, objets de procédures dans lesquelles il a officié ;
- percevoir des droits et émoluments autres que ceux prévus par les textes en vigueur.

Article 37 : L'Huissier - Commissaire de justice est légalement tenu de prêter son ministère toutes les fois qu'il est légalement requis, sauf en cas d'empêchement, sous peine de sanctions disciplinaires.

Tout refus d'instrumenter, tout retard injustifié dans l'exécution portant préjudice, peut exposer le contrevenant à des sanctions disciplinaires sans préjudice de l'action en réparation de la victime.

Article 38 : **L'Huissier - Commissaire de justice ne peut instrumenter ni pour lui-même, ni pour ses conjoints, ses parents en ligne directe et ligne collatérale jusqu'au quatrième degré inclusivement, ni pour ses alliés sous peine de dommages-intérêts sans préjudice de sanction disciplinaire et de nullité de l'acte.**

Il ne peut non plus, sous les mêmes sanctions, instrumenter pour les incapables.

CHAPITRE VIII : DE L'ASSOCIATION ET DE LA CESSION

SECTION I : DE L'ASSOCIATION

Article 39 : Les sociétés civiles professionnelles et les sociétés civiles de moyens sont autorisées par décision du Ministre chargé de la justice sur présentation de convention intervenue entre les parties après avis de l'Ordre des Huissiers - Commissaires de justice.

Elles sont obligatoirement constatées par acte notarié, une expédition du statut et le cas échéant des actes modificatifs est déposée au parquet du procureur général près la Cour d'Appel dont dépend le siège de la société. Une deuxième expédition est adressée au Président de l'Ordre des Huissiers - Commissaires de justice.

Article 40 : La société civile professionnelle est la réunion de deux ou plusieurs Huissiers - Commissaires de justice qui conservent ou non leur propre office mais mettent en commun toutes leurs activités.

Dans la société civile professionnelle, les Huissiers - Commissaires de justice associés demeurent indivisément et indéfiniment responsables vis-à-vis des clients de la société.

Article 41 : Dans la société civile de moyens, les Huissiers - Commissaires de justice associés mettent en commun les moyens utiles à l'exercice de leur profession leur permettant ainsi de réduire les coûts et les frais d'exploitation. Ils conservent leurs propres activités et leur indépendance.

Chaque associé est responsable individuellement de ses actes.

Lorsque deux ou plusieurs Huissiers - Commissaires de justice forment une association, leur qualité d'associés doit figurer dans tous les actes. Elle est également mentionnée dans leurs correspondances, sur toutes plaques, affiches ou marques extérieures ainsi que sur la liste des Huissiers - Commissaires de justice de la communauté en vue d'informer le public.

SECTION II : DE LA CESSION

Article 42 : L'office d'Huissier - Commissaire de justice peut faire l'objet de cession par arrêté du Ministre chargé de la justice. Le bénéficiaire qui ne peut être qu'un Huissier - Commissaire de justice titulaire devra à son prédécesseur une indemnité dont le montant est fixé par une commission composée de :

- un représentant du Ministre chargé de la Justice ;
- un représentant du Ministre chargé des Finances ;
- un représentant de l'Ordre des Huissiers - Commissaires de justice.

Article 43 : En matière de cession, Il est tenu compte de la clientèle, du droit au bail et des investissements réalisés.

CHAPITRE IX : DE LA DISCIPLINE – DES SANCTIONS

Article 44 : L'Huissier - Commissaire de justice encourt des sanctions disciplinaires lorsqu'il commet des fautes professionnelles.

L'office de l'Huissier - Commissaire de justice est inviolable. Son accès est subordonné à une autorisation du procureur général près la Cour d'appel.

Indépendamment du pouvoir de contrôle conféré au Procureur Général près la Cour d'Appel, le Ministre chargé de la justice et l'Ordre exercent la surveillance et la discipline générale. Le ministre chargé de la justice doit être informé de tout contrôle initié par le procureur général.

L'Huissier - Commissaire de justice ne peut être entendu que sur procès-verbal du Parquet Général et après avis de l'Ordre.

Il ne pourra être procédé à son arrestation qu'après l'autorisation du Ministre de la Justice.

Article 45 : Les sanctions disciplinaires sont :
- le rappel à l'ordre ;
- la censure simple ;
- la censure avec réprimande ;
- la suspension pendant une période d'une année au maximum ;
- la destitution.

Article 46 : Le Ministre chargé de la Justice pourra conférer l'honorariat aux Huissiers - Commissaires de justice comptant au moins dix ans d'exercice et n'ayant pas fait l'objet de procédure disciplinaire grave.

Article 47 : L'Ordre prononce, l'Huissier - Commissaire de justice entendu, le rappel à l'ordre, la censure simple et la censure avec réprimande et la suspension.

La destitution est prononcée par décret pris en conseil des Ministres sur proposition du Ministre chargé de la Justice.

Article 48 : La décision de sanction prend effet à compter de la date de notification et est susceptible de recours devant la Cour Suprême dans un délai de deux mois.

CHAPITRE X : DE LA COMPTABILITE

Article 49 : Les Huissiers - Commissaires de justice doivent tenir les registres suivants :
- un répertoire général ;
- un livre journal ;
- un grand livre ;
- un carnet à souches.

Article 50 : Les registres sont cotés et paraphés par le Président de la juridiction dans le ressort duquel exercent les Huissiers - Commissaires de justice.

En cas de changement de titulaire de l'office, la remise du répertoire général est constatée par procès-verbal dressé en quatre originaux signés des intéressés.

Deux (2) de ces originaux sont transmis au Procureur Général.

Les deux derniers exemplaires sont réservés aux archives de l'étude et au président de l'Ordre.

Article 51 : Le répertoire général doit mentionner jour par jour sans blancs ni interlignes et par ordre de numéro tous les actes et exploits. Les coûts des actes, les frais de voyage, les débours ainsi que les salaires perçus y sont énoncés dans les colonnes séparées.

Article 52 : Le répertoire général est soumis au visa trimestriel du receveur de l'enregistrement qui constate les omissions ou retards et prononce l'amende prévue par la loi.

Article 53 : Le livre mentionne jour par jour. en toutes lettres, par ordre de date sans blancs ni interlignes ou renvois en marge, les recettes et les dépenses, tant en matière civile qu'en matière pénale notamment toutes les sommes que les Huissiers - Commissaires de justice reçoivent en raison de leurs fonctions ainsi que les sommes qu'ils remettent à leurs clients ou qu'ils consignent.

Article 54 : Le grand livre contient l'ouverture d'un compte spécial au nom des parties avec indication de la somme consignée pour couvrir les frais de procédures.

Toutes sommes reçues et payées y sont portées par les Huissiers - Commissaires de justice.

Article 55 : Le registre à souches doit mentionner les noms et demeure de la partie versante, la date et la cause du versement.

Article 56 : Un arrêté conjoint des Ministres chargés de la Justice et des Finances détermine les modèles de ces registres.

CHAPITRE XI : DES DISPOSITIONS TRANSITOIRES ET FINALES

Article 57 : Les charges d'Huissiers de Justice et de Commissaires de justice en activité demeurent Huissiers – Commissaires de justice après l'entrée en vigueur de la présente loi.

Article 58 : La présente loi abroge les dispositions de la Loi N°08-048 du 26 décembre 2008 portant statut des huissiers de justice et celles de la Loi 88-04/AN-RM du 27 février 1988 portant Institution de charge et statut des Commissaires-priseurs.

Bamako, le 20 DEC. 2016

Le Président de la République,

Ibrahim Boubacar KEITA

DOCUMENTS ANCIENS RETRAÇANT LE PARCOURS REMARQUABLE DE MAMADOU SANGARÉ LE SECOND HUISSIER DU SOUDAN FRANÇAIS (ACTUEL MALI)

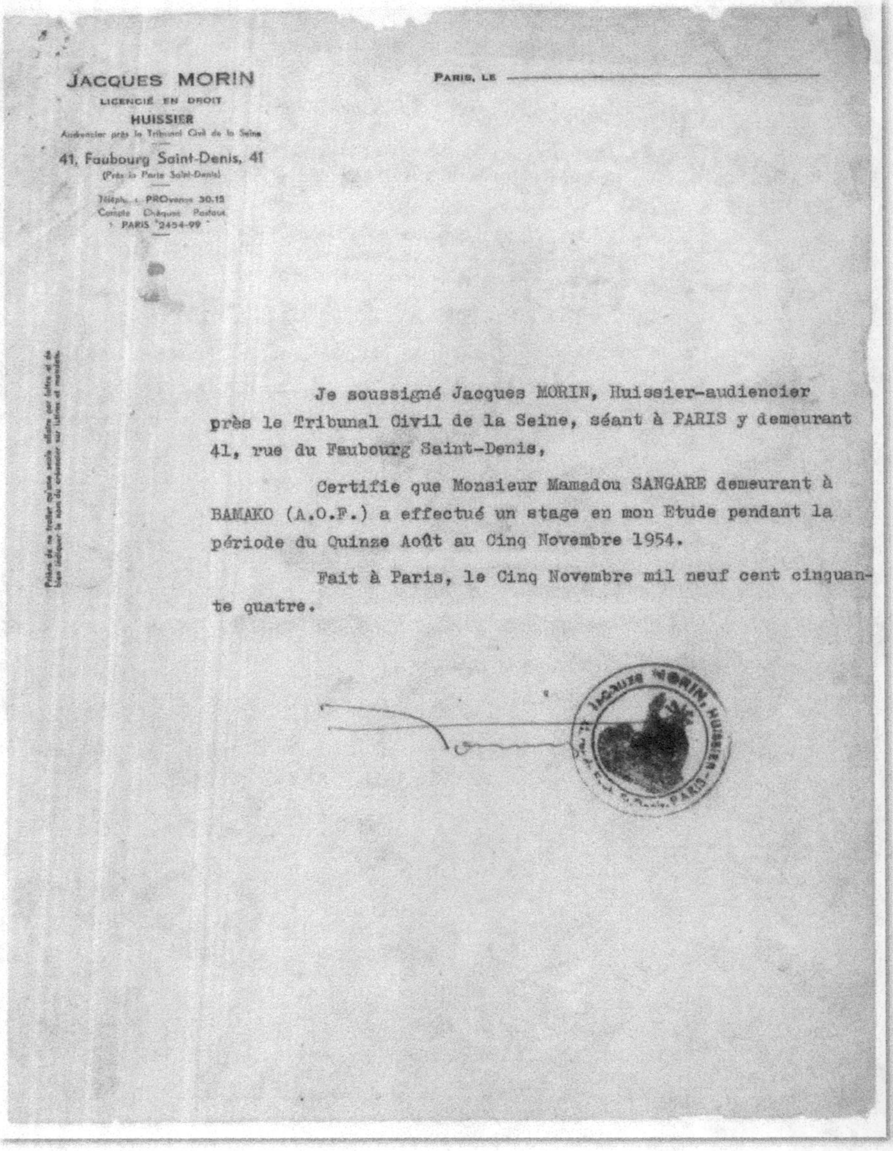
JACQUES MORIN
LICENCIÉ EN DROIT
HUISSIER
Audiencier près le Tribunal Civil de la Seine
41, Faubourg Saint-Denis, 41
(Près la Porte Saint-Denis)
Téléph. : PROvence 30.15
Compte Chèques Postaux
PARIS 2454-99

PARIS, LE

Je soussigné Jacques MORIN, Huissier-audiencier près le Tribunal Civil de la Seine, séant à PARIS y demeurant 41, rue du Faubourg Saint-Denis,

Certifie que Monsieur Mamadou SANGARE demeurant à BAMAKO (A.O.F.) a effectué un stage en mon Etude pendant la période du Quinze Août au Cinq Novembre 1954.

Fait à Paris, le Cinq Novembre mil neuf cent cinquante quatre.

JACQUES MORIN, HUISSIER ... PARIS

CHAMBRE NATIONALE
DES HUISSIERS

SECRÉTARIAT
ADMINISTRATIF

44, RUE DE DOUAI
PARIS (IXe)

C. C. P. PARIS 9074-83

Le 18 Mars 1955

TÉLÉPHONE TRI. 86-91

N° TRAITER QU'UNE
SEULE QUESTION
PAR LETTRE

N°

RÉFÉRENCE COURS PROFESSIONNELS

CERTIFICAT DE SCOLARITE

Je soussigné, Directeur des Cours Professionnels de la Chambre Nationale des Huissiers, certifie que :

Monsieur SANGARE Mamadou
Directeur du Journal "L'ESSOR"
Conseiller Municipal
Boîte Postale N° 83
BAMAKO (A.O.F.)

a suivi pendant deux ans les Cours de préparation à l'examen professionnel d'huissier. A travaillé avec beaucoup de sérieux et de persévérance et nous a adressé régulièrement tous ses devoirs.

PARIS le 18 Mars 1955

Le Directeur des Cours Professionnels

P. CHODKIEWIEZ
Juge de Paix de Versailles

Vu et certifié conforme à l'original
qui nous a été présenté
Bamako, le 5 AVR. 1955
Le Commissaire Central de Police,

POLICE URBAINE
COMMISSARIAT
BAMAKO

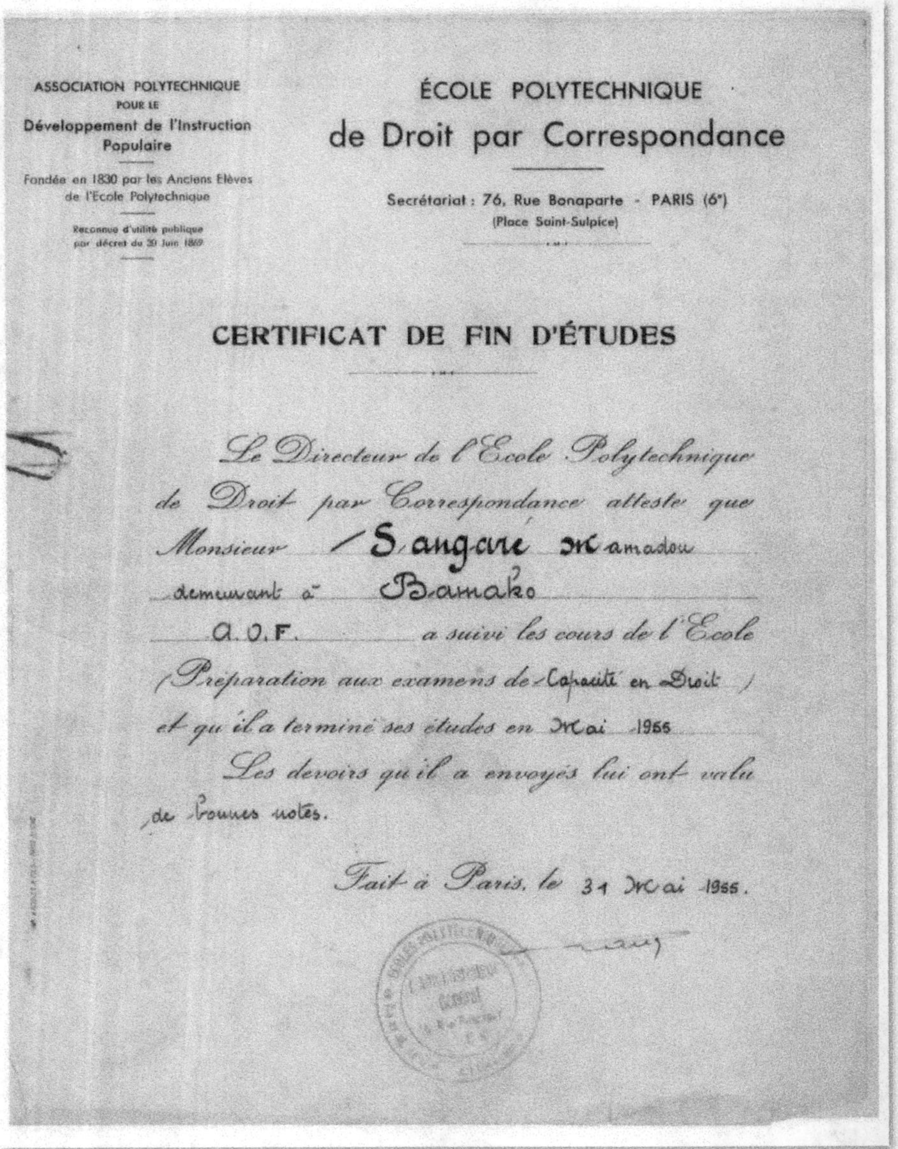

ASSOCIATION POLYTECHNIQUE
POUR LE
Développement de l'Instruction Populaire

Fondée en 1830 par les Anciens Elèves de l'Ecole Polytechnique

Reconnue d'utilité publique par décret du 30 Juin 1869

ÉCOLE POLYTECHNIQUE
de Droit par Correspondance

Secrétariat : 76, Rue Bonaparte - PARIS (6e)
(Place Saint-Sulpice)

CERTIFICAT DE FIN D'ÉTUDES

Le Directeur de l'Ecole Polytechnique de Droit par Correspondance atteste que Monsieur Sangaré Mamadou demeurant à Bamako A.O.F. a suivi les cours de l'Ecole (Préparation aux examens de Capacité en Droit) et qu'il a terminé ses études en Mai 1955

Les devoirs qu'il a envoyés lui ont valu de bonnes notes.

Fait à Paris, le 31 Mai 1955.

GOUVERNEMENT GÉNÉRAL
DE
L'AFRIQUE OCCIDENTALE
FRANÇAISE

CABINET DU HAUT COMMISSAIRE

N° 6861 /CAB/JR/

DAKAR, LE 30 JUIN 1956

LE HAUT COMMISSAIRE DE LA RÉPUBLIQUE
EN AFRIQUE OCCIDENTALE FRANÇAISE
COMMANDEUR DE LA LÉGION D'HONNEUR

A Monsieur Roger D U V E A U
Secrétaire d'Etat à la Marine Marchande
P A R I S

OBJET :
REFERENCE : V. lettre SP.985.

Monsieur le Ministre,

Répondant à votre lettre du 12 Juin, je suis heureux de vous faire connaître que je viens de signer l'arrêté nommant M. Mamadou SANGARE aux fonctions d'Huissier à KAYES.

Veuillez agréer, Monsieur le Ministre, l'assurance de ma considération distinguée./.

Pour le Haut-Commissaire R.P.G.
Le Directeur du Cabinet,

[illegible] à M. SANGARE avec [illegible] sincères félicitations et l'ass[illegible]ce de mes sentiments [illegible]ieux.

Roger DUVEAU.

S/ SECRÉTARIAT D'ÉTAT
A LA
MARINE MARCHANDE

LE SECRÉTAIRE D'ÉTAT

SP. N° 984

RÉPUBLIQUE FRANÇAISE

Paris, le 12 Juin 1956.

Mon cher ami,

Je vous remercie bien vivement de votre lettre du 31 Mai et des documents qui y étaient joints.

La lecture des articles parus dans la Presse au Soudan et des discours prononcés à l'occasion du décès de notre ami KONATE m'ont beaucoup ému et m'ont permis de m'associer encore davantage au deuil qui a frappé tous ceux qui oeuvrent pour l'Union Française.

Je vous félicite d'avoir subi avec succès l'examen d'aptitudes aux fonctions d'huissier. Je souhaite que vous obteniez très rapidement la charge de la ville de KAYES et j'interviens chaleureusement auprès de M. le Haut-Commissaire de la République de l'A.O.F. pour qu'elle vous soit réservée, ainsi que vous me le demandez par votre lettre du 1er Juin.

Je vous prie de croire, mon cher ami, à mon meilleur et amical souvenir.

Amicalement

Roger DUVEAU.

Monsieur Mamadou SANGARE
Conseiller Municipal
Boite Postale n° 1463
BAMAKO, (A.O.F.)

D/J.

N° 2035 AJ/I

GOUVERNEMENT GENERAL
DE L'A.O.F.

ADMINISTRATION DE LA JUSTICE

DAKAR, le 17 MAI 1956

OBJET

EXAMEN d'APTITUDE
AUX FONCTIONS d'HUISSIER

SESSION du 20 AVRIL 1956

Le PROCUREUR GENERAL,
CHEF DU SERVICE JUDICIAIRE

à Monsieur SANGARE Mamadou

Secrétaire au Greffe du Tribunal de
1ère Instance
de - BAMAKO-

J'ai l'honneur de vous faire savoir aue vous avez été déclaré admis à l'examen d'aptitude aux fonctions d'Huissier.

En conséquence les mérites de votre candidature seront examinés en vue des propositions qui seront incessamment faites à M. Le Haut-Commissaire.

Pr. Le PROCUREUR GENERAL,
SIGNE : BERNARD

Pour copie certifiée conforme

... Juin 1956

POLICE URBAINE
COMMISSARIAT CENTRAL SECRETARIAT
BAMAKO (SOUDAN)

O B J E T :

CONVOCATION A L'EXAMEN D'APTITUDE AUX FONCTIONS D'HUISSIER.

Session du 20/4/1956

Centre de : B A M A K O

DAKAR, le 2[illegible] MARS 1956

LE PROCUREUR GENERAL
CHEF DU SERVICE JUDICIAIRE

à

Monsieur SANGARE Mamadou
Commis contractuel
Tribunal de première Instance
BAMAKO (Soudan)

J'ai l'honneur de vous faire connaître que votre candidature à l'une des charges d'huissier créées par l'arrêté général n°[illegible]/J.A du 29 Décembre 19[illegible] ne pourra être retenue que si vous subissez avec succès les épreuves de l'examen d'aptitude aux fonctions d'huissier prévu par l'arrêté n°377/AP. du 30 Janvier 1932, article 5, paragraphe 3.

L'examen s'ouvrira le 20 Avril 1956 à 9 heures. Vous devez vous présenter au centre de BAMAKO (Parquet du Tribunal de Ière Instance)

muni de la présente convocation et d'une pièce d'identité.

N.B. - Pour compléter votre dossier vous devrez produire d'urgence un extrait de votre casier judiciaire datant de moins de trois mois.

Pour le Procureur Général,
Chef du Service Judiciaire,
L'AVOCAT GENERAL,

BERNARD.

OUVERNEMENT DE LA REPUBLIQUE
DU MALI

MINISTERE DE LA JUSTICE

irection affaires judiciaires

ARRETE N° 206/ MJ-DAJ

portant désignation d'un Clerc assermenté pour remplacer un Huissier pendant ses absences

LE MINISTRE D'ETAT

CHARGE DE LA JUSTICE DU GOUVERNEMENT DE LA REPUBLIQUE DU MALI

Vu la loi du 22 Septembre 1960, portant proclmation de la République du Mali,
Vu la constitution de la République du Mali,
Vu l'ordonnance N° 47/PGP du 18 Novembre 1960, portant création d'une direction des affaires judiciaires,
Vu le décret du 30 novembre 1931 fixant le statut des huissier ensemble l'arrêté général du 30 Janvier 1932 portant réglementation du service des Huissiers, modifié et complété par les arrêtés des 7 octobre et 3 octobre et 3 Décembre 1937, 11 septembre et 15 Décembre 1943,
Vu la lettre en date du 17 Février 1961 par laquelle Me SANGARE expose les raisons découlant de ses fonctions diplomatiques et pouvant l'empêcher d'accomplir les actes de sa fonction d'Huissier.

ARRETE:

ARTICLE 1er.- Conformément à l'article 10 de l'arrêté général susvisé, Me Hamadou SANGARE, Huissier de Justice à Bamako, sera remplacé, durant ses absences du siège de sa charge, par Moussa TRAORE Clerc assermenté attaché à son étude qui justifie d'un stage consécutif de plus de deux années.

ARTICLE 2.- Le présent ARRETE sera enrégistré, publié au Journal Officiel de la République du Mali et communiqué partout où besoin sera.

KOULOUBA, le 24 Février 1961
LE MINISTRE D'ETAT Chargé de la Justice,

Signé J.M.Koné

AMPLIATIONS-

-Original	1
-J.O.	1
Ministère Justice	2
Direction Aff.Judiciaires	4
Parquet Général Bamako	2
Tribunal 1° Instance BAMAKO	5
-Mairie et cercle Bamako	2
Intéressé	1

Pour Copie Conforme
P.Le Chef du Bureau du Courrier

Les habits neufs de la Chambre Nationale des huissiers de justice du Mali

La Chambre Nationale s'est débarrassée de ses vieux boubous, de son bonnet revêche et de ses babouches aux talons râpés dus aux incessants va et vient au Ministère de la Justice et de là au Palais de l'Assemblée Nationale. Il ne s'est trouvé personne pour les acheter, parole de commissaire-priseur et cela malgré la brillante plaidoirie du Bâtonnier de l'ordre des avocats.

Le Président de la Chambre des notaires, chargé de liquider la succession, n'a pas trouvé d'héritier, personne ne voulait de ces défroques là. Et pour ne pas rester là, au milieu de la cour du tribunal, nu comme Adam, le Bureau de la Chambre a convié le doyen des huissiers à aller au grand marché de Bamako acheter à crédit, au plus endetté des commerçants, quelques mètres de tissu BOGOLAN label COMATEX[1]. Mais le tailleur a mis longtemps pour coudre à notre belle dame (la CNHJ) de beaux habits, bien neufs dont la description suit.

1. Le décret n° 225 du 30 juin 1995 instituant un nouveau tarif en matière civile et commerciale vient remplacer le décret 22 du 28 février 1978 qui, lui-même, n'est qu'une reconduite à quelques détails près de celui de 1948, suivi pendant plus de 50 ans.

Les huissiers du Mali ont végété avec des coût d'actes ridiculement bas. Une assignation valait, en 1980, 1 860 F maliens soit 930 F CFA ou 9,30 FF. Pour un recouvrement amiable sans titre, l'huissier avait un droit de recette calculé comme suit :

10 % de	0 à	50 000
8 % de	50 000 à	100 000
6 % de	100 000 à	200 000
3,5 % de	200 000 à	300 000
2,5 % de	300 000 à	1 200 000
1,5 % supérieur à	1.200.000	

Si le recouvrement était faux, en vertu d'un titre exécutoire, il percevait :

2,0 %	100 000
1,5 %	300 000
0,75 %	500 000
0,50 %	1 500 000
0,20 %	1 500 000

Pour le recouvrement forcé d'une somme de 1 000 000 F CFA (10 000 FF), l'huissier perçoit à peine 50 000 F CFA soit 500 FF. Or, les dossiers d'un montant de 1 000 000 F CFA sont peu fréquents surtout en province. Cette situation conduisait les huissiers à agir de façon irrégulière en percevant des frais prohibitifs car les charges courantes (essence, location, électricité, matériels divers, impôts etc...) atteignaient des sommets vertigineux alors que la révision des tarifs tardait à se manifester.

Sous la pression des événements et sur l'action des huissiers, soucieux d'améliorer leur sort, des rencontres eurent lieu en 1991 pour réviser les tarifs. Les contre-propositions faites par le département de la justice aux huissiers étaient loin de combler leurs attentes. Les négociations furent un échec.

A la faveur de la dévaluation du F CFA en janvier 1994 qui a entraîné un surenchérissement des coûts à la faveur de tous les produits et services, la Chambre Nationale a réussi à obtenir satisfaction.

Ainsi pour le recouvrement à l'amiable, les huissiers de justice perçoivent 10 % à la charge du créancier quant au recouvrement en vertu d'un titre, un taux dégressif alléchant est accordé :

10 % de 0 à 5 000 000
8 % de 5 000 000 à 10 000 000
6 % au dessus de 10 000 000

Le coût des actes a parfois été quadruplé. En outre, pour éviter les ententes entre créanciers et débiteurs où l'on se contentait de payer à l'huissier le coût des actes, la moitié des sommes à recouvrer doit être versée à ce dernier. Le succès incontestable de la Chambre Nationale a beaucoup amélioré le sort des huissiers.

II. Le nouveau statut libéral

A l'instar des autres pays, l'ancienne AOF[2] et AEF[3], c'est le décret de novembre 1931 qui réglementait la profession. Ce texte a été reconduit à l'indépendance dans les années 1960.

Me Ibrahim BERTHÉ (en tenue noire et blanche), Président de la CNHJ du Mali, avec les huissiers stagiaires devant l'INFJ de Bamako. Septembre 1997

Le Mali, qui avait supprimé les huissiers en 1960 en raison de l'option socialiste du régime à l'époque, a réalisé une réforme judiciaire en 1972. A cette occasion la fonction a de nouveau été recréée.

L'ordonnance n° 42 CMLN, du 26 septembre 1972, prévoyait pour le recrutement des conditions fort simples : sur présentation d'un dossier, les secrétaires de greffes et de parquets, les greffiers, les anciens magistrats, élèves d'avocats ou de notaires ayant plus de 5 années de formation pouvaient devenir huissier, à condition de jouir d'une bonne moralité.

Un examen professionnel était prévu mais les modalités n'en avaient pas été fixées. Il existait des huissiers, titulaires de charge, des fonctionnaires huissiers et des huissiers ad hoc.

Le parquet avait un pouvoir étendu de contrôle et de surveillance sur l'ensemble de la profession.

A partir de 1985, avec l'arrivée massive de jeunes diplômés nantis de la maîtrise en droit, la physionomie de la profession a commencé à changer. Un toilettage de l'ordonnance s'imposait.

C'est ainsi que la loi 88-05 du 7 mars 1988 vint réaménager l'organisation de la profession.

Elle prévoyait la création d'une Chambre Nationale et des Chambres Régionales, la nomination par décret présidentiel, le concours direct comme seul mode d'accès à la profession avec stage obligatoire de deux ans. Mais le niveau requis était le BEPC + 4 ans ce que certains critiquèrent.

C'est la loi n° 95-069 du 25 Août qui a apporté de réels changements après d'âpres négociations. Les innovations sont notables :

- Le niveau de recrutement a été élevé à la licence en droit. Il faut encore être reçu à un concours et suivre deux ans de stage (un an théorique et un an pratique) sanctionné par un certificat d'aptitude à la profession d'huissier.
- La promotion interne est assurée aux élèves qui, eux-mêmes, sont répartis en trois catégories :

- Les clercs significateurs (3ème catégorie) niveau fondamental (le BEPC),

- les clercs ordinaires (2ème catégorie) niveau secondaire (le BAC)

- et les clercs principaux (1ère catégorie) niveau supérieur (licence en droit).

Le clerc doit avoir exercé cinq ans effectifs dans une catégorie avant de passer à la catégorie supérieure et ce passage est sanctionné par un test organisé par la Chambre Nationale.

Ainsi, il faut 15 ans à un clerc significateur avant de prétendre devenir huissier. C'est ce que l'on appelle l'accès à la profession par la voie de *"l'escalier"* qui existe parallèlement à l'accession par voie de concours direct.

La Chambre acquiert une grande autonomie ; elle est consultée sur toutes les questions concernant les huissiers ; le pouvoir de contrôle du parquet lui est transféré, elle a un pouvoir disciplinaire étendu ; aucun huissier de justice ne peut être poursuivi pénalement sans que la Chambre ne soit au préalable informée.

La vénalité de la charge qui a été acquise lors des débats à l'Assemblée Nationale n'a pu paraître au texte final à cause de l'inadvertance du secrétaire parlementaire qui a confondu retrait d'une partie de l'amendement de l'article 3 au retrait de la totalité. Un projet de modification devra être introduit dans les prochains mois pour parachever un texte dont le contenu devra être à la mesure de l'ambition d'une corporation décidée à prendre ses destinées en mains.

III. La formation

Une autre ambition de la Chambre Nationale est d'assurer à ses membres ainsi qu'au personnel des cabinets une formation adéquate.

L'Institut National de Formation Judiciaire créé en 1983 par l'état assure la formation des futurs magistrats, avocats, huissiers, notaires, greffiers et commissaires-priseurs. De 1989 à nos jours trois promotions d'huissiers stagiaires sont passées par cet institut. Mais c'est la promotion actuelle 1996/1997 qui a eu la chance pour la première fois de bénéficier des cours sur la déontologie.

En effet, le Président de la Chambre Nationale, grâce à la documentation donnée par l'Union Internationale des Huissiers de Justice et la Chambre Nationale Française des Huissiers et à partir de données internes au Mali, a réussi à dispenser huit semaines durant aux 16 stagiaires des cours sur l'histoire, les règles, les pratiques et les usages de notre noble métier. .

En renforçant les capacités de cet Institut dans le cadre d'un partenariat dynamique avec l'Union Internationale, les huissiers pourront trouver là un outil précieux de promotion de leur profession sur tout le continent.

Ibrahim BERTHE
Président de la Chambre Nationale des Huissiers de Justice du Mali

1. COMATEX : Compagnie malienne du textile
2. AOF : Afrique Occidentale Française
3. AEF : Afrique Equatoriale Française

Colloque à BAMAKO

• 24 et 25 septembre 1998 •

OUVERTURE DU COLLOQUE. *De gauche à droite : Le Doyen des Huissiers de Justice du Mali, M. le Ministre de la Justice du Mali, M. BERTHE, Président de la CNHJdu Mali, Me Jacques ISNARD, Président de l'Union Internationale, et Me SENE, Secrétaire permanente de l'U.I.H.J. pour l'Afrique*

OPENING SEMINAR. From left to right : The oldest bailiff of Mali, the Minister of Justice of Mali, Mr BERTHE, President of the National Chamber of Bailiffs of Mali, Mr Jacques ISNARD, President of the International Union, and Mrs SENE, Official Secretary of the I.U.O.J. for Africa

Onze pays africains étaient représentés (Bénin, Burkina-Faso, Congo, Côte d'Ivoire, Gabon, Guinée, Mali, Niger, Sénégal, Tchad et Togo), outre naturellement, la délégation de l'UIHJ, composée de Me ISNARD, Me HECTOR, Me BROUHOT, Me DUPERRAY et Me SPINELLI, à ce colloque de BAMAKO qui scellait l'entrée en vigueur de l'acte uniforme relatif à l'organisation des procédures simplifiées de recouvrement et des voies d'exécution dans les seize Etats africains signataires du Traité de l'OHADA.

Le Palais des Congrès • The Congress of Bamako

Les textes sont applicables depuis juillet et la nécessité d'une grande concertation pour leur mise en application pratique s'est révélée indispensable, tout au moins pour les huissiers de justice. C'est la raison pour laquelle, après le séminaire de Cotonou, six mois auparavant, il importait de coordonner le démarrage de cette formidable entreprise.

L'acte uniforme portant organisation des procédures simplifiées de recouvrement et des voies d'exécution est un ensemble de deux livres comportant, d'une part, l'injonction de payer (livre I - 27 articles) et, d'autre part, les voies d'exécution (livre II - 310 articles). Il s'agit d'un véritable code qui englobe les règles relatives au recouvrement simplifié et celles concernant les mesures d'exécution qui comportent elles-mêmes tout le dispositif relatif aux mesures conservatoires.

C'est une véritable révolution en Afrique puisque 16 pays vont être dotés (aujourd'hui 11 Etats ont ratifié l'acte uniforme) d'un régime de recouvrement simplifié et d'un système d'exécution uniforme. Mais c'est aussi un grand pari que de synchroniser une opération aussi gigantesque avec une parfaite homogénéité.

Consciente des enjeux, l'Union Internationale s'est résolument engagée aux côtés des huissiers de justice africains pour assurer la meilleure coordination possible et aussi pour apporter l'expérience des huissiers de justice de France qui ont connu semblable réforme voilà cinq années.

Il est de fait que l'acte uniforme épouse étroitement, tout en gardant sa spécificité africaine, les textes français sur l'injonction de payer et sur les procédures civiles d'exécution.

Le souhait de l'Union Internationale était de permettre aux huissiers africains, tout en bénéficiant, comme il vient d'être indiqué, de l'expérience française, de faciliter l'application à la fois théorique et pratique des nouveaux textes.

L'aspect théorique, déjà abordé à Cotonou par M. le Professeur ISSA SAYEGH et M. Amadou DIENG, devait être analysé à Bamako dans le détail par Mme Anne-Marie ASSI-ESSO, professeur à l'Université d'Abidjan. L'intervention de Mme ASSI-ESSO fut empreinte d'une grande clarté et d'une parfaite concision. Maîtrisant magistralement son sujet, l'universi-

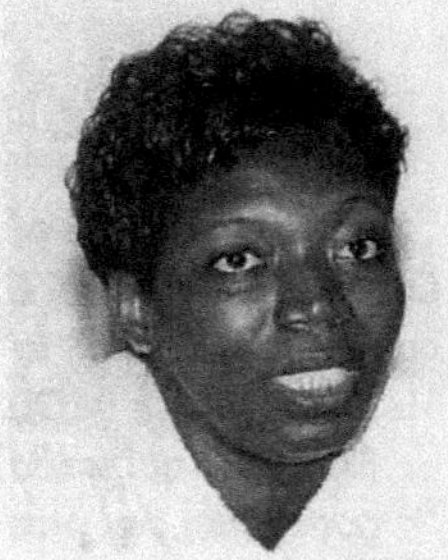

Mme le Professeur ASSI-ESSO
The Professor Mrs ASSI-ESSO

taire put ainsi permettre aux praticiens de comprendre la combinaison des principes émergeants de la réforme. De surcroît, éminente comparatiste, Mme ASSI-ESSO put encore assortir par de multiples exemples les différences existant entre les législations internes jusqu'alors en vigueur.

Le côté pratique fut traité par Me Yacine SENE, secrétaire permanente de l'UIHJ pour l'Afrique centrale et occidentale.

L'exposé de Me SENE fut exemplaire à tous égards, avec une maîtrise digne d'éloge, révélant une particulière connaissance des textes, l'intervenante sut habilement détacher de l'ensemble de la réforme les points éminemment sensibles pour les huissiers de justice et faire ressortir, sinon les contradictions, à tout le moins les incertitudes planant autour d'un certain nombre de dispositifs encore obscurs. A l'évidence, une période de rodage sera nécessaire aux praticiens avant d'appréhender avec aisance l'acte uniforme.

Les intervenants français, Me HECTOR et Me SPINELLI, tentaient d'amener un peu de sérénité parmi l'auditoire en rassurant leurs confrères africains inquiets par l'ampleur de la réforme. Un puissant travail de fond, il faut le souligner, avait déjà été réalisé par la Chambre Nationale française, notamment par l'édition d'un recueil contenant les modèles des nouveaux actes de procédure dérivant de l'acte uniforme. Une initiative bien évidemment hautement appréciés par les huissiers de justice des Etats concernés.

Me HECTOR et Me SPINELLI sont connus pour leurs qualités de pédagogues. Egaux à leur réputation avec encore quelques traits d'humour bien dans le ton, les deux Européens ont su porter efficacement le message de leur conviction, dans l'attrait de la convention, vers leurs confrères africains.

Il faut saluer par ailleurs, l'engagement de la Chambre française de fournir les disquettes informatiques contenant la nouvelle bibliothèque des actes.

Les nombreuses interventions qui suivirent les exposés des quatre orateurs furent très critiques à l'égard des auteurs de l'acte uniforme, les praticiens faisant grief d'avoir été écartés de l'étude des textes et arguant de ce que certaines procédures étaient incompatibles ou inadaptées avec les réalités sociales ou géographiques africaines.

Toutefois, il semble prématuré, par des préjugés hâtifs, de condamner l'acte uniforme et, sans doute, convient-il de retenir pour l'instant les principes de la réforme qui offrent de grandes opportunités pour les huissiers de justice. Meilleure efficacité, grande homogénéité dans l'exercice de l'activité dans les différents pays, possibilité de formation commune et, surtout, la consécration de l'huissier de justice confirmé dans ses attributions de spécialiste de l'exécution et auquel il appartient désormais de faire vivre la nouvelle institution.

Mes HECTOR et SPINELLI lors de leur intervention
Mr HECTOR and SPINELLI while speaking

L'assistance durant les travaux • The audience during work

JOURNEE DU 24 SEPTEMBRE 1998

Le président BERTHE, dans son discours de bienvenue et de présentation de ce colloque, s'est attaché à mettre en exergue les difficultés liées à l'application de ce traité. Il a précisé compter énormément sur l'apport des connaissances de la délégation de l'Union Internationale qui bénéficie d'une expérience certaine liée à une antériorité dans la mise en œuvre des procédures civiles d'exécution en France.

Le Président malien a insisté également sur l'efficacité de telles mesures mais aussi sur la crédibilité que ne manquera pas de susciter cet acte uniforme, aussi bien vis-à-vis du Juge, que des milieux économiques qui se sentiront sécurisés en cas d'incident lors de l'exécution du contrat passé sur le territoire malien.

Puis, Mme Le professeur ASSI-ESSO devait présenter de manière exhaustive les deux aspects de cet acte uniforme ; tout d'abord celui portant organisation des procédures simplifiées de recouvrement, et celui lié aux voies d'exécution.

S'agissant du livre I (procédure simplifiée), Mme le Professeur devait expliquer que ce texte avait vocation à favoriser le remboursement rapide et certain des crédits. Que, si dans le cadre de cette réforme, la procédure d'injonction de payer a été améliorée, celle liée à l'injonction de délivrer ou de restituer, constitue une véritable innovation.

Mme ASSI-ESSO a détaillé la mise en œuvre de ces deux branches de procédure en opérant la distinction entre la procédure d'injonction de payer concernant une obligation de payer et celle d'injonction de délivrer ou de restituer qui est davantage applicable dans le cadre du respect de l'obligation de faire portant sur un bien meuble corporel.

S'agissant du livre II (voies d'exécution) Mme ASSI-ESSO a reconnu que le législateur s'était fortement inspiré des textes français de 91 et 92, en respectant toutefois les singularités et originalités africaines.

L'objectif affirmé par l'acte uniforme a été, pour l'essentiel, d'alléger les procédures en faveur des créanciers, en créant véritablement une charte au profit de ceux-ci.

Egalement, la situation du débiteur a été prise en compte, comme ont également été intégrées les nouvelles procédures d'exécution liées aux nouveaux types de patrimoine.

Mme le Professeur est entrée dans le détail des conditions générales de mise en oeuvre des procédures d'exécution en mettant en lumière la possibilité aujourd'hui offerte d'opérer une compensation lorsque le créancier est à la fois créancier et débiteur de l'Etat. Lorsqu'on parlait d'originalité africaine, cette compensation autorisée en est l'exemple le plus symptomatique.

Mme SENE devait, pour ce qui la concerne, rentrer dans l'explication pratique de trois procédures qu'elle avait choisies de traiter, compte tenu du temps qui lui était accordé, à savoir :

- La saisie-conservatoire,
- la saisie-vente,
- La saisie-attribution.

Sans se "défiler", Mme SENE a précisé que les autres procédures feraient vraisemblablement l'objet d'autres colloques.

Mme SENE a développé pour chacune de ces trois voies d'exécution, les conditions de mise en œuvre sur un plan essentiellement pratique. Cet exposé a permis l'instauration d'un débat dont les Confrères présents ont tiré le meilleur profit.

Dans le prolongement de cette matinée de travail, Mes HECTOR et SPINELLI devaient, l'après-midi de cette première journée, faire partager à l'auditoire la connaissance qu'ils ont acquise de la matière, à la faveur de plusieurs années d'application de la réforme des voies d'exécution en France.

JOURNEE DU 25 SEPTEMBRE 1998

Cette seconde journée de travail fut davantage consacrée à des thèmes plus consensuels puisqu'elle portait sur le statut, l'organisation professionnelle de l'huissier de justice Français, et sur la déontologie.

Le premier thème était développé de manière complète par René DUPERRAY, Secrétaire Général de l'Union Internationale. Celui-ci devait expliquer l'originalité du statut de l'huissier de justice français qui constitue une garantie pour le Juge et les parties.

Me BROUHOT devait à son tour analyser l'organisation de la profession d'huissier de justice en France. Une matière qu'il connait particulièrement bien puisqu'il a occupé tour à tour des fonctions aux différents stades de la hiérarchie professionnelle de la Chambre Départementale à la Chambre Nationale, dont il a été durant plusieurs années le grand argentier.

Enfin, Me HECTOR devait, quant à lui, parler de la déontologie en ce qu'elle implique pour l'huissier de justice l'obligation de respect de devoirs généraux liés à la charge du respect des huissiers de justice entre eux et, enfin, le respect de l'huissier de justice envers le créancier et le débiteur.

Après que Me HECTOR eut répondu aux multiples questions suscitées par son exposé, il était temps de clôturer le colloque.

Me KANTE, Rapporteur Général, a effectué "le ramassé des travaux" et en a fait une lecture publique qui a été approuvée par l'ensemble des participants.

M. Le Rapporteur Général devait ensuite remercier les onze pays africains ayant assisté à ces travaux qui furent d'une bonne tenue.

M. Le Président BERTHE devait à son tour prendre la parole pour remercier chaleureusement Me Jacques ISNARD et son équipe pour la qualité des interventions. Ses remerciements sont également allés aux confrères Africains qui ont assisté nombreux à ces deux journées de formation.

Me ISNARD, Me SENE et le Président des Huissiers de Justice du TCHAD
Mr ISNARD, Mrs SENE and the President of the Bailiffs of Tchad

le Mali • Scenery of Mali

Me BERTHE a précisé que des colloques de cette nature participent au rapprochement des frères Africains que le traité de l'OHADA va contribuer à renforcer. « *Cet acte uniforme a soulevé des tempêtes. Ce n'est pas le fait du hasard, c'est une volonté politique de construire l'Afrique de demain* ». M. Le Président BERTHE a exhorté ses confrères Africains à intervenir auprès des chancelleries pour faire avancer le texte. Il en va de la pérennité de la profession en Afrique.

« *Ce fut un extraordinaire colloque* ». C'est sur ces mots que le Président ISNARD, chargé de la synthèse des travaux, devait ouvrir son propos.

Que de chemin parcouru par les Africains depuis le fameux colloque de DAKAR, les premières rencontres à PARIS avec le Président BERTHE et les autres Présidents des Délégations Africaines.

Sur un ton emprunt de nostalgie, le Président ISNARD devait retracer les difficultés qui ont présidé, à l'origine, au rapport entre Européens et Africains, difficultés liées à une différence de culture et à une absence d'échanges réciproques entre ces deux continents. Difficultés aujourd'hui complètement aplanies depuis que les huissiers de justice Africains ont véritablement pris conscience de leur capacité et de la propension qu'ils ont démontré à organiser des colloques et séminaires de grande qualité.

Et le Président ISNARD de poursuivre sur un thème qu'il affectionne tout particulièrement et qui est celui de la primauté de l'huissier de justice libéral sur le fonctionnaire, Agent de l'Etat : « *La profession d'huissier de justice n'avance dans le monde que lorsqu'elle est organisée autour d'un statut libéral. Ce statut érigé en vertu cardinale est synonyme d'élan, de dynamisme et de progrès social.* »

Le Président ISNARD devait également rendre hommage aux nombreux Confrères venus de loin et dont certains ont dû parcourir durant plusieurs jours des pistes rendues impraticables par les conditions climatiques particulièrement épouvantables à cette époque de l'année.

Puis, évoquant la particularité du texte de l'acte uniforme, le Président de L'Union Internationale s'est voulu rassurant : « *Je comprends vos préoccupations sur les réserves émises sur l'OHADA. Mais n'en tirez pas des enseignements trop tôt. Attendez l'application du texte, c'est un outil formidable qui est inévitablement appelé à évoluer. Retenez les principes qui sont avantageux pour la profession de l'exécution, soyez les initiateurs des procédures, apprenez à utiliser les textes, étudiez-les, faites-les vivre, identifiez-vous à ce traité.* " C'est, en substance, le message qu'a souhaité diffuser auprès des professionnels Africains le Président ISNARD.

Puis abordant le thème de la place de l'huissier de justice dans le nouvel ordre économique mondial, le Président ISNARD a adopté un ton davantage mobilisateur : « *Aujourd'hui, nous sommes à l'ére de la mondialisation des échanges. L'huissier de justice ne peut se tenir en marge de cette véritable révolution qui laissera sur le bord de la route ceux qui n'auront pas su s'adapter.*

La reconnaissance de l'huissier de justice passe tout d'abord par une formation de qualité. C'est un élément indispensable dans l'évolution sociale de l'individu. C'est également un moyen efficient pour préparer la grande profession d'huissier de justice du 21ème siècle qui verra le monde judiciaire s'orienter autour du triptyque suivant :

- *Le Juge chargé de dire le Droit,*
- *L'Avocat qui sera en charge de la défense des intérêts des parties*
- *Le Professionnel chargé de l'exécution.*

En tout état de cause, la profession a un rôle à jouer ».

Evoquant ensuite le particularisme de l'exercice de la profession en Afrique, le Président ISNARD devait alerter les huissiers de justice sur les risques de dérive : « *Exercez votre profession dans la dignité. Ne soyez pas au centre des règlements de comptes : l'huissier de justice ne doit pas être l'élément aveugle d'une justice rigide entre un créancier trop entreprenant et un débiteur aux abois. Respectez la dignité des individus ; soyez irréprochables.* "

Puis, poursuivant, Me ISNARD devait réaffirmer que l'Union Internationale, par principe, n'intervient jamais dans les conflits ou problèmes internes à chaque pays. « *L'Union Internationale se situe résolument au-dessus de ces contingences. Néanmoins, l'organisation se fera toujours entendre lorsque les huissiers de justice seront attaqués ou se trouveront être l'objet de sévices, car une telle attitude est indigne et intolérable ; en arnaquant l'huissier de justice, c'est la légitimité de la justice qui est bafouée et par la-même, le principe-même de la démocratie et de la liberté individuelle* ».

La nouvelle génération
The new generation

Avant de clore sa synthèse, le Président ISNARD devait remercier les différents intervenants et notamment Mmes ASSI-ESSO et SENE, ainsi que les différents Présidents de séance : « *Nous n'en resterons pas là, il faut continuer à promouvoir ce type d'actions, elles ont des retombées formidables auprès des nombreux observateurs. En toute circonstance, vous pouvez compter sur la Chambre Nationale Française et l'Union Internationale qui apporteront les soutiens que vous êtes en droit d'attendre d'elles* ».

Enfin, la parole fut laissée à M. Le représentant du Ministre de la Justice qui devait tout d'abord excuser l'absence de ce dernier, avant de mettre l'accent sur la qualité des travaux, l'importance du traité de l'OHADA avant de conclure : « *Un tel colloque ne doit pas rester lettre morte* ».

❑

LE JOUR DU DESTIN

S'il est un jour qui a marqué le destin des Huissiers de justice du Mali, c'est bien cet après-midi du jeudi 27 juin 1995.

En effet ce jour-là, à l'Assemblée Nationale devrait être débattu et adopté le projet de loi portant statut des Huissiers de Justice, un texte équilibré, plus libéral et qui donnait une plus grande autonomie de gestion à la Chambre Nationale associée il est vrai auparavant à son élaboration.

Cependant tout n'était pas joué, car le texte sorti de la moule du gouvernement et déposé sur le bureau du Parlement ne répondait pas sur des points importants aux aspirations des Huissiers.

C'est donc bien là que devrait être payante, heureusement pour la profession, la présence dans l'hémicycle en tant que député, du Président de la Chambre Nationale.

Pour concilier les vues du gouvernement représenté par le Garde des Sceaux, Ministre de la Justice et le bureau de la Chambre des Huissiers, la Commission Lois de l'Assemblée Nationale a proposé une dizaine d'amendements au texte. Et pour éviter d'être taxé de jouer au corporatisme, le président des Huissiers, membre de cette commission, a tenté d'éclairer mais en vain certains de ses collègues députés sur la nécessité de prendre en compte les doléances formulées par les Huissiers qui n'étaient nullement exagérées comme le prétendait le gouvernement.

Faute de n'avoir pu persuader une bonne partie des membres de la commission, le président des Huissiers s'est résigné à amener ses dix amendements personnels qu'il a jugés indispensables à la plénière des débats en espérant cette fois-ci convaincre l'ensemble des députés et contraindre ainsi le Garde des Sceaux à accepter les changements profonds souhaités par la corporation.

Un « duel » épique a alors opposé le président-Député au Ministre sur deux points essentiels.

D'abord, le niveau proposé par le gouvernement pour le recrutement était le brevet, soit quatre ans après le BEPC. La Chambre des Huissiers trouvait ce niveau trop bas qui ne reflétait pas la qualité de travail et la valorisation recherchées pour rendre un meilleur service aux justiciables. En coutre, 90% des Huissiers en activité étaient sortis de l'ENA avec la maîtrise en droit. Par ailleurs, on devrait tenir compte l'environnement régional et même international, car l'UIHJ mène depuis longtemps à travers le monde le combat pour que le métier d'huissier soit exercé par des juristes de haut niveau.

Après un long débat, l'amendement proposé par le patron des huissiers a été mis aux voix. Ainsi, il y a eu 37 votants pour, 36 contre et 3 abstentions. Au prononcé de ce résultat par le secrétaire parlementaire les quelques membres du bureau de la Chambre présents dans la salle retinrent leur souffle et leur président beaucoup plus qu'eux, car lui seul mieux que les autres comprenait le sens du vote qui venait d'avoir lieu.

En effet, on était à un doigt du rejet de l'amendement, car selon le règlement intérieur de l'Assemblée, en cas d'égalité de voix lors du vote d'un amendement, celui-ci est rejeté purement et simplement. Les Huissiers venaient de remporter une première victoire.

Le deuxième point d'achoppement a été la vénalité de la charge d'huissier. Le projet de texte n'en parlait pas du tout alors que dans les discussions préliminaires Huissiers et Gouvernement étaient tombés d'accord là-dessus. Devant la commission des lois et surtout en plénière le garde des Sceaux s'est évertué à repousser le système de vénalité des charges qui, selon lui, pouvait perpétuer la mainmise d'un huissier ou de sa famille sur l'office. Les pouvoirs publics entendaient contrôler les activités de l'huissier aussi bien de son vivant qu'en cas d'incapacité ou à sa mort.

Le président –Député a, pour sa part, défendu avec forces arguments le principe de la vénalité des charges qui est de l'essence même de la profession d'huissier. Pour cela, il a retracé l'historique de la profession de son origine à nos jours et réussit à mettre en exergue les aspects positifs de la réforme. Selon lui, l'office de l'huissier est bâti à partir de l'effort personnel de celui-ci par la recherche d'une clientèle sûre et par des investissements de tous ordres réalisés. Ce beau travail ainsi accompli par l'huissier ne devrait pas disparaitre pour cause d'incapacité ou de mort en laissant sa famille dans le besoin. L'important c'est de mettre des gardes fous pour la sincérité et la régularité de la cession de l'office.

Le Garde des Sceaux devant une telle avalanche d'arguments étaient obligé de céder et les députés à leur tour ont admis l'amendement sur la vénalité des charges. Mais le Ministre a refusé que l'on précise dans le texte le second alinéa de l'amendement à savoir « qu'il sera tenu compte de la clientèle, du droit au bail et des investissement réalisés ». Le Président de la Chambre a tenté mais vainement de convaincre le Ministre sur la nécessité d'inclure la précision qui permettrait de mieux apprécier la valeur de l'office.

Pour ne pas perdre le grand bénéfice obtenu de l'introduction dans la loi de la vénalité de la charge, le Député-Président a accepté de retirer cette partie de l'amendement. Celui-ci a été finalement adopté par une écrasante majorité : 71 pour, 0 contre et 8 abstentions. Devant cette deuxième victoire, le Président en regagnant sa place fit un clin d'œil amusé à ses confrères assis dans la loge des invités. Ils pouvaient tous être fiers maintenant d'avoir gagné la bataille grâce à la ténacité de leur Président- Député. Le plus difficile venait d'être fait dans la voie de la revalorisation de la profession d'Huissier.

Mais, cette belle victoire a eu un goût amère lorsque quelques jours plus tard, le Président des Huissiers a voulu savoir quelle mouture de texte a été envoyée à la présidence pour promulgation. Il tomba des nues.

En effet, le secrétaire parlementaire, chargé de faire le point des amendements acceptés et ceux rejetés, a cru que c'est tout l'amendement qui avait été retiré. Or, le rejet ne concernait que le dernier alinéa qui avait trait aux conditions de la vénalité. Ainsi, la rédaction finale ne mentionnait plus la fameuse vénalité de la charge.

Il fulmina contre le secrétaire législatif chargé de la mise en forme des textes de loi qui s'est défendu de n'avoir fait que transcrire les données à lui fournies à partir des cassettes audio et de la fiche des sténographes. Il sollicita le point de vue du directeur de cabinet du ministre, présent aux débats, qui a confirmé que l'amendement avait été bel et bien accepté par le gouvernement. Alors, l'on s'est précipité de corriger l'erreur, mais le texte de loi avait été envoyé pour promulgation à la Présidence. Et lorsqu'on téléphona au Secrétaire général de cette institution pour reprendre le texte, c'était trop tard. Le texte était déjà déposé sur le bureau du Président de la République, et personne ne pouvait y toucher.

Voilà comment les Huissiers ont perdu la bataille de la vénalité de la charge par suite d'une omission d'un secrétaire parlementaire. Cela affligea beaucoup le Président, même si le texte pouvait être envoyé en seconde lecture, en vue d'apporter le correctif nécessaire. Le Garde des Sceaux en fit la promesse. Les Huissiers depuis attendent ce moment propice qui tarde à venir. Mais avec un Président Politique l'espoir est permis.

Septembre 2002
La Chambre Nationale des Huissiers de Justice du Mali
L'ancien Président
Maître Ibrahim BERTHE

Discours prononce par Maître Ibrahim Berthe Président de la Chambre nationale des huissiers de justice du Mali à l'occasion de l'ouverture du Colloque international des huissiers de justice sur le traité de l'OHADA – 24-25 septembre 1998

_ /)/)_onsieur le Ministre de la Justice, Garde des Sceaux.

Monsieur le Président de l'Union Internationale des Huissiers de Justice.

Monsieur le Président de la Cour Suprême

Excellence Monsieur l'Ambassadeur de France au Mali

Messieurs les membres du Comité Exécutif de l'Union Internationale des Huissiers de Justice

Messieurs les présidents de la Chambres et Associations Nationales des Huissiers de justice

Monsieur le Premier Président de la Cour d'Appel de Bamako

Monsieur le Procureur Général près de la Cour d'Appel de Bamako

Messieurs les Directeurs Centraux des Services de la Justice

Monsieur le Bâtonnier de l'Ordre des Avocats

Monsieur le Président de la Chambre des Notaires

Monsieur le Président de la Chambre des Commissaires –Priseurs

Monsieur le Secrétaire Général du Syndicat Autonome de la Magistrature

Monsieur le Secrétaire Général de l'Association des Greffiers et Secrétaires des Greffes et Parquets

Messieurs les Présidents des différents Ordres Professionnels

(Experts Judiciaires, Expert Comptables et Comptables Agrées, Médecin, Pharmacien, Vétérinaires Architecte)

Messieurs les Officiers de Police Judiciaire : Police Nationale et Gendarmerie Nationale.

Distingués invités

Chers Collègues,

Mesdames, Messieurs

Permettez-moi tout d'abord d'adresser à chacun de vous, au nom de la Chambre Nationale des Huissiers de Justice du Mali et à mon nom propre, mes remerciements les plus sincères pour avoir, malgré vos multiples occupations, accepté de venir à Bamako partager avec vos frères et amis maliens vos expériences dans le domaine du droit spécifique aux Huissiers.

Je vous dis « Aw ni takama » « Aw bora Aw ka so Aw nana Aw ka so » traduction « Soyez les bienvenus, considérez-vous au Mali que vous êtes chez vous »

Il ne peut en être autrement dans cette province de la patrie africaine qu'est le Mali, terre d'échanges et de brassages entre plusieurs civilisations. Œuvrant inlassablement pour l'intégration africaine, les maliens, des autorités aux simples citoyens, sont toujours sensibles aux actions tendant à renforcer la coopération inter africaine. C'est pourquoi nous vous saluons tous pour le choix porté sur Bamako afin d'abriter les travaux du Colloque International sur le traité de l'OHADA, le premier du genre organisé par la Chambre Nationale des Huissiers de Justice.

Je ne saurais aborder le thème précis de nos travaux sans souligner l'appui constant et précieux qu'apporte aux Huissiers africaines l'Union Internationale des Huissiers de Justice et Officiers Judiciaires et de la Chambre française des Huissiers qui, faut-il le rappeler, sont co-organisatrices du présent forum. C'est le lieu de leur témoigner notre profonde gratitude pour les efforts louables qu'elles ne cessent de déployer pour les Huissiers de notre continent, s'adaptent aux mutations profondes que connaît l'environnement politique, économique et social de notre monde aujourd'hui.

Pour relever avec succès les défis que sont, d'une part, la mondialisation de l'économie et des échanges et, d'autre part, l'intégration économique en Afrique, les Huissiers africains se doivent d'initier une réflexion profonde sur le traité de l'OHADA, lequel offre certes un cadre et des instruments judiciaires précieux, mais perfectibles.

Le Colloque International qui s'ouvre aujourd'hui participe de cette nécessaire réflexion pour les Huissiers ici présents d'opérer une réappropriation du traité de l'OHADA qui, dans la pratique et il faut le signaler, pose certaines difficultés. Celles-ci auront plus de chances d'être surmontées si nous, professionnels du droit que nous sommes, par une participation et une contribution éclairées, aidons à l'identification des contraintes et à la formulation de propositions alternatives concrètes.

Un grand pas a été franchi avec l'adoption et la mise en application depuis le 10 juillet dernier de l'Acte Uniforme instituant les Procédures Simplifiées de Recouvrement des Créances et Voies d'Exécution. Il appartient maintenant aux Huissiers, acteurs principaux dans ces domaines de cerner les adaptations indispensables de cet Acte Uniforme, qu'ils prennent davantage en compte certains particularismes dont les praticiens sont les premiers à percevoir l'importance. Aussi, devient-il impérieux que les Etats membres de l'OHADA associent davantage les Huissiers dans la conception des réglementations à venir.

Je ne doute pas que les travaux du présent colloque permettent de mieux appréhender l'ensemble des questions que pose aux Huissiers africains le processus d'intégration en cours sur notre continent. Plus que jamais les Huissiers africains doivent s'unir et, dans un cadre de concertation que nous allons définir ici même à Bamako, dégager des pistes de réflexion voire des solutions pertinentes aux problèmes qui se posent spécifiquement à nous.

Monsieur le Ministre

Monsieur le Président de l'Union Internationale des Huissiers de Justice

Un autre thème du Colloque traitera du Statut libéral et de la déontologie. L'intérêt de ces points de débats n'est plus à démontrer, car il s'agit de l'essence et de l'éthique même de la profession d'Huissier de Justice.

Ne voulant pas anticiper sur les débats, je m'arrête là. Il ne me reste qu'à souhaiter à tous un bon séjour au Mali et plein succès à nos travaux.

Merci de votre attention

_/)/)_AITRE IBRAHIM BERTHE

DISCOURS DE MAÎTRE JACQUES ISNARD PRÉSIDENT DE L'UIHJ AU COLLOQUE INTERNATIONAL DE BAMAKO LE 24 SEPTEMBRE 1998

Monsieur le Ministre,
Mesdames et Messieurs les autorités judiciaires
Mesdames et Messieurs le hauts magistrats
Mesdames et Messieurs le présidents et chefs de délégation
Mes chers confrères,

Il y a peu encore, l'Afrique était très discrète au sein de notre Union Internationale. Les représentants des pays de ce continent apportaient une faible contribution aux actions internationales. Et les commentaires en Europe attestaient l'idée que les huissiers de justice africains étaient effacés et sans grande ambition.

Or, depuis les fameuses rencontres qui se sont déroulées à Dakar, voilà deux ans, les choses ont beaucoup évolué. Les chambres et organismes africains ont adhéré massivement à notre Organisation ; celles qui y étaient ont apporté une force d'impulsion considérable.

Aujourd'hui, grâce à l'action de quelques présidents de grands talents, l'Afrique est omniprésente au sein de l'UIHJ et fait entendre sa voix. Parmi ces femmes et hommes de talents que j'ai évoqués à l'instant, je me dois de citer Mme la présidente Mme SENE, le président Me BERTHÉ dont l'action à l'intérieur de l'UIHJ.

Grâce à vous Mr le président, je puis affirmer que votre pays, le Mali, jouit d'une forte considération dans l'arène internationale. Je dois dire par ailleurs que vous avez su être persuasif car, en choisissant Bamako pour le lancement de l'application pratique de l'Acte Uniforme de l'OHAHDA, notre Comité exécutif a su céder aux arguments que vous avez développés habilement, sur le charme de votre pays.

C'est, Mr le Ministre, Mesdames et Messieurs, une grande joie pour l'UIHJ d'être ici aujourd'hui à Bamako, dans ce pays de transition géographique entre le Sahara et la forêt. C'est aussi un grand privilège, Mr le président, d'être accueilli par les confrères maliens.

Ce colloque qui nous réunit durant deux jours a une portée significative. Il préfigure l'application des règles pratiques relatives à l'Acte Uniforme portant Procédure Simplifiée de Recouvrement et Voies d'Exécution, elle-même issue du traité de l'OHADA. Le nouveau dispositif tente à doter les Etats africains en cette matière d'une avancée considérable en droit judiciaire international.

Notons que d'ailleurs, en toute honnêteté, l'Europe devrait à cet égard s'inspirer des démarches africaines pour améliorer ses institutions judiciaires avec plus une grande homogénéité.

Mr le président, l'européen que je suis, et non plus là Président de l'Union Internationale, ne peut que clamer son admiration devant cette initiative africaine ; nous, s'agissant de nos collègues allemands, italiens, anglais ou ailleurs.

Le Traité de l'OHADA qui sera en application offre des perspectives nouvelles, pour les Etats africains qui y ont adhéré, en matière de rapidité dans la transmission des actes, d'homogénéité de procédure et d'efficacité dans l'exécution. Autant d'éléments qui se conjuguent avec des impératifs dictées par un monde économique toujours plus sournois et plus contraignant.

Inutile d'indiquer combien l'UIHJ est attentive à l'application du traité de l'OHADA, et plus particulièrement les deux actes uniformes : Procédure de Recouvrement Simplifié de Créance et Procédure Collective d'Apurement de Passif pour que tous les juristes de toutes origines se mobilisent, afin que le mot droit ait encore une signification.

Sans l'existence de règles de droit, avec une rigoureuse application de celles-ci, c'est tout l'équilibre de notre société en général qui risque d'être remis en cause.

Déjà, faute par les juristes d'avoir su s'imposer, les grands litiges internationaux, voire même nationaux échappent aux tribunaux de l'ordre judiciaires, pour être soumis à des arbitres, à des collèges internationaux de médiateurs entre particuliers.

Déjà aussi, faute pour les juristes d'avoir su s'organiser, le processus d'exécution de jugements échoit à des organismes privés qui instaurent un véritable climat de terreur auprès des débiteurs.

Déjà enfin, nous voyons poindre partout dans le monde les prémices d'une justice privée qui écarte l'avocat, évite le juge et exclut l'huissier de justice. Or, précisément dans les systèmes judiciaires traditionnels dans le monde, ceux-ci sont articulés autour de trois personnages : *le juge qui dit le droit et rend des décisions, l'avocat qui assiste et représente les parties et l'huissier de justice ou agent d'exécution qui exécute les décisions de justice.*

C'est donc sur la base de cette trilogie que doit exister, pour faire équilibre avec le monde économique, l'organisation judiciaire des Etats partout sur les différents continents.

En ce qui concerne les huissiers de justice, je crois qu'ils ont un grand rôle à jouer ; mais pour cela il faut que les autorités puissent compter sur des huissiers de justice compétents et de qualité. Et la formation professionnelle, vous l'avez dit, parait tout à fait prioritaire.

La formation professionnelle, voilà un sujet auquel l'UIHJ est très attachée ; c'est d'ailleurs dans cet esprit que s'inscrit cette manifestation de Bamako.

Mais, pour autant que les huissiers de justice soient des acteurs privilégiés au sein du corpus de leurs pays, il importe qu'ils diffusent la meilleure image de marque possible de leur profession.

C'est pourquoi, il convient qu'ils proposent de meilleures connaissances de leurs activités en enrichissant leurs relations avec les autorités, les magistrats, les autres professionnels du droit, la presse l'université. Mais de surcroit pour gagner en crédibilité, il faut être irréprochable. Et pour cela, il faut veiller à sanctionner ceux de nos confrères dont le comportement est de nature nuire à l'image de la profession.

Vous n'ignorez pas, Mr le président BERTHÉ, combien les huissiers de justice maliens entretiennent des relations privilégiés avec les organes de tutelle et naturellement je m'en réjouis. Cela ne peut se traduire que par une fructueuse collaboration même dans l'élaboration des textes législatifs et règlementaires.

Pour favoriser l'acquisition d'une technicité accrue, l'Union Internationale est prête, Mr le Président BERTHÉ le sais, à accentuer ses efforts pour permettre aux huissiers de justice de ce pays de se familiariser par des stages en France au contact d'huissiers de justice français avec nouvelle une mouture concernant l'activité dérivant de l'application du traité de l'OHADA....

Une aide à la formation, comportant un programme de recyclage actuellement applicable aux huissiers de justice français, est proposée aux chambres nationales et à la chambre nationale malienne. Les échanges seront d'autant plus aisés désormais que les règles de l'exécution en France seraient identiques avec celles des Etats signataires de l'OHADA. On sait en Europe, ces règles sont voisines de celle de la Hollande, de la Belgique, du Luxembourg et de la Suisse.

On s'aperçoit que c'est un véritable pont qui est aujourd'hui jeté entre l'Afrique et l'Europe. En participant à l'organisation de séminaires et de colloques sur le recouvrement et l'exécution, l'Union d'abord ambitionne de rapprocher les professionnels de tous les pays dont la vocation est de signifier les actes judiciaires et d'exécuter les décisions de justice.

Le régime de l'exécution de jugements souffre dans le domaine international d'une trop grande hétérogénéité de la profession d'huissier ou d'agent chargé de l'exécution. Et pour tenter d'améliorer cette situation, notre organisation s'attache à promouvoir un statut de l'huissier de justice remplissant un certain nombre de conditions, telles que : être diplômé en droit, ayant satisfait à un examen professionnel dans la mesure du possible, exerçant à titre libéral ou privé.

Mais le régime de l'exécution de décisions de justice souffre encore à la longue de l'inorganisation du système judiciaire international. Les conventions internationales en matière judiciaire, notamment celle de la Haye de 1965 sur la transmission des actes judiciaires sont trop restreints, car limitées seulement à quelques Etats adhérents. La difficulté tient à établir des liens cohérents, face à la dualité de concepts qui s'affrontent, avec d'une part, les pays du *Common law*et, d'autre part, ceux issus du code Napoléon.

Sachez que l'Europe, pour ne citer que cet exemple, où les Ecossais et les Anglais descendant du Royaume Uni, ont deux systèmes différents ; les écossais avec un système proche de celui applicable en France et les anglais avec des règles applicables au système du *common low*.

Il convient de le réaffirmer l'occasion de consacrer la fonction d'huissier de justice sur une plus grande partie du continent africain.

On peut donc rêver, le jour où, partout, il y aurait une profession comparable avec celle de l'huissier de justice où les actes judiciaires et les jugements pourraient directement être servis d'huissier à huissier, dans un souci de très grande efficacité.

Mr le Ministre, Mr le Président, il y aurait beaucoup à disserter sur les vertus de l'efficacité de régime international homogénéisé du droit de l'exécution. Il y aurait beaucoup à commenter sur les sentiments nouveaux qui naissent entre les professionnels exerçant une même activité, mais de continents différents.

Les huissiers de justice ont une chance ; mais, ils ont aussi un handicap. Ils sont peu nombreux comparativement, notamment aux avocats ; mais, ce qui les rend aussi vulnérables, parce que représentant une force réduite. Mais, ils sont cependant, et l'organisation de ce séminaire aujourd'hui le démontre, animés d'un grand dynamisme et d'une volonté de participer au progrès de notre temps.

Je réitère tous mes remerciements à la Chambre nationale malienne et au président BERTHÉ d'avoir bien voulu accueillir ce séminaire et renouvelle toute ma gratitude à Mr le Ministre, d'avoir accepté de présider cette cérémonie d'ouverture, et je formule des vœux pour de bons et fructueux travaux.

Mesdames et Messieurs, je vous remercie !

Maître Jacques Isnard.

DISCOURS D'ADIEU DE MAÎTRE IBRAHIM BERTHE À L'OUVERTURE DU 3E CONGRÈS ORDINAIRE DE LA CHAMBRE NATIONALE DES HUISSIERS DE JUSTICE DU MALI : 24 ET 25 MAI 1999

Monsieur le Ministre de la Justice, garde des sceaux

Monsieur le Procureur Général près la Cour d'Appel de Bamako

Monsieur le Directeur National de l'Administration de la Justice

Madame le Bâtonnier,

Messieurs les Présidents des différents ordres professionnels :

Notaires, Commissaires-Priseurs, Greffiers et Secrétaires de Greffe, Médecins, Pharmaciens, Architectes, Vétérinaires, Experts Comptables ;

Monsieur le Secrétaire Général du syndicat Autonome de Magistrature,

Messieurs les Huissiers honoraires, aînés dans la profession ;

Chers Consœurs et Confrères,

Honorables invités,

Mesdames et Messieurs,

Je voudrais tout d'abord exprimer à tous mes sincères regrets de ne pouvoir être par mis vous en ce jour solennel pour participer aux travaux de notre congrès, le 3e du genre depuis la création de la Chambre Nationale il y a de cela 9 ans.

En effet, parti de Bamako en Mars dernier, je me trouve à Paris pour suivre une formation en Relations Internationales, branche du droit public aux frontières de la géopolitique et de la diplomatie. Mais, ces occupations actuelles ne sauraient guère m'éloigner des préoccupations du privatiste que je suis, ayant eu le bonheur d'embrasser la carrière d'Huissier de justice, profession noble pour défense de laquelle je mènerai de jour comme de nuit les combats qu'il faut.

Oui, que de combats livrés, que d batailles gagnées depuis 1990. Mais ces victoires ne doivent cacher ni les erreurs commises, ni les échecs subis. Bien au contraire faisons en courageusement le constat, cela nous permettra de rectifier le tir et de tracer de nouvelles perspectives.

Lorsqu'en 1992, j'ai eu l'insigne honneur d'être choisi par vous pour conduire les destinées de notre corporation, nous avions deux défis majeurs à relever à savoir :

D'une part, arracher un statut libéral qui donnera une grande autonomie de gestion à la Chambre, et d'autre part obtenir des tarifs plus intéressants en matière civile, commerciale et pénale. En juin et Août de l'année 1995, ces textes furent adoptés et font aujourd'hui notre fierté aussi bien au Mali qu'à l'étranger. Ils sont sans doute à parfaire sur certains points. Ce grand bond en avant est l'œuvre de l'ensemble de nos collègues du bureau et certains hors ce bureau.

À partir d'Avril 1996, avec la confiance que vous m'avez renouvelé, d'autres chantiers ont été ouverts et j'espère que mon équipe et moi y avons construits d'assez belles édifices.

Un arrêté de transposition de plus de30 clercs a été pris qui n'a pas satisfait tout le monde il est vrai ; mais c'est l'application du statut. Quatre clercs de 1ere catégorie bénéficiant à leur tour de transposition sont devenus Huissiers titulaires de charge après un test organisé par la Chambre, même si à ce sujet un énergumène, déboussolé et incapable joue au franc-tireur contre notre Chambre.

D'autre part, la formation de seize Huissiers stagiaires a pu être nettement améliorée par rapport aux promotions antérieures grâce aux cours de déontologie enseigné pour la 1ère fois par le Président de la Chambre à l'Institut National de formation Judiciaire.

Un séminaire de Formation sur financement de la Fondation Fredriech Ebert a pu être organisé à l'intention des clercs de 1ère et 2ème catégorie. Cette expérience doit être poursuivie pour améliorer la qualité des prestations des employés de nos cabinets.

Mesdames et Messieurs les congressistes ;

Notre Chambre, grâce à l'effort commun, a gagné en crédibilité au plan interne et en respectabilité et honorabilité au plan externe. Nos collaborateurs directs et les autorités de tutelle portent vers nous aujourd'hui un regard nouveau, débarrassé d'un semblant de complexe. Nous devrons continuer sur cette voie, dans le travail bien fait, dans la probité, dans le perfectionnement, à donner de nous-mêmes une image encore plus positive.

À l'extérieur, nous avons été de toutes les rencontres ou presque :

Congrès de l'Union Internationale des Huissiers en juin 1997 à Stockholm en Suède, où le Mali fut à l'honneur par la projection en séance plénière d'un reportage sur la profession d'Huissier dans quatre pays du monde.

Notre participation a été de qualité aux conseils permanents de Paris en Novembre 1996, 1997 et 1998, de Cotonou en Mai 1998, Tunis Avril 1999 ; aux colloques de Dakar Avril 1996 et Mars 1999, et d'Abidjan en Octobre 1998. Sans oublier l'envoi en stage en France de nos confrères Maîtres Seydou DOLO et Boubacar KORNIO au mois de Novembre 1998.

Et pour récompenser tous ces efforts déployés depuis tant d'années, notre Chambre fut la 1ère en Afrique à qui l'Union Internationale a décerné la médaille d'argent à l'effigie des Présidents Soulard et Guilen et ce à l'issue de l'organisation presque parfaite du Colloque International sur la traité de l'OHADA, les 24 et 25 Septembre 1998 à Bamako. Les délégués de l'Union Internationale et ceux des onze pays africains participants continuent de nos jours de nous témoigner leur satisfaction pour la réussite de cette rencontre.

Pour toutes ces raisons, nous devrons poursuivre l'œuvre commencée, être présents sur la scène africaine et Internationale en vue de jouer le rôle de pionnier qui est le nôtre aujourd'hui.

Monsieur le Ministre

Messieurs les Huissiers honoraires

Chers collègues,

Je disais tantôt que notre bureau a eu aussi des moments d'insuccès. Quelle œuvre humaine est parfaite ?

Cependant il convient d'avoir l'esprit critique, de reconnaître nos errements, d'accepter de les corriger et puis de repartir sur des bases plus solides.

Nous pouvons et devons le faire à une triple condition :

D'abord, resserrer nos rangs par une plus grande cohésion, plus de concertation, plus de compréhension des problèmes de chacun (Huissiers comme employés de cabinet) plus de solidarité, plus de tolérance, mais jamais de faiblesse.

Ensuite un plus grand respect des textes qui nous régissent et des principes qui nous guident ; ceux qui arrivent sur le tard doivent apporter du sang nouveau au collectif et non l'affaiblir en tentant d'enfoncer les portes ou en tordant le cou aux textes et aux principes. Il y aura de la place pour tout le monde, le Mali est vaste pour ça.

Enfin, payer à temps nos cotisations. Aucun groupe humain ne peut se développer et réussir sa mission sans y mettre les moyens nécessaires.

Nous sommes à l'aube d'une ère nouvelle, je suis sûr que les Huissiers que nous sommes sauront, grâce à la formation et à l'entente, relever tous les défis.

Je ne pourrais finir ce propos sans rendre un vibrant hommage à nos devanciers, les doyens Huissiers honoraires qui nous ont montré la bonne voie. Qu'ils trouvent tous ici l'expression de ma profonde gratitude et de ma sincère considération

À nos compagnons disparus, j'adresse à leurs familles ma douloureuse sympathie et je propose de faire de leurs enfants les pupilles de la Chambre Nationale.

À vous, Chers collègues du bureau, merci de votre soutien.

À vous tous mes confrères, merci de votre confiance Je cède ma place à quelqu'un d'autre en vous assurant tous de ma totale disponibilité.

« *A yé yafa ma – Dunia ye gasi yé* » traduction : « *acceptez mes sincères excuses – notre monde est fait de fautes que l'on commet souvent sans le savoir* »

Bon Congrès

LE PRESIDENT SORTANT MAÎTRE IBRAHIM BERTHE

BIOGRAPHIE

Ibrahim BERTHE est né à Bamako (Mali) en 1955. Après ses études primaires et secondaires, il entre à l'Ecole Nationale d'Administration où il obtint une maîtrise en droit privé en 1984.

Major de promotion au concours d'accès à la profession d'huissier de justice en juin 1986, il devient Secrétaire général, puis Président de la Chambre Nationale des Huissiers de Justice du Mali de 1990 à 1999. Il fut membre du Conseil permanent de l'Union Internationale des Huissiers de Justice et Officiers Judiciaires pendant plus de dix ans. Il quitta son étude en 1999 pour entamer des formations post universitaires au Centre d'Etudes Diplomatiques et Stratégiques de Paris et à l'Université Panthéon Assas Paris II. De retour en 2001, il donne des cours de droit à la faculté des sciences juridiques et politiques de l'Université de Bamako.

Sa passion pour l'écrire date de ses années de lycée, et, plus tard, jeune étudiant, il décrocha en 1983 le 1er prix du concours international organisé par RFI sur les droits de l'homme.

Homme politique aussi, il devient Député en 1992, puis 2ème Vice-président de l'Assemblée nationale du Mali, jusqu'en 1997. Il est aujourd'hui chroniqueur de certains journaux et écrit des pamphlets croustillants sur la vie politique au Mali.

FIN

TABLE DES MATIÈRES

POST SCRIPTUM

Questions juridiques aux éditions L'Harmattan

Dernières parutions

EXISTE-T-IL ENCORE UN SEUL « NON BIS IN IDEM » AUJOURD'HUI ?
Sous la direction de Delphine Brach-Thiel
«Nul ne doit pouvoir être jugé et condamné deux fois à raison des mêmes faits.» Si le principe est simple, c'est précisément son interprétation par de très nombreuses juridictions - pas toujours à l'unisson - qui pose question et explique le retour de ces interrogations sur le devant de la scène aujourd'hui. L'analyse ici présentée se veut riche et féconde de la rencontre entre universitaires belges et français, entre praticiens et chercheurs, entre européanistes, internationalistes ou pénalistes.
(Coll. Comité international des pénalistes francophones, 23.50 euros, 230 p.)
ISBN : 978-2-343-11828-4, ISBN EBOOK : 978-2-14-004143-3

ESSAI SUR LA NOTION D'EXÉCUTION CONTRACTUELLE
Alvarez Isabelle
L'exécution contractuelle constitue la cause impulsive de l'établissement du contrat qui, paradoxalement, est un mécanisme trop familier pour être bien connu. Adopter une méthode d'analyse alternative permet d'esquisser une définition de cette notion juridique. Est ici proposée une approche dynamique des échanges contractualisés, orientés vers la réalisation satisfactoire de l'opération économique, démontrant que cette phase exécutoire recèle un panel étendu de perspectives. (Étude à jour de l'ordonnance n° 2016-131 du 10 février 2016 portant réforme du droit des contrats, du régime général et de la preuve des obligations).
(Coll. Logiques Juridiques, 45.00 euros, 486 p.)
ISBN : 978-2-343-12604-3, ISBN EBOOK : 978-2-14-004271-3

LES ACCORDS COLLECTIFS DE GROUPE
Théodoropoulos Alexandra - Préface de Gérard Vachet
De simple expérimentation issue de la pratique, la négociation collective de groupe est devenue un véritable niveau de négociation collective reconnue par le législateur. L'accord de groupe est désormais consacré comme une norme créatrice de droits et d'obligations entre employeurs et salariés du groupe, mais sa place dans la hiérarchie des normes n'a pas été précisée. Cette situation génère de nombreuses interrogations quant à sa portée et à ses limites.
(Coll. Logiques Juridiques, 44.00 euros, 440 p.)
ISBN : 978-2-343-12269-4, ISBN EBOOK : 978-2-14-004330-7

LA SIMPLIFICATION DU DROIT DES SOCIÉTÉS À L'AUNE DU CAS HONGKONGAIS
L'exemple des SARL et SAS
Tortellier Nathalie - Préface de Mme le professeur Catherine Barreau
Cette étude comparative puise dans les règles et mécanismes de la société fermée à risque limité hongkongaise des techniques pouvant fortement contribuer à l'assouplissement et à

la simplification du droit des sociétés. L'analyse décortique la vie des SARL et SAS et propose l'application de la méthodologie pragmatique du droit hongkongais par thèmes dans un souci d'adaptabilité du droit français. Il ressort de cette analyse comparative 80 recommandations inspirées de la société hongkongaise pour développer une société outil au service de l'entreprise, une société adaptée et adaptable aux acteurs économiques contemporains.
(Coll. Logiques Juridiques, 49.00 euros, 638 p.)
ISBN : 978-2-343-11885-7, ISBN EBOOK : 978-2-14-004220-1

LE DROIT DE L'INFORMATIQUE
4e édition (2017)
Bismuth Yves
À travers l'étude des grands thèmes du droit de l'informatique (protection des logiciels et des données, contrats informatiques, protection des libertés, gestion du risque informatique), cet ouvrage permet au lecteur d'établir lui-même un diagnostic juridique des problèmes rencontrés à l'occasion de la mise en place d'un système informatique. Il est complété par des extraits de code, une bibliographie, un index et un lexique, et est à jour des dernières lois et décrets intervenus en la matière.
(38.00 euros, 436 p.)
ISBN : 978-2-343-11527-6, ISBN EBOOK : 978-2-14-004177-8

MÉTHODE ET ASPECTS FORMELS DE LA RECHERCHE
Petit manuel à l'usage des juristes (2e édition)
Marain Gaëtan
L'ouvrage propose un apprentissage de la recherche et de son formalisme qui doit permettre aux étudiants confrontés à la rédaction d'une thèse ou d'un mémoire en droit d'aborder ce travail avec sérénité. L'auteur donne ainsi une méthode pour définir le sujet, échafauder un plan et trouver la documentation utile. Est également abordée, entre autres, la question du référencement des sources et de la citation d'auteur. Des recommandations propres à l'organisation de la soutenance et à son bon déroulement sont prodiguées. Voici un guide à même d'éclairer les premiers pas du jeune chercheur en droit.
(15.50 euros, 138 p.)
ISBN : 978-2-343-12682-1, ISBN EBOOK : 978-2-14-004300-0

LA PROCÉDURE DE LIBÉRATION CONDITIONNELLE COMME OUTIL DE GESTION DU RISQUE
Ben Gadi Amélie - Préface de Joana Falxa
La procédure d'octroi de la libération conditionnelle des longues peines témoigne d'une sévérité accrue à leur égard. En imposant une évaluation de dangerosité, le législateur a souhaité «verrouiller» la procédure. Cependant, la notion de dangerosité est très complexe à définir et ne fait l'objet d'aucune définition légale. Elle introduit la notion de gestion du risque, ouvrant le chemin vers une justice de précaution. La présente étude éclaire la problématique de la réinsertion des longues peines.
(Coll. Bibliothèques de droit, 15.00 euros, 132 p.)
ISBN : 978-2-343-11550-4, ISBN EBOOK : 978-2-14-004296-6

LETTRE À TOUS CEUX QUI PERSISTENT À VOULOIR FAIRE LEUR DROIT
Charles Thierry
Le droit court derrière la «révolution numérique». Les algorithmes nous espionnent et restreignent les libertés publiques, ils calculent les indemnités au service des compagnies d'assurances. La diminution lente et continue des services chargés de veiller à l'application du droit affaiblit et parfois anéantit l'efficacité de ces lois. L'échec de la loi Hadopi est significatif à cet égard. Le mal est en fait bien plus profond et ne date pas d'hier. Nous vivons une époque de démolition des codes établis. Si le droit est partout, en définitive il n'est nulle part...
(20.50 euros, 204 p.)
ISBN : 978-2-343-12343-1, ISBN EBOOK : 978-2-14-004306-2

FÊTE ET DROIT PUBLIC
Sous la direction d'Adrien Azarete, Elie Guerrero et Thomas Moretto
S'inscrivant dans une approche globale et élargi à tout le droit public, le présent ouvrage, issu du colloque « Fête du Droit Public », a pour objet l'étude de l'application du droit public dans la fête par les différents acteurs de cette branche du droit. De l'autorisation de la fête à sa responsabilité, en passant par son organisation, son coût et sa sécurité, le droit public est présent partout, de par l'évidente présence et implication de la puissance publique et des collectivités territoriales.
(Coll. Bibliothèques de droit, 20.00 euros, 192 p.)
ISBN : 978-2-343-11018-9, ISBN EBOOK : 978-2-14-003946-1

LA DÉMOCRATIE EN DROIT INTERNATIONAL
Étude critique sur le statut juridique de la démocratie en droit international et la légitimité de l'imposer par la force
Alshiabani Abuhamoud
En droit international, la démocratie était jusqu'à très récemment absente. Malgré les appels lancés au début du 20e siècle, celui-ci a toujours considéré la démocratie comme une idéologie dans laquelle il ne doit pas s'impliquer. Après la fin de la Guerre froide et la victoire de la démocratie libérale, la démocratie s'est renforcée au plan international. Elle a exercé une pression considérable sur le droit international pour qu'il s'adapte aux nouvelles exigences des réalités politiques. Cet ouvrage traite de ce sujet et montre le contexte dans lequel se sont développés la démocratie et le concept d'ingérence démocratique.
(Coll. Logiques Juridiques, 39.00 euros, 408 p.)
ISBN : 978-2-343-10818-6, ISBN EBOOK : 978-2-14-003833-4

LES PRINCIPES GÉNÉRAUX DANS LA JURISPRUDENCE DE L'ORGANE DE RÈGLEMENT DES DIFFÉRENDS DE L'OMC
Aydi Ghozzi Mariem - Préface de Slim Laghmani
Représentant la justice marchande, le Système de règlement des différends de l'organisation Mondiale du Commerce (OMC) est censé rendre une meilleure justice. Bien qu'il ne constitue pas une véritable juridiction, il chemine sur les traces du juge international dans la détermination et la régulation du sens du droit de cette organisation, les principes généraux devraient en constituer des instruments de moralisation et de développement. Cependant, la méthode par laquelle l'organe de règlement des différends appréhende lesdits principes mérite une attention particulière.
(Coll. Droit aujourd'hui, 37.50 euros, 368 p.)
ISBN : 978-2-343-12079-9, ISBN EBOOK : 978-2-14-004047-4

LA RESPONSABILITÉ DES ENTREPRISES MULTINATIONALES POUR LES VIOLATIONS DES DROITS DE L'HOMME EN AFRIQUE
Opportunités et défis
Belporo Christelle
La question de la responsabilité des entreprises multinationales pour les violations des droits de l'homme est d'une actualité brûlante. Alors qu'à travers le monde les scandales se multiplient, sur le continent africain, des voix s'élèvent pour dénoncer les nombreuses violations des droits internationalement protégés. Cet ouvrage évalue les réponses offertes par le droit pour l'encadrement de la responsabilité juridique des entreprises multinationales à l'aune des instruments internationaux et africains.
(Coll. Études africaines, 20.50 euros, 200 p.)
ISBN : 978-2-343-11365-4, ISBN EBOOK : 978-2-14-004005-4

CONCEPTS ET PRATIQUES PROFESSIONNELLES EN DOUANES
Origines, procédures, régimes et valeur
Bouga Boukari Dan
Ce livre explique d'abord les concepts, c'est-à-dire le vocabulaire douanier de façon à ne saisir que l'essentiel. Il expose ensuite les exigences des pratiques douanières pour tous les scénarios du

commerce international. II procède enfin à des illustrations pour une meilleure compréhension des droits et obligations des opérateurs en douane.
(Harmattan Côte-d'Ivoire, 20.00 euros, 184 p.)
ISBN : 978-2-343-11805-5, ISBN EBOOK : 978-2-14-004075-7

LE DROIT POSTMODERNE
Une introduction
Barraud Boris
Au XIXe siècle le droit a changé d'ère passant du droit moderne au droit postmoderne. Sa principale caractéristique résiderait dans le développement d'une forme de concurrence juridique entre puissances publiques et puissances privées. La révolution copernicienne de la pensée juridique serait ainsi la rupture du lien consubstantiel entre droit et État que la modernité avait noué. La société civile serait désormais au cœur du jeu juridique. Ce livre propose quelques pistes et une grille de lecture afin de comprendre le nouveau droit que la globalisation modèle.
(Coll. Droit aujourd'hui, 32.00 euros, 320 p.)
ISBN : 978-2-343-12077-5, ISBN EBOOK : 978-2-14-003633-0

LE CONSEIL DE L'EUROPE ET LES COLLECTIVITÉS TERRITORIALES
Contribution à l'étude de l'autonomie locale
Kalimeri Vasiliki
Le Conseil de l'Europe est la première organisation internationale à avoir intégré l'acteur infra-étatique dans son action. La Charte européenne de l'autonomie locale et le Cadre de référence pour la démocratie régionale ont cristallisé la conception de la notion d'autonomie locale en Europe, élargie désormais à deux niveaux : le local et le régional. Au niveau extérieur, le traité de Maastricht intègre également les collectivités locales dans la reformulation du fonctionnement de l'Europe.
(Coll. Logiques Juridiques, 49.00 euros, 664 p.)
ISBN : 978-2-343-12019-5, ISBN EBOOK : 978-2-14-003697-2

GUIDE PRATIQUE DU CAPITAL INVESTISSEMENT ET DES AIDES PUBLIQUES
Créer, développer, transmettre son entreprise
Battini Pierre - Préface d'Olivier Millet
Cet ouvrage entend démystifier le capital investissement et répondre concrètement aux questions que se posent les entrepreneurs, leur donner les clés pour être efficaces, gagner du temps et avoir plus de chances de réussir leur projet. Beaucoup d'exemples et de cas concrets sont exposés. Ce livre traite la question des fonds d'investissements et des aides publiques sous différents angles : finance et outils financiers, juridique et montage des opérations, valorisations et accompagnement.
(30.00 euros, 292 p.)
ISBN : 978-2-343-12074-4, ISBN EBOOK : 978-2-14-003636-1

ET COMMENT VONT LES ENFANTS ?
Réflexions d'un notaire sur l'évolution de la parentalité des années 60 à nos jours
Dauptain Pierre
PMA, GPA, adoption, statut du beau-parent, familles homoparentales, ces sujets sont au cœur des débats contemporains et témoignent de l'évolution de la parentalité sur les cinquante dernières années. Avec un regard impartial, l'auteur inscrit sa réflexion dans les mouvements de la société tout entière. Fidèle à la méthode qui a fait le succès de son premier essai, il nous parle de droit en termes simples pour exposer les changements que la famille a connus en cinq décennies.
(Éditions Pepper/Harmattan, 22.50 euros, 218 p.)
ISBN : 978-2-343-12076-8, ISBN EBOOK : 978-2-14-003757-3

L'HARMATTAN ITALIA
Via Degli Artisti 15; 10124 Torino
harmattan.italia@gmail.com

L'HARMATTAN HONGRIE
Könyvesbolt ; Kossuth L. u. 14-16
1053 Budapest

L'HARMATTAN KINSHASA
185, avenue Nyangwe
Commune de Lingwala
Kinshasa, R.D. Congo
(00243) 998697603 ou (00243) 999229662

L'HARMATTAN CONGO
67, av. E. P. Lumumba
Bât. – Congo Pharmacie (Bib. Nat.)
BP2874 Brazzaville
harmattan.congo@yahoo.fr

L'HARMATTAN GUINÉE
Almamya Rue KA 028, en face
du restaurant Le Cèdre
OKB agency BP 3470 Conakry
(00224) 657 20 85 08 / 664 28 91 96
harmattanguinee@yahoo.fr

L'HARMATTAN MALI
Rue 73, Porte 536, Niamakoro,
Cité Unicef, Bamako
Tél. 00 (223) 20205724 / +(223) 76378082
poudiougopaul@yahoo.fr
pp.harmattan@gmail.com

L'HARMATTAN CAMEROUN
TSINGA/FECAFOOT
BP 11486 Yaoundé
699198028/675441949
harmattancam@yahoo.com

L'HARMATTAN CÔTE D'IVOIRE
Résidence Karl / cité des arts
Abidjan-Cocody 03 BP 1588 Abidjan 03
(00225) 05 77 87 31
etien_nda@yahoo.fr

L'HARMATTAN BURKINA
Penou Achille Some
Ouagadougou
(+226) 70 26 88 27

L'HARMATTAN SÉNÉGAL
10 VDN en face Mermoz, après le pont de Fann
BP 45034 Dakar Fann
33 825 98 58 / 33 860 9858
senharmattan@gmail.com / senlibraire@gmail.com
www.harmattansenegal.com

www.ingramcontent.com/pod-product-compliance
Lightning Source LLC
LaVergne TN
LVHW011317061026
849535LV00005B/1597